이제 당신 차례요,
Mr. 브라운

– 영국 노동당이 다시 이기는 길

ANTHONY GIDDENS

이제 당신 차례요, 미스터 브라운

– 영국 노동당이 다시 이기는 길

안소니 기든스 지음 | **김연각** 옮김

인간사랑

Over To You, Mr. Brown by Anthony Giddens

옮긴이 머리글

이 책은 Anthony Giddens, *Over to You, Mr. Brown : How Labour Can Win Again*(Cambridge : Polity Press, 2007)을 완역한 것이다. 저자는 세계적인 명성을 가진 영국의 사회학자이며, 토니 블레어 전 수상 취임 초부터 노동당의 이념과 노선 정립에 직접 혹은 간접으로 깊이 관여한 사람이다. 이 사람이 1998년에 낸 『제3의 길』은 전 세계적으로 널리 알려진 저서이다.

이 책의 집필목적은 제목에서도 드러나듯이 고든 브라운 수상 취임에 즈음하여 노동당 집권 10년의 공과(功過)를 평가하고 앞으로 노동당의 나아갈 길을 제시하고자 하는 것이다. 공공 서비스 분야를 위시한 국내정치의 여러 분야와 외교정책 분야까지 평가하고 또 앞으로 나아갈 방향을 제시하고 있는데, 대체로 긍정적인 평가를 내리면서도 중도좌파로서 노동당의 이념적 지향과 그것을 실현하기 위한 구체적인 정책, 기존 정책의 고쳐야 할 점과 보완해야 할 점들을 날카롭게 지적 또는 제시하고 있다.

저자는 이 책을 아주 서둘러 집필했다고 밝히고 있는데, 아마 신임 수상 취임 전에 책을 내고자 하는 의도에서 그리 한 것 같다. 번역자인 나도 매우 서둘러서 번역하였다. 그것은 이 책의 내용 자체가 어느 정도 시의성을 가지고 있다는 점도 있지만, 그보다는 우리가 연말 대통령 선거를 앞두고 있다는 점을 더 크게 의식하였기 때문이다. 불필요한 오해를 없애기 위하여 미리 밝혀두고 싶은 것이 두 가지 있다. 하나는 내가 보기에도 이 책의 가치가 결코 한시적이지 않다는 것이다. 다른 하나는 저자가 영국 노동당의 당원이듯이 번역자인 나도 우리나라 민주노동당의 당원이라는 것이다. 내가 이해한 것이 맞다면 저자는 경제적 번영과 사회적 정의를 함께 추구하는 것이 바람직하고 또 가능하다는 믿음, 그리고 그것은 노동당을 통해서만이 가능한 일이라는 믿음을 가지고서 이 책을 집필한 것 같다. 그러므로 저자 자신이 강조하듯이, 설령 브라운이 수상이 되지 못했다 하더라도 이 책의 가치는 떨어지지 않는다. 다만 저자는 자신의 그런 생각을 하루라도 빨리 실천에 반영시켜 보고자 하는 조급한 심정에서 집필을 서둘렀다, 나는 이렇게 이해하고 있다. 내가 번역을 서둔 것도 바로 그런 심정에서이다.

이 책의 내용은 어디까지나 영국이라는 무대 위에서 전개된 것이다. 따라서 영국과는 사정이 많이 다른 우리나라에는 적합하지 않은 부분도 꽤 있다. 그러나 경제적 번영과 사회정의는 보편적인 가치라 해도 무방하며, 그런 가치를 실현하는 방법 역시 기본적으로는 보편성을 띨 수밖에 없는 것이다. 따라서 우리가 이 책에서 얻을 수 있는 교훈과 시사는 매우 많다고 할 수 있다. 특히 빈부격차 해소를 위한 근원적 처방, 고용안정과 노동시장 유연성을 동시에 추구하는 "유연안전성"(flexicurity), 공공 서비스 민영화의 장단점, 시장과 자본주의에 대한 바람직한 태도, 제한과 유인이라는 두 가지 의미를 지닌 규제의 필요성, 새로운 가능성으로 등장한 심의민주주의 등에 관한 저자의 분석과 주장은 지금 당장 이 땅에서 실험해 보고 싶은 유혹을 느낄 정도이다. 그렇게 할 수만 있다면.

나는 정당에만 국한해서 말한다면 우리나라 정당들 가운데서 사회정의에 관심을 가진 정당은 민주노동당 하나밖에 없다고 생각한다. 그렇다고 민주노동당이 다 잘하고 있다고 말하는 것은 아니다. 많은 문제를 보이고 있지만 여기서 그런 것들을 얘기할 여유는 없다. 다만 사회정의를 중시하는 정당이, 그리고 그것을 중시하는 이 땅의 모든 지식인들과 특히 젊은이들이 사회정의와 경제적 번영을 조화시킨다는 발상을 가져주기를 바란다. 이를 위한 풍부한 사례와 구체적인 방법들이 여기 있다. 아울러 스칸디나비아 제국의 경험도 참조할 수 있을 것이다. 당파적으로 말한다면 이것은 민주노동당 집권의 길을 단축시키는 것이며, 더 넓게 말한다면 이 땅에 사회정의를 진전시키는 것이다, 나는 이렇게 생각한다.

그러나 다른 한편으로 이 책은 제3의 길이 지닌 한계를 고스란히 지니고 있다고 생각한다. 이미 세계적으로 많은 논쟁을 거친 주제라서 긴 얘기는 하지 않는 것이 좋을 것 같다. 다만 나는 제3의 길의 가장 근본적인 한계가 현상추수적이라는 데 있다고 생각한다. 달리 말하면 제1의 길이나 제2의 길은 어떤 절대적 기준이나 가치, 고집 같은 것이 있는 길임에 비해 제3의 길은 이 두 가지에 의해 자신의 기준이나 가치, 그리고 좌표가 결정되는 것이 아닌가, 이런 생각이다. 그래서 그런 것인지는 모르겠지만 저자는 부유세 신설을 제안하고 있는데, 이것은 우리나라 민노당이 이미 당의 기본 정책으로 채택하고 있는 것이다. 제3의 길은 확실히 득표에는 유리하겠지만 주어진 현실을 근본적으로 고쳐 나가는 데는 그만큼 한계가 있는 것이다.

위에서 젊은이 얘기를 하였는데, 나는 이 책을 번역하면서 지금 20대 초반의 젊은 독자를 염두에 두었다. 예를 들어 꼭 필요한 경우가 아니다 싶으면 한자말과 한자 그리고 어려운 용어를 피하고자 하였으며, 문체도 젊은이들이 거부감을 느끼지 않는 쪽으로 바꾸려고 애를 썼다. 이 머리글을 "역자 서문"이라 하지 않고 "옮긴이 머리글"이라 한 것도, 그리고 1인칭을 "역자"라 하지 않고 "나"라 한 것도 다 그런 뜻에서 나온 것이다. 이런 노력이 얼마나 성공적인지는 나로서는 장담할 수 없는 노릇이다. 다만 의도는 분명히 그런 것이었다고 이해해 주기 바란다. 그러나 한자나 어려운 용어를 피하고 문체도 젊은이 취향에 맞추는 것이 항상 좋은 것은 아니다. 어디선가 읽은 김일성 전 북한 국가주석의 얘기가 재미있다. '평양은 공화국의 심장'이라 해야 제 맛이 나지 이것을 우리말로 바꾸는 게 좋다고 해서 '평양은 공화국의 염통'이라 하면 안 된다, 뭐 이런 취지의 얘기이다.

이제 감사해야 할 사람들에게 감사해야 할 차례인 것 같은데, 대표로 도서출판 인간사랑 여국동 사장님께 깊은 감사의 뜻을 표한다. 이분은 잘 팔리지도 않는 인문 사회과학 서적 출판을 고집스럽게 해온 분이고, 이 번역서도 이분의 그런 고집이 없었다면 나오기 어려웠을 것이다.

2007년 8월 11일 청주에서 **김연각**

감사의 말씀

책을 펴낼 때는 늘 감사해야 할 사람들이 많다. 이 책을 내는 데는 출판사 폴리티 프레스(Polity Press)에서 일하는 사람들 모두가 엄청난 부담을 감당해야만 했다. 왜냐하면 이 책의 출판은 매우 서둘러야 했기 때문이다. 특히 에마 허친슨, 닐 드코트, 존 톰슨, 길 모틀리, 브레프니 오코너 등에게 감사한다. 그리고 진보적 정책과 사회민주주의를 지향하는 국제적 두뇌집단인 "정책 네트워크"(Policy Network)에서 일하는 모든 분들, 특별히는 올라프 그램 씨에게 감사하지 않을 수 없다. 사라 댄시는 늘 그랬듯이 날카로운 안목과 근면으로 이 책의 편집 일을 맡아주었다.

이 책의 초기 단계 원고를 봐준 이들도 있다. 특히 애니 브루존, 찰스 클라크, 빅터 필립 다달레, 패트릭 다이아몬드, 로저 리들, 존 로이드, 피터 리들, 제임스 스트라찬, 토니 영 등에게 감사를 드린다. 이분들은 모두 광범한 논평을 해주었고, 이에 대하여 나는 감사하지 않을 수 없다. 데이비드 헬드는 나의 원고를 읽고 다른 많은 방식으로 도와주었고, 늘 그랬듯이 나는 그분에게 감사하고 있다. 앤 드 세이라, 장-프랑스와 드롤레, 조하나 주셀리우스, 사론 쇼채트 등은 이 책을 준비하는 과정에서 값으로 따질 수 없는 도움을 주었다. 브케이 카나는 나와 여러 차례 만나 자극을 주었다.

무엇보다도 알레나는 하루 종일 이 책의 저술에 몰두해도 불평 한마디 없었다는 정도가 아니라 크나큰 도움이 되었고, 이 역시 감사할 일이다. 심지어 토바고에서 휴가를 보내면서도 무릎에 노트북 컴퓨터를 놓고 집필작업을 한 적도 있다. 마리아는 내 컴퓨터가 말썽을 일으킬 때마다 이를 해결해 주었고, 사샤와 오스카는 내가 집에서 작업할 때 주변에서 도움을 주었다.

마지막으로 팀 버너스-리에게도 고맙다는 말을 전해야 할 것 같다. 나는 그 사람을 스페인에서 "아스투리아스 상"(Asturias Prize)을 함께 수상할 때 딱 한번 만난 적 있다. 인터넷의 웹(world-wide web) 발명자의 한 사람인 그는 우리 모두의 삶을 바꾸는 데 기여한 사람이다. 인터넷에 의해 제공되는 자료들이 없었다면 이 책의 범위는 매우 좁아졌을 것이다. 또한 그렇게 빠른 시일 안에 출판되지도 못했을 것이다.

이 책의 주제 가운데 일부는 나의 최근 저서인 『세계화 시대의 유럽』(*Europe in the Global Age*, Polity, 2006)과 다소 중복된다. 나는 필요한 경우 그 책의 통계도표 한두 개를 그대로 사용하는 등 일부 내용을 그대로 옮기기도 하였다.

이 책의 58, 59, 96, 151쪽에 있는 통계도표는 "스트래티지 유니트"(Startegy Unit)라는 출판사가 펴낸 『전략 검토 : 영국을 위한 진보와 도전 2005』라는 책에서 취한 것인데, 물론 정부의 허락을 받았다.

2007일 2월 7일 런던에서

지난 1998년 2월 워싱턴 디씨로 가는 중이었다. 비행기에 함께 탄 사람은 토니 블레어, 체리 부스 그리고 몇몇 각료, 정치고문, 언론인 등이었다. 우리는 백악관으로 가서 클린턴 대통령 부부와 앨 고어 그리고 미국 각료 몇 사람을 만날 예정이었다. 콩코드 기를 타고 갔는데, 내가 이 비행기를 탄 것은 그때가 처음이었다. 이 비행기는 나중에 공항에 내렸을 때 짐 찾는 데 3시간 반 정도의 충분한 여유를 준다. 당시 내가 탄 비행기는 워싱턴에 착륙할 때 폭풍을 통과해야 했다. 착륙한 후 우리가 비행기에서 내릴 때 조종사가 말하기를 기체가 유체역학적으로 매우 잘 설계된 콩코드였기 때문에 폭풍 속에서도 큰 위험 없이 착륙할 수 있었다고 한다. 그러나 기체가 많이 흔들렸던 것은 사실이다.

비바람이 몰아치는 포장도로 한 쪽에는 방금 할리우드 영화에서 뛰어나온 듯한 검은색의 대형 리무진이 줄서 있었다. 우리는 궂은 날씨로부터 피난처를 찾아가듯이 차 안으로 들어갔다. 내가 탄 차에는 서너 명의 젊은 각료와 고문이 함께 탔는데, 이 사람들은 금방 낄낄 웃어가면서 수다를 떨었다. 노동당이 다시 권좌에 오른 것은 오래 되지 않았고, 이 모든 일들이 다 새로웠다. 우리는 사이렌을

울리며 앞서 가는 오토바이 경찰 뒤를 따라 빠른 속도로 시내로 들어갔다. 시내로 들어가는 자동차 전용도로는 우리가 빨리 지나갈 수 있도록 교통이 통제되어 있었다.

백악관에서의 만남은 이틀 동안 이루어졌다. 첫날 저녁 만찬장에서 우리는 대통령과 악수를 하기 위하여 한 줄로 서 있었는데, 내 양 옆에는 영화배우 해리슨 포드와 가수 바바라 스트라이샌드가 서 있었고, 이 두 사람은 나에게 상냥하게 말을 걸어왔다. 나중에는 흑인 가수 스티비 원더, 그리고 엘튼 존의 공연이 있었다.

이런 일들은 케임브리지 대학에서 사회학을 가르치면서 내 인생의 대부분을 보내온 나에게는 다소 낯선 것이었다. 내가 노동당 정치에 관여하기 시작한 것은 1990년대 초반의 일이므로 그리 오래된 것이 아니다. 나는 그 이전에도 오랜 기간 노동당 지지자였지만 특별히 열렬한 지지자는 아니었다. 나로 하여금 더 많은 관심을 갖도록 끌어들인 사람은 사실 고든 브라운이다. 당시 죠프 멀건이 고든 브라운의 고문이었는데, 이 사람이 나한테 와서 자기 상관을 만나 나의 사회이론 작업에 대하여 대화를 나누어 보라고 권유하였다. 그래서 우리는 두 번 정도 만나 현대사회의 변화하는 특성에 대하여, 그리고 개인주의와 세계화(당시 이 용어는 아직 새로운 용어였다)의 새로운 형태에 대하여 유익한 토론을 한 적 있다.

내가 더 적극적으로 노동당과 관계를 맺게 된 것은 존 이트웰이라는 사람을 통해서였다. 이 사람은 닐 키노크의 경제고문이면서 케임브리지 대학 경제정치학부 교수였고 나 역시 이 학부 소속 교수였다. 나는 그 사람에게 정치의 실천적 측면에 어떻게 참여할 수 있는가를 물었다.

그 사람은 나한테 "공공정책연구소"(the Institute of Public Policy Research)라는 기관이 주관하는 강의와 세미나에 참석할 것을 권하였다. 이 연구소는 그 사람이 관여하여 최근에 설립한 런던의 한 두뇌집단이다. 연구소 설립 초기에 주목할 만한 사람으로는 패트리셔 휴이트와 데이비드 밀리반드가 있는데, 이 두 사람은 나중에 "사회정의위원회"(the Social Justice Commission)의 보고서가 된 연구과제를 수행하였다. 데이비드는 곧이어 수상실 정책단의 책임자가 되었는데(나중에 이 자리는 죠프 멀건이 맡게 된다) 이 사람이 나를 어떤 비공식 주말 세미나에 초청하였다. 거기에 가보니 토니 블레어, 고든 브라운, 힐러리 클린턴, 그리고 영미 양측의 몇몇 각료와 고문들이 나와 있었다.

이 만남이 이와 유사한 여러 회합에 내가 나간 것으로는 첫 번째였다. (두 번째 회합은 워싱턴에서 있었다.) 이 모임의 목적은 비슷한 배경을 가진 미국의 민주당과 영국의 신노동당이 서로 경험을 교환하고 정책문제를 토론하기 위한 것이었다. 두 정당은 선거에서 패배하여 장기간 야당으로 활동하다가 다시 권좌에 올랐다는 점에서도 비슷하다.

이 회합의 한 갈래 지류라 할 수 있는 회합도 생겨났다. 그것은 바로 진보정치 모임이라는 것인데, 이 모임에는 중도좌파에 속하는 지도자들이 참가하며 1998년 이후 매년 회합이 이루어졌다. 처음에는 뉴욕과 플로렌스에서 시작되었고, 이어서 베를린과 스톡홀름, 그리고 최근에는 브라질과 남아프리카공화국 같은 먼 지방에서도 개최되었으며, 다음 번 회합은 칠레에서 개최될 예정이다. 이 모임에 대하여 비판적인 사람들은 모임에 참가하는 정치지도자들이 국내에서의 대중 인기몰이에 연연한 나머지 실제로 이룩한 것은 하나도 없다고 비판한다. 그러나 비판자들은 매번 이 모임에 수백 명의 정책전문가들이 참가한다는 사실, 그리고 많은 정책구상들이 여기서 형성된다는 사실을 놓치고 있다.

『제3의 길』[1]이라는 나의 책은 초기 블레어-클린턴 대화에 참석한 결과물의 하나이다. 당시 나는 자신을 사회민주주의자로 여겼고 지금도 마찬가지이다. 내가 말하는 사회민주주의자란 개혁주의자 혹은 중도좌파를 뜻한다. 영국에서 이 말은 토니 크로슬랜드(Tony Crosland) 식의 사회민주주의를 말하지만, 말할 나위도 없이 사회민주주의란 전 세계적인 운동이기도 하다. 이 책의 제목으로 내가 처음 생각한 것은 "사회민주주의의 혁신"이었는데, 이것은 제3의 길이라는 것과 내용상 조금도 다를 바가 없는 것이다. 만일 내가 처음 제목에 집착했더라면 그 책이 그토록 논쟁의 소용돌이에 휘말리지는 않았을 것이라 생각한다. 그 제목으로 책이 나왔다면 아마 이 책은 학계 밖에서는 전혀 주의를 끌지 못하였을 것이다.

제3의 길이라는 제목 때문에 많은 주의를 끈 것은 분명하다. 나는 세계 도처에서 보인 관심에 놀랐다. 그 결과 나는 많은 유럽 국가들의 정치지도자와 그 보좌관들을 방문하였을 뿐만 아니라 아시아와 라틴아메리카 여러 지역을 여행하였다. 세계화의 효과 가운데 하나로 대부분의 나라에서 동일한 논쟁이 진행되었다. 내가 참가하였던 토론 가운데서 가장 흥미로웠던 토론은 선진세계 밖에서 진행된

토론인 경우가 많았다.

1997년부터 2003년까지 나는 런던경제대학(the London School of Economics)의 책임자였다. 이 학교는 영국뿐만 아니라 다른 많은 국가의 공공정책에 지대한 영향을 미쳐왔고 또 지금도 그렇다. 이 학교에서의 연구 여건은 아주 좋았고, 또 나는 이 학교의 동료 교수들에게 큰 빚을 지고 있다. 이 학교에서의 업무량은 전일 근무로도 충분치 않을 정도로 많았지만 나는 짧은 책일망정 계속 집필할 수가 있었다.

지금의 이 책은 원래 팜플렛 형태로 나온 것이지만 내용이 길어져서 에세이 정도로 분량이 늘었다. 나는 무엇을 해야 할 것인가에만 관심을 가지고 그런 일들을 실제로 어떻게 수행할 것인가에 대해서는 아무런 아이디어도 내놓지 않는, 팜플렛 저자들의 그러한 경향에서 벗어나고자 노력하였다. 나는 신노동당 지도자들이 추구해 온 정책 모두에 대하여, 그리고 그 사람들이 그러한 정책을 실천에 옮기기 위해 선택한 방법들에 대하여 전적으로 동의하지는 않는다. 그러나 나는 지금까지 2기 반 집권해 온 노동당 덕분에 이 나라가 좋은 방향으로 변화해 왔다고 생각한다. 지금은 우리가 그 위에 무언가 건설할 수 있는 기반이 많아졌고 추가적인 혁신을 일으켜야 할 분야도 많아졌다.

나는 이 책 여기저기서 정치적 농담과 인용구들을 사용하였는데, 그런 것들은 여러 판본이 떠도는 인터넷에서 거의 무작위적으로 퍼온 것들이다. 그런 것들이 전체적인 내용을 이해하는 데 조금이나마 도움이 되기를 바란다. 모든 농담에는 진지한 측면이 있기 마련인데, 그렇다고 해서 우리가 그런 측면에 동의할 필요는 없다. 내가 사용한 몇몇 농담과 인용구는 그 속에 담긴 어떤 대중적인 지혜에 내가 동의하지 않는다는 사실을 보여주기 위하여 사용한 것이다.

맛보기로 하나만 소개하겠다. 토니 블레어와 고든 브라운이 공원을 함께 산책하면서 토니가 말했다. "이보게 우리 서로에게 정직하세나." 그러자 고든이 말했다. "좋지, 그럼 자네부터 그래 보게." 이것이 대화의 끝이었다.

이 두 사람 사이가 정말 그토록 나빴고 지금도 나쁜 것일까? 아마 가끔 그런 정도였을 것이다. 흔히 두 사람 사이가 나쁜 것으로 얘기하지만 블레어와 브라운은 존 레논(John Lenon)과 폴 매카트니(Paul McCartney, 둘 다 비틀즈 멤버[역자 주])라 할 수 있다. 폴은 스코틀랜드식 이름을 가졌지만 브라운은 분명히 존과 비슷하다. 존과 폴의 관계처럼 블레어와 브라운의 관계도 적대적이면서도 공생적인 관계를 유지해 왔다.

존 레논은 폴 매카트니 없이는 잘 지내지 못했고 그 역의 경우도 그렇다. 그러나 그렇다고 해서 브라운이 당수가 되고 수상이 되었을 때 일을 제대로 하지 못하리라는 것을 뜻하는 것은 아니다. 존 레논은 솔로로 전향한 후에 그 감미로운 노래 "이매진"(imagine) 음반을 내놓았다. 나는 10년 동안 재무장관을 지냈다는 것이 수상이 되기 위한 최상의 준비과정이라고 생각하지는 않는다. 수상은 엄청나게 다양한 주제들을 다루어야 하고, 또 많든 적든 언론의 끝없는 비판이나 검증을 겪어야 한다. 또한 수상은 자기 소속 당의 범위를 넘어 국가 전체를 돌봐야 한다. 그러나 어느 모로 따져봐도 브라운은 비범한 역량과 지식을 갖춘 유능한 정치인이다. 이 사람은 일을 아주 잘 해낼 것이다. 아마도 사람들은 그에게 블레어 식의 리더십과는 무언가 다른 것을 보여주기를 기대할지 모른다. 그런데 보수당 지도자 데이비드 캐런도 블레어 흉내를 내지 않았던가?

차례 contents

옮긴이 머리글 ... 005
감사의 말씀 ... 009
머리말 ... 011

개설(槪說) ... 021

1장 | 지난 10년 : 노동당의 성공과 실패 ... 043

2장 | 경쟁자들 : 브라운 대 캠런 ... 069

3장 | 변화하는 세계 : 어떻게 대처할 것인가? ... 093

4장 | 공공 서비스 : 사람을 맨 앞에 두기 ... 121

5장 | 우리는 더 평등한 세상을 만들 수 있다 ... 161

6장 | 생활양식 바꾸기 : 새로운 의제 ... 203

7장 | 다문화주의 : 포기하기 없기! ... 239

8장 | 섬나라 의식 떨쳐버리기 ... 267

9장 | 진보적 합의를 형성하는 방법 ... 303

10장 | 미래와의 계약 ... 341

주 ... 353

개설(槪說)

이 책의 제목은 얼핏 보면 이중적으로 헷갈리게 만들 수 있다. 고든 브라운(Gordon Brown)이 차기 노동당 당수가 되지 않을 가능성도 있다. 그래서 이 책을 펴내는 것은 일종의 모험인 셈이다. 그러나 집필기간 내내 브라운은 압도적인 지지를 받았고, 또 내가 보기에 그것은 충분히 그럴 만한 일이었다. 설령 브라운이 당수가 되지 못한다고 하더라도 이 책이 쓸모없는 것이 되지는 않을 것이라고 믿는다. 이 책에서 내가 펼친 주장들의 대부분은 누가 차기 지도자가 되더라도 적용될 수 있는 것들이다.

"이제 당신 차례요, 미스터 브라운"이라는 제목이 의문시될 수 있는 두 번째 이유는 브라운이 처음부터 신노동당 운동에 핵심적인 영향을 준 사람이라는 사실과 관련된다. 노동당의 가장 성공적인 정책 가운데 일부는 이 사람에게서 나온 것이다. 그런 정책은 일차적으로 경제정책이기 때문에 바로 그런 정책이 노동당 정부가 집권 10년간 달성한 다른 모든 것들의 토대가 되었다. 그러나 브라운이 이끄는 정부는 토니 블레어(Tony Blair) 정부와는 상당히 다른 것이 될 것이고, 또 그래야 한다는 점에는 의문의 여지가 없다.

나는 다음 번 총선에서 노동당의 압도적인 승리를 거둘 가능성은 없다고 생각한다. 어쩌면 노동당이 승리한다는 것 자체도 불가능할지 모른다. 노동당은 최고 지도부에 (비교적) 새 얼굴이 나왔다고 해도 대중이 이미 노동당에게 너무 질려 있을지도 모른다는 사실을 직시해야 한다. 그러나 모든 것이 이미 다 결정난 것은 아니다. 새로운 지도자의 등장으로 노동당은 야당으로서가 아니라 10년간의 집권경험에서 무언가 더 건설할 수 있는 실질적인 업적을 가진 당으로서 재도약의 기회를 맞을 수도 있다. 한편, 보수당은 현재 내세울 만한 정책 프로그램을 가지고 있지 못하며, 일관성 있는 정책을 개발하는 것도 쉽지 않을 것이다. 보수당의 관점에 잘 들어맞는 새로운 정책이 준비되어 있어서 최근 당 지도부가 설립한 정책토론 그룹들에게 검토를 맡길 수 있으면 좋겠는데, 그런 정책은 아직 없다. 보수당 내부에 조세문제, EU문제, 범죄와 처벌문제, 환경문제, 그리고 기타 문제들에 대한 견해차이가 있기 때문에 그런 것들이 일단 구체적인 정책의제로 등장하면 당이 일대 분열을 일으킬 가능성도 있다.

나는 이 책 전체에서 노동당이 다음 번 총선에서 이겨 집권을 유지하고 또 이 나라를 더 나은 방향으로 계속 변형시켜 나갈 정책들을 집행하기 위하여 반드시 이겨야 할 싸움이 세 가지 있다고 주장한다. 즉 "아이디어 싸움", "전략 싸움", "전술 싸움"이 그것이다. 노동당이 보수당의 도전을 효과적으로 막아내고, 또 더욱 중요한 것으로서 유권자들의 열정을 다시 불붙이기 위해서는 새로운 아이디어가 본질적으로 중요하다. 새로운 아이디어는 1990년대 초반에 그랬듯이 오늘날 우리 사회에 영향을 미치는 중요한 변화들에 대한 분석에 기반을 둔 것이어야 한다. 전략 싸움에서 이긴다는 것은 가치관과 아이디어를 실천에 옮길 수 있게 해주는 정책 틀의 도입을 뜻한다. 이것은 다시 전술 싸움과 직결되는 것인데, 전술 싸움이란 선거에서 실제로 상대 당을 앞서기 위하여 꼭 필요한 것들이 무엇인가 하는 문제에 관한 것이다.

현 시점에서 보면 다음 번 총선은 2년 정도 남았다. 노동당이 새로운 지도부 하에서 어떻게 대처할까? 어떤 정책을 고수해야 하고 어떤 정책을 혁신해야 할까? 아래에서 나는 이러한 질문들에 대하여 답변하고자 노력할 것이며, 또 노동당이 변화의 시기를 자기에게 유리하게 활용할 수 있는 방법에 대하여 제안하고자 노력할 것이다.

선거라는 관점에서 보면 지난 10년간은 노동당 역사에서 가장 성공적인 시기였다. 지금까지 노동당이 3기는 말할 것도 없고 2기 동안 집권을 유지한 적도 없었다. 많은 사람들은 노동당이 장기집권에도 불구하고 목소리만 요란했지 내실 있는 정책은 내놓지 못했다고 비판한다. 또 다른 사람들은 노동당의 정책이라는 것도 사실은 주로 대처 식의 보수주의에서 나온 것일 뿐이라고 비판한다. 신노동당이라는 것은 단순히 당을 오른쪽으로 옮긴 것일 뿐이고, 과거에 주창하였던 진보적 대의(大義) 대부분을 포기하였다는 것이다.

이러한 관점은 내가 본문 중에서 다루겠지만 지나치게 순진하고 또 부정확한 것이다. 노동당은 새로운 정책 전망, 정책내용이 풍부한 전망, 즉 제3의 길을 채택함으로써 자신의 운명을 바꾸었다. 정책의 혁신은 급속하게 변화하고 있는 세계에 대처하는 데 필수적이다. 오로지 정책혁신을 통해서만이 우리는 좌파의 가치를 수호할 수 있다. 지난 10년간 정부 업무의 대부분은 대처 집권의 찌꺼기를 제거하고 이 나라를 새 시대에 맞게 준비시키는 것이었다.

집권 이후 신노동당은 영국의 정치 틀을 바꾸기 위해 노력해 왔다. 그 결과 보수당은 지지를 확보하기 위하여 이념적 기반을 꽤나 근본적으로 바꾸어야만 했다. 또한 토니 블레어는 보수당의 지도자들 가운데 대처(Margaret Thatcher) 식의 옛날 방식에 집착하는 사람들이 교체되는 것을 목격하였다.

영국은 지난 1997년 이래 효과적인 거시경제정책에 힘입어 안정적인 경제성장을 누려왔다. 가능하면 많은 사람들에게 일자리를 마련해 주는 것을 강조해 온 노동당의 정책은 처음에는 널리 비판받았지만 지금은 그 효과가 입증되고 있다. 현재 영국은 완전고용에 가까운 상태이다.

이러한 업적들로 인하여 공공 서비스 분야와 빈곤퇴치 조치들에 대한 대규모 투자가 가능해졌다. 이런 투자는 세금인상이 거의 없는 가운데 이루어졌으며, 세수가 늘어난 것은 주로 지속적인 성장의 결과였다. 노동당이 빈곤퇴치 분야, 그리고 이보다 범위가 넓은 저소득층 분야에서 거둔 성공은 주목할 만하다. 현재 영국에 장기 실업자는 거의 없으며 전반적인 청년 실업의 비율도 낮다. 30세 미만 청년의 약 1/3이 전일제 일자리를 갖지 못하고 있는 프랑스의 경우와 비교해 보라. 1997년 이래 200만이 훨씬 넘는 사람들이 빈곤의 늪에서 벗어났다. 이와는 대조적으로 프랑스, 독일, 이태리의 빈곤층 비율은 높아져 왔다.

전반적으로 보아 노동당 정부는 때로는 시도 수준에 머문 것이기는 하지만 국가적으로 좋은 일을 많이 해왔다. 그러나 지난 10년간 노동당의 아이디어와 정책을 철저하게 해부해 볼 필요가 있다. 이 책에서 나는 노동당이 내가 말하는 "미래와의 계약"이라 부르는 것과 같은 맥락에서 그런 해부를 해볼 것을 제안한다. 나의 이 문구의 의미는 노동당이 사회적으로 정의롭고 경제적으로나 생태적으로 지속가능한 이 나라의 미래를 위한 약속을 시민들에게 제시하여야 한다는 것이다. 이것이 이 책 전체의 지침이 되는 실마리이며, 내가 보기에 이것이 노동당의 "위대한 아이디어"여야 한다.

나는 현 시점에서 신노동당이 당의 사회민주주의 계열 식구들을 더욱 확실하게 재결합시키기를 바란다. 1990년대의 노동당은 미국 신민주당의 영향을 크게 받았고, 많은 점에서 그것은 성과를 거두었다. 그러나 미국 사회는 유럽사회와 다른 형태의 사회이며, 영국에 비해 불평등에 대하여 더 관대하며 또 엄청나게 많은 자원을 동원할 수 있다. 이 세계에서 미국의 영향력은 최근 부시 행정부의 불운한 정책들로 인하여 많이 깎이기는 했지만 어느 국가와의 비교도 불허할 만큼 크다. 영국은 유럽 국가로서 모범적인 대륙 국가들이 실천하고 있는 바와 같은 번영과 평등의 조화를 추구해야 한다.

노동당의 사고방식에 잠재되어 있는 테마들은 이제 더 공개된 무대로 나와야 한다. 예를 들어 노동당은 공공 서비스 개선문제에 크나큰 관심을 쏟아왔다. 그럼에도 불구하고 노동당은 그런 변화를 정당화하는 논리에 대한 명백한 이념적 설명을 제시하지는 못하고 있다. 우리는 발전되고 대응성 있는 공적 영역을 가진, 공적 목표에 대한 건실한 의식을 가진 그런 사회의 건설을 추구해야 한다. 이런 목적은 공적 영역과 국가를 동일시한 구좌파의 목적과는 다른 것이다. 국가는 간혹 공적 영역의 적이 될 수 있다. 즉 국가가 지나치게 관료화되어 있거나, 비효율적이거나, 시민들의 필요에 대응하지 못하거나, 혹은 생산자의 이익에 의해 통제되거나 할 때 국가는 마치 상업과 시장이 그렇듯이 공적 영역의 적이 된다.

신노동당 지도자들이 가끔 그렇게 말하는 경향이 있지만, 어떤 특정 서비스가 어떤 방식으로 제공되어야 하는지의 문제는 단순히 실무적 문제인 것은 아니다. 달리 말해서 효율성이라는 것이 유일한 기준이 되어서는 안 된다. 예를 들어 어떤 서비스가 민영화될 경우 시민들은 자신들의 삶에 영향을 미칠 결정들에 대하여 얼마나 많은 통제권을 가지게 될까? 경쟁이 사람들에게 더 많은 영향력을 가져다 줄까 아니면 그 반대일까? 한 공동체나 지역의 정체성이 어떤 영향을 받을까? 아래에서 내가 주장할 것이지만, 이런 질문들에 대답하기 위해서는 국가의 역할과 공공 서비스의 성격에 대한 더 명확한 정의가 필요한데, 지금까지 노동당은 그런 정의를 제시하지 못해왔다.

오늘날 사회민주주의자들은 시장친화적이어야 하며, 또 자본주의가 생활 수준을 높이는 일에서 그 어떤 형태의 사회주의나 공산주의에 비해서도 월등히 효과적이라는 사실을 인정해야만 한다. 경제제도로서 공산주의는 실패하였다. 시장은 가격결정 기능을 아주 쉽게, 그것도 하루에도 수없이 여러 번 그런 기능을 수행할 수 있지만 국가가 나서서 가격결정을 하려면 엄청나게 복잡한 문제가 발생하며, 결국 국가가 시장을 대신하여 가격결정을 한다는 것은 불가능한 일이기 때문이다. 경우에 따라 중도좌파는 시장의 범위를 좁히기보다 넓히는 일을 목표로 삼아야 할지 모른다. 예를 들어 유럽 단일시장이 완성되면 영국 사람 모두에게 이익이 될 것이다.

그러나 우리는 시장이 공동선을 위해 복무하기를 바란다. 이런 목적의 달성을 확실히 한다는 것은 공공 서비스에 대한 우리의 걱정만큼이나 중요한 정책과제가 아닐 수 없다. 신노동당 사람들은 자본주의를 "블랙 박스"로 간주하는 경향이 있다. 이 사람들은 공공 서비스에는 아주 집착하지만 이상하리만큼 자본주의의 성격에 대한 토론은 아주 소홀히 한다. 이것은 참으로 기묘한 대조를 이룬다. 이 사람들에게 자본주의는 이미 주어진 것으로 간주되는 경향이 있으며, 우리가 만들어 가는 그 무엇이라기보다는 그냥 거기에 대응만 해야 하는 어떤 것으로 여겨진다.

이 사람들이 집권하였을 당시 실업계 지도자들의 지위는 매우 높았다. 기업 대표들은 이 세계의 흐름을 읽어내는 특별한 통찰력을 가진 사람인 양 여겨졌다. 그러나 지금은 많은 사람들이 그렇게 여기지 않는다. 그런 지도자들 가운데 일부는 살아남아 번영을 누린다. 그러나 또 다른 일부는 크게 잘못된 결정을 내려 자신들의 기업을 망치거나 파산시켰다. 몇몇 기업가들은 부패사건에 연루되어 망신하거나 심지어 감옥에 갇히기도 하였다.

어떤 기업 경영자도 규제를 좋아하지는 않는다. 그러나 자본주의를 그 자신으로부터 구출하기 위해서는 규제가 불가피하다. 정부는 국내적으로나 국제적으로 기업의 책임성을 높여야 할 의무를 지고 있다. 정부는 세금회피 지역을 규제하기 위한 노력을 배가하여야 하며, 돈 세탁을 줄여야 하며, 개인이나 기업에 의한 세금 면탈을 줄여야 한다. 바로 이와 같은 책임성이라는 소재가 노동당의 정치적 전망의 근간이 되어야 한다. 책임성은 모든 사람에게, 부자뿐만 아니라 빈자에게도 적용된다. 우리는 특히 일부 고소득층 사람들 사이에 만연해 있는 무책임성의 문화, "나 먼저" 식의 개인주의에 대항하여 싸워야 한다.

나는 이런 주장이 구좌파의 아이디어로 돌아가자는 것을 의미한다고 생각하지는 않는다. 예를 들어 재계가 국내총생산(GDP)에서 차지하는 비중이 커지고 있는데, 이것은 영국 경제 성공담의 한 부분이며 또 마땅히 그렇게 인식해야 할 것이다. 그러나 영국판 빌 게이츠나 조지 소로스는 어디 있는가? 돈을 많이 벌었지만 그 돈을 사회적 목적이나 인도적 목적으로 사용하는 사람들 말이다. 우리가 가진 사람들은, 예컨대 세인스베리 가문과 같은 사람들은 첨단기술 분야나 재정 분야 배경을 가진 사람이 아니라 이미 만들어진 자선단체 관계자들뿐이다. 교육 분야에 거액을 기부한 피터 램플은 미국에서 여러 해 기업활동을 한 사람이다.

브라운 지도 하의 노동당 정부는 세금을 올려야 할까? 아니다. 우리는 오히려 저소득 계층을 위한 세금감면을 고려해야 할지 모른다. 그 대신 환경세를 신설해야 할지는 모르지만. 단, 예외적으로 노동당은 최상위 재산가들에 대한 세금을 고려해야 할지도 모른다. 이 사람들에게서 징수하는 세금은 국고에 넣지 않고 별도의 신탁기금 같은 것을 만들어서 저소득층 자녀들의 교육지원비로 사용해야 할 것이다. 극단적으로 잘 사는 사람들은 그럴 기회를 제공해 준 이 사회에 돈을 어느 정도 환원해야 하며, 또 불우한 사람들을 도와야 한다.

나는 노동당이 이제 더욱 명시적으로 평등주의를 지향하기를 바란다. 그러나 평등은 경제의 역동성과 일자리 창출, 이런 것들과 동시에 추구되어야 한다. 앞에서 내가 노동당이 사회민주주의 식구들과 재결합해야 한다고 말한 적이 있는데, 그것은 전위적인 중도좌파 식구들을 염두에 둔 것이다. 스칸디나비아 제국의 사회민주주의자들은 최근의 몇 차례 선거에서는 희비를 동시에 맛보았지만, 개혁과 현대화(다른 투쟁사례들도 많지만)에서 전위역할을 수행하는 데 있어서는 일관된 입장을 보여왔다. 이들은 공공 서비스의 탈중앙화, 인센티브와 경쟁, 재단 병원 등을 주도해 왔고, "목소리와 선택"(voice and choice) 운동과 기타 혁신 운동을 선도해 왔다. 스칸디나비아 제국은 열린 사회이며, 경제적 성공과 높은 수준의 사회적 보호를 융합시켜 왔다.

이 사람들의 성공은 높은 세율에서 나온 것이 아니라 주로 정책에서 나온 것이다. 이 사람들은 영국 노동당이 현재 해야 할 일들을 해왔다. 즉 노년층을 위한 예산을 줄이고 청년층을 위한 예산을 늘리는 것(이것은 60대 이상을 희생시키는 것이 아니라, 그 반대로 그들의 지위와 일할 권리를 포함한 권리를 개선하는 방식으로 추진되었다), 취업 기회 확대에 초점을 맞추어 여성에 대한 투자를 늘리는 것, IT 과학기술 분야의 투자를 늘리는 것, 교육과 기술 수준을 높이는 것, 재교육과 효과적인 취업 알선을 통하여 노동시장의 "유연안전성"을 높이는 것(유연안전성이란 유연성과 안전성의 복합어 flexicurity이다) 등이 그것이다. 스칸디나비아 제국은 반기업적인 국가들이 아니다. 오히려 핀란드는 세계경제포럼이 선정한 세계에서 기업하기 가장 좋은 국가이다. 그러나 핀란드와 여타 스칸디나비아 제국은 가장 평등주의적인 국가이기도 하다. 이 나라들의 사회민주주의자들은 제3의 길을 추구하는 정당을 꾸리고 있으면서 변화를 수용할 태세를 잘 갖추고 있다. 스페인, 뉴질랜드, 칠레의 경우도 이와 비슷하다.

열망, 야심, 사회적 유동성, 이런 것들이 노동당의 핵심적인 아이디어가 되어야 한다. 영국은 박탈당한 계층의 사람들이 잘 사는 것이 어렵게 되어 있는 나라이다. 1997년 이후 많은 진보가 이루어졌고, 또 그런 것들은 앞으로도 더욱 촉진될 수 있다. 이런 업적과 관련하여 보수당 사람들은 현재 영국의 사회적 유동성 수준이 20-30년 전 수준에 비해 떨어졌다고 주장하는 등 노동당을 비판해 왔다. 현재 신분이동의 기회가 적다면 그것은 20-30년 전에 일어났던 일의 결과라는 사실, 즉 보수당 집권기간에 일어난 일의 결과라는 사실을 그 사람들은 깨닫지 못하는 것일까? 사회적 유동성에 대한 연구는 그 용어의 정의에 의해 지금부터 20년 이전에 태어난 사람들을 대상으로 하는 것이다. 노동당의 "안전한 출발"이나 신생아 공채(公債) 등과 같은 정책들은, 그런 것들을 더욱 근본적으로 추진하기만 한다면 미래 세대가 더 잘살 수 있는 확실한 보장책이 될 것이다.

스칸디나비아 제국의 사회민주주의자들처럼 영국의 노동당도 탈중앙화와 권한이양 문제에 대하여 진지한 자세를 취해야 한다. 그런 조치는 그것이 민주주의 강화에 기여한다는 측면은 접어두고 세계화에 효과적으로 대처하기 위해서도 중요하다. 예를 들어 오늘날 도시와 지역들은 세계경제와 직접적으로 상호작용을 한다. 이런 상호작용에 추진력과 방향감각을 제공하는 데는 지방정부의 역할이 중요하다.

권력과 돈 문제가 수반되지 않는 것이라면 진짜 권한이양이 될 수 없다. 지역적 의제를 되살린다는 것은 쉬운 일이 아니다. 왜냐하면 이 분야 노동당의 정책이 매우 뒤틀려 있기 때문이다. 제안된 바 있는 지방기구들의 실질적인 권한은 극히 한정된 것이었다. 유권자들은 사실상 이빨 빠진 단체를 승인할 준비가 되어 있지 않았다. 그러나 원칙론에서 볼 때 그런 의제는 이 나라에 큰 도움이 될 수 있다. 다른 나라의 경험이 보여주듯이 지역의 중요성은 세계화가 심화될수록 더 커지고 있다. 나는 지역 의제가 다시 활성화되고 보강되기를 바라며, 또 복잡다단한 지방정부를 단순화하는 방향으로 진전이 이루어지기를 바란다.

의료보험과 교육 분야에서의 탈중앙화란 블레어 식의 정책을 더욱 철저히 추진하는 것이지 그것을 후퇴시키는 것이 아니다. 고든 브라운은 재단 병원지원책인 앨런 밀번 방안에 대한 예산지원을 줄여야 한다고 주장해 왔다. 적어도 부분적으로는 그의 그런 주장은 타당한 이유를 가지고 있다. 이 정책은 의료보험의 질이라든가 그것이 불평등에 미칠 영향이라는 견지에서 면밀하게 감시해야 할 정책이다. 그러나 이런 문제에 대처하려면, 나는 우리가 대처할 수 있다고 믿지만, 우리는 재단들에게 더 많은 지역적 권한을 주는, 노동당 정부의 예산삭감으로 위축된 재단들에게 더 많은 권한을 주는 그런 제도를 목표로 삼아야 할 것이다.

바로 여기에 브라운이 치러야 할 시험 한 가지가 놓여 있다. 그가 지난 10년간을 보낸 재무성은 중앙집권 정부의 상징이라 할 수 있다. 브라운 집권 직후 보수당 사람들이 제기할 비판의 목록 가운데 한 가지는, 이미 제기하고 있지만, 막대한 금액의 예산이 별로 효과도 없는 일에 허비되어 왔다는 것이다. 국가는 진정한 개혁을 추진할 수 있는 장치가 못 되기 때문에 그렇다는 것이다. 따라서 브라운은 국가가 인민의 공복이 되어야 한다고 말할 때 진심으로 그렇게 되어야 한다고 말해야 할 뿐만 아니라, 어떻게 그렇게 만들 수 있는지 그 방법도 보여주어야 한다.

중앙집권화된 국가를 옹호하는 사람들은 "2계층화된 제도는 안 된다"고 말할 것이다. 그러나 2계층화 방식은 과거 여러 해 동안 우리가 의료와 교육 분야에서 시행해 왔던 것, 정확히 바로 그것이다. 경제적으로 그럴 능력이 있는 사람들은 빠져나가면 될 것이다. 이것은 빈자들을 위한 제도가 아니다. 그래서 건강과 교육 분야에서의 평등은 EU 국가들 중에서 영국이 꼴찌 수준이다. "엉터리 보편주의"(모든 사람이 동일하다는 생각)는 불평등을 극복하는 것이 아니라 오히려 심화하는 데 기여해 왔다. 선택과 목소리는 평등의 본질적 적이 아니며 경쟁 역시 마찬가지이다. 그 반대가 진실일 것이다.

현재 선택과 목소리라는 것은 부유층의 특권이지만, 바로 이것이 복지국가의 "중간계급 포획"(middle-class capture)을 구성하는 핵심 요소이다.

공적 (국가에 기반을 둔) 영역과 사적 (비영리 혹은 상업적인) 영역은 분리가 아니라 더욱 통합되어야 하는 것이다. 이 공식은 의료보험과 교육 두 분야 모두에 적용된다. 예를 들어 프랑스는 세계 최고 수준의 의료보험제도를 가지고 있지만 사설 병원 및 건강관리센터의 비중이 영국보다 훨씬 더 크며, 이런 것들이 전체적인 건강제도 안에 통합되어 있다. 교육 분야에서 노동당은 사립학교들을 대체로 그냥 두고 있는데, 그것은 국립학교 수준을 그 수준으로 끌어올리고자 하는 의도에서 그런 것이다. 그러나 여전히 사립학교들이 엘리트 지위로의 접근 통로를 지배하고 있다. 많은 사립학교들이 최고 수준의 교육을 제공하고 있기 때문에 그런 사립학교들을 없애는 것은 가능하지도 않고 바람직하지도 않은 일이다. 다만 우리가 할 수 있는 일은 그런 학교들이 등록금 납부 능력에 관계없이 모든 어린이들에게 문을 열도록 만드는 것이다.

녹색과 갈색(여기서 갈색이란 말은 신임 수상의 이름 Brown이 갈색이라는 뜻도 가지고 있음을 빗댄 것이다[역자 주])을 섞으면 특별히 좋은 색깔이 나오지 않는다. 사실 명백히 불쾌한 색깔이 나올 것이다. 그러나 이제 노동당의 철두철미한 녹화가 필요한 시점이다. 핵무기 확산과 더불어 기후변화가 현재 세계가 직면하고 있는 가장 긴급한 위협이 되고 있다. 갈색이라는 이름이 코미디언들에게 좋은 재료가 되어 골탕 먹을 일이 많겠지만 브라운은 녹색으로 생각하고 행동하는 것을 배워야 할 것이다.

다른 사람들에게 생활방식을 바꾸라고 요구하는 사람들은 자기 자신도 그렇게 해야 한다. 나는 신임 각료 모두가 하이브리드 자동차나 전기 자동차를 타고 다니고, 가능하면 걸어 다니는 모습을 보고 싶다. 고든 브라운은 자기 생활방식에 눈에 띄는 변화를 일으켜야 한다. 최근 브라운은 해외에서 휴가를 즐기는 일이 적다는 사실을 자랑삼아 말했지만, 나는 그것만으로 충분하다고 생각하지는 않는다. 지금의 의회 건물은 에너지 손실이 매우 심각한, 일종의 환경재난에 가깝다. 왜 수리하여 의원들로 하여금 엄격한 에너지 절약 규정을 준수하도록 조치하지 않는가?

노동당이 붙잡아야 할 새로운 의제가 또 하나 있다. 오늘날 우리가 겪고 있는 여러 문제 가운데서 일부는 부족 탓이 아니라 풍요 탓에 생긴 문제이다. 기후변화의 경우도 그런 경우이다. 거리의 수많은 자동차들, 엄청나게 늘어난 항공여행 등등을 생각해 보라. 교육 분야 역시 그런 경우이다. 그리고 현재 우리는 소비할 수 있는 수준보다 훨씬 더 많은 식품을 생산하는 최초의 사회에 살고 있다. 선진국에서 식품이 부족하여 사람이 굶주린다는 얘기는 들어본 적이 없다. 오히려 비만이 심각한 문제이며, 또 이로 인한 심장병이나 당뇨 같은 만성질환이 문제가 되고 있다. 개인의 자유를 침해하지 않고서 사람들의 생활방식을 바꾸는 문제, 이 문제가 가장 심각한 걱정거리 가운데 하나로 등장한 것이다.

이런 관측은 무엇보다도 고령화 사회의 경우에도 적용된다. 노인차별은 우리 시대의 성차별이다. 이 문제는 경제 및 사회 전반과 관련된 문제이다. 이제 고령이라는 것은 그저 우연히 생기는 일이 아니다. 현재 우리가 어떻게 늙어가는가 하는 것은 생활방식과 밀접한 관계가 있다. 노동당은 "연금생활자"라는 용어를 전면 폐지해야 한다. 이 말은 사람이 일정한 나이에 이르면 독자적이고 풍요로운 삶을 영위할 수 없는 의존적 존재가 된다는 뜻을 함축하고 있는 말이기 때문이다.

사회과학자들 사이에서 행복에 대한 관심, 행복을 어떻게 극대화할 것인가에 대한 관심이 커지고 있다. 다양한 중독증세와 함께 정신질환도 늘어나고 있는 것 같다. 나는 행복이라는 것이 좋은 삶에 이르기 위한 유일하거나 지배적인 가치라고 생각하지는 않는다. 행복보다는 나는 좀더 건조한 표현으로서 "적극적 복지"라는 것을 말하고 싶다. 과거 복지국가는 소극적인 복지, 즉 위험의 회피라는 의미의 복지에 기반을 둔 것이었다. 오늘날 우리는 좀더 적극적인 목표를 설정해야 한다. 즉 단순한 안전망 수준이 아니라 더 적극적인 개입을 하는 제도를 만들어야 한다. 이런 목표에 대한 더 상세한 논의는 아래에서 별도로 다룰 것이다.

나는 현재 우리가 복지국가의 종말로 다가가고 있다고 생각한다. 복지국가의 종말로 접근해 가는 방식은 당초 그렇게 설계된 바 그대로이다. 내가 이런 말을 한다고 해서 그것이 우익 지식인들이 하는 말과 같은 뜻인 것은 아니다. 우익 인사들은 현대 세계에서 더 이상 필요하지 않기 때문에 복지국가는 문을 닫아야 한다는 견해를 가지고 있지만 내 생각은 그런 것이 아니다. 나는 오히려 복지국가를 사전예방을 중시하는 방향으로 재설계해야 한다, 복지국가는 투자에 관심을 가지고 사회문제를 그 뿌리에서부터 고민하는 데 관심을 가져야 한다. 복지국가는 시장의 기능이 마비되었을 때 개입하는 기구가 아니라 경제적 역동성과 생산성에 초점을 맞추어야 한다. 그리고 더욱 다원주의적이어야 한다. 즉 복지국가는 여러 다양한 집단과 단체들이 복지에 개입되어 있는 그런 복지사회의 한 규제기구여야 한다. 이런 것들이 나의 주장이다.

사회정책의 목표는 활동적이고 책임성 있는 시민을 양성하는 것이어야 한다. 생활방식의 변화는 정부 혼자 힘으로 이룩할 수 있는 것이 아니다. 그것을 이룩하려면 우리 사회의 네 가지 주된 힘이 동시에 작용해야 한다. 즉 국가, 업계, 자발적인 제3지대의 단체들, 그리고 시민이 바로 그런 힘이다. 책임성과 대응성을 갖춘 국가(나는 나중에 이것을 확신을 주는 국가라 부를 것이다), 사회적으로나 환경적으로 책임성 있는 회사와 기업들, 책임성 있는 제3지대 단체들, 그리고 역시 개명된 책임성을 갖춘 시민들, 이런 것들이 내가 말하는 "미래와의 계약"에 에너지를 제공하는 힘이다.

우리나라 주요 도시를 걷다 보면 누구나 쉽게 알 수 있듯이 영국 사회는 과거에 비해 훨씬 더 다양화되어 있다. 이민과 문화적 다양성은 오늘날 사람들의 지대한 관심사가 되고 있다. 최근 데이비드 캠런을 포함한 많은 사람들이 주장하기를 다문화주의는 죽었다고 한다. 우리의 공통 문화유산을 강조하기 위하여 다문화주의를 포기해야 한다고 주장한다. 나는 반대로 다문화주의 만세를 부른다. 다문화주의를 비판하는 사람들은 다문화주의가 진짜로 무엇을 의미하는지를 제대로 이해하기 위한 수고를 기피하는 것 같다.

이 사람들은 다문화주의를 소수민족의 문화를 지배문화에 실질적으로 통합시키는 수단으로 보는 것이 아니라 폐쇄되고 분리된 여러 문화들의 단순한 공존상태로 보고 있다. 다문화주의란 모든 문화적 신념을 동등하게 취급하는 것이 아니며, 전체 사회로부터 자기네 공동체를 분리하고자 하는 일을 용인하는 것이 아니며, 한 사회가 유지되기 위해서는 핵심적인 가치와 일반적으로 합의된 정체성을 가져야 한다는 사실을 부정하는 것이 아니다. 이와는 반대로 다문화주의는 다양한 문화와 공동체를 한데 묶고, 이들 상호 간의 대화를 촉진하며, 가치와 법률을 보편적으로 인정할 것을 강조하는 것이다.

일부 회교도 공동체들에서 나타나는 이슬람 급진주의와 일종의 소외감은 세계화를 그 배경으로 삼아 이해해야 할 현상들이다.[1] 프랑스 학자 올리비에 로이는 이슬람 급진주의가 종교 자체의 산물이 아니라 이슬람 "탈식민지화"의 산물이라고 주장하였는데, 이것은 일리 있는 주장이다. "나는 누구인가?"라는 질문이나 "베일을 써야 하는가?"라는 질문은 전통 이슬람 문화에서는 나오지 않는 질문이다. 회교도들이 다른 문화와 매일매일 접촉하게 된 때에 비로소 그런 질문들이 긴급하고 어려운 질문으로 제기된 것이다.[2] 달리 말하면 우리는 지금 정체성 정치에 대하여 말하고 있는 것이다. 이 주제에 대한 더 상세한 논의는 아래에서 다룰 것이다.

고든 브라운이 내가 이 책에서 제시한 아이디어와 처방들에 대하여 동의할지 말지는 알 수 없다. 그런 문제들을 가지고서 그와 상의한 적도 없다. 그가 지난 몇 달 동안 행한 많은 연설들에서 자신의 견해의 새로움에 대하여 강조하기 시작한 것은 분명하다. 브라운은 새로운 헌법질서를 주창하면서 그 기본 형태에 대한 대체적인 윤곽을 제시한 바 있다. 그는 또 블레어의 것과는 다른 리더십 스타일을 약속하고 있다. 그러나 그는 교육 분야에 가장 높은 우선순위를 부여한다는 점에서 블레어 뒤를 따르고 있다. 그리고 브라운은 민족주의적 분리주의가 대두되는 것에 대응하여 영국의 정체성을 옹호하는 목소리를 더 크게 내고 또 국가적 목표의식을 새롭게 다져야 할 필요성을 선언하기도 하였다. 그의 연설과 저술들에 대한 논의 역시 아래에서 다룰 것이다.

지금까지 그가 별로 말을 많이 하지 않은 분야는 외교정책 분야이다. 이 분야에 대한 그의 견해는 이 나라뿐만 아니라 그 자신의 정치적 장래와 관련해서도 매우 중요하다. 내가 보기로 그는 현재의 미국 주도 체제로부터 정신적 독립을 과시할 수 있는 기회를 찾아 나서야만 할 것 같다. 그는 협상을 통한 영국군의 이라크 철수를 모색해야 한다. 이 일은 바스라 지역에 대한 통제권을 이라크 사람들에게 돌려준다는 차원에서, 그리고 영국군이 힘든 임무를 잘 수행했다는 모양새를 갖추는 형식으로 이루어져야 할 것이다. 그는 또 현재의 국제사회를 법의 지배와 국제협력의 중요성을 강조하였던 과거의 상태로 되돌리는 일에도 기여해야 할 것이다.

국제관계의 전체적인 틀이 변하고 있고 또 막강한 지정학적 행위자들이 새롭게 등장하고 있는 현실에서 영국은 유럽연합의 다른 국가들과 공동으로 대처하지 않으면 세계정세의 흐름에 영향을 줄 수 있는 희망이 없다. 미국과의 특별한 관계는 그 나름대로 의미를 가지고 있는 것이지만, 미국이 점차 동쪽의 떠오르는 강대국들에게로 주의를 돌리게 될 것이므로 궁극적으로는 약화될 수밖에 없는 것이다. 영국에게 가장 나쁜 상황은 미국과 유럽의 다른 국가들 사이에 끼어서 어느 쪽에도 영향을 주지 못하는 상황일 것이다.

지금까지 브라운은 EU에 대하여 큰 관심을 보이지 않았다. 그러나 유럽 각국에 새로운 세대의 지도자들이 부상하고 있는데, 브라운은 이들 가운데 돋보이는 인물이 될 수 있고 또 되어야 한다. 오늘날 우리가 안고 있는 문제들 가운데 상당수, 예를 들어 기후변화, 에너지 안보, 이민, 국제범죄, 마약밀수, 밀입국 등의 여러 문제들은 어느 한 국가의 힘만으로는 해결할 수 없는 것들이다. EU는 우리 지역에서 그런 문제들을 다룰 최상의 희망이다.

이 모든 문제들 가운데 쉽게 풀 수 있는 문제는 없다고 보아야 한다. 브라운 정부는 몇 가지 긴장과 어려움에 직면할지도 모른다.

당내에 명목상의 경합이 있을지는 모르지만 브라운은 선출과정을 거치지 않은 수상으로 취임하게 될 것이다. 영국 유권자의 70% 이상이 브라운이 집권하면 빠른 시일 안에 총선거를 실시해야 한다고 생각하고 있다. 사실상 그런 일이 일어날 가능성은 전혀 없지만, 상황이 그렇게 전개되면 브라운 정부의 정통성이 약화될 수 있다.

브라운이 쌓은 명성의 대부분은 그의 경제운용에서 비롯된 것이다. 그는 모든 경제상황이 악화되고 있다고 여러 해를 두고 비판해 온 사람들과의 싸움에서 계속 이겼다. 그러나 최근 물가가 예상 밖으로 크게 오르고 주택가격도 지나치게 오르고 또 개인 부채 수준도 계속적으로 높아짐에 따라 그의 명성에 약간 금이 가는 듯한 것도 사실이다.[3] 유권자들에게 노동당이 개혁과제를 유능하게 잘 처리해 왔다는 점을 확신시키기 위하여 진보적 정책에 더욱 박차를 가할 필요가 있는 바로 이 시점에 공공 서비스 분야에서 현금부족 징후가 나타나고 있다. 기금조성이 지난 몇 년간 수준을 지속하기 어려울지 모른다.

당내 질서를 유지하는 데도 문제가 있을 수 있다. 브라운은 블레어가 그랬듯이 구좌파를 견제하는 한편으로 분파성향의 노동조합들을 상대해야 할 것이다. 만일 브라운이 전통주의자들에게 너무 많이 양보한다면 당은 행복해지겠지만 자신의 수상 임기는 짧아질 것이다. 현재 경찰의 수사가 진행되고 있는 "돈 주고 상원의원직 사기" 의혹(cash for peerage, 2005년 총선 직전에 블레어가 12명의 지지자들에게 거액의 돈을 대출받아 선거자금으로 사용한 다음 이들에게 종리 지명직 상원의원 자리를 주었다는 의혹역자 주)은 브라운 집권 이후에도 문제가 될 수 있다. 이 책을 쓰고 있는 동안에는 아직 수사결과가 발표되지 않았지만, 설령 아무도 기소되지 않고 또 브라운 자신이 직접 관여하지 않았다 하더라도 흙탕물은 브라운 주변까지 날아갈 것이고 또 옷에 묻어 잘 떨어지지도 않을 것이다.

더 심각하고 근본적인 걱정은 영국의 지위 그 자체이다. 스코틀랜드, 웨일즈, 잉글랜드의 민족주의는 얼마나 강력한 위력을 발할까? 현재는 이 3개 지역 민족주의가 모두 심화되고 있다. 브라운은 영국 정체성의 재확립을 주창하고 있지만, 본토 3개 지역의 민족주의는 브라운의 노력에도 불구하고 서로 찢어지는 쪽으로 나아갈까?

노동당이 4기 집권까지 가려면 브라운 정부는 이런저런 문제들을 모두 극복해야 할 것이다. 이 과정은 오르막밖에 없는 길을 힘겹게 올라가는 과정과 비슷할 것이다. 가장 큰 장애물은 보수당이 아니다. 그것은 노동당뿐만 아니라 정치인 전반에 대한 대중의 실망이다. 브라운은 진정한 지도자의 자질을 보여주어야만 한다. 그렇게 하지 못한다면 이미 싫증이 날 대로 난 유권자들은 1997년 총선 당시 노동당이 승리를 거둘 때처럼 "다른 놈들에게 기회를 주자"는 식으로 투표할 것이다.

이어지는 1장에서는 신노동당의 기원을 분석한다. 그것은 클린턴을 대통령으로 만들었던 미국 민주당원들의 사상에 크게 영향받은 것이다. 노동당은 미국의 신민주당에게 여러 가지 값진 아이디어와 정책을 배웠지만, 바로 그렇기 때문에 노동당 정부는 클린턴 정부보다 더 잘할 수 있었다고 말할 수도 있다. 이제 나는 지난 10년간 노동당의 주요 성공사례들과 미흡했던 분야들을 살펴볼 것이다.

▶ 1997년 4월 29일 총선을 이틀 앞두고 런던에 있는 노동당 중앙당사에서 열린 기자회견에서 토니 블레어와 고든 브라운 두 사람이 나란히 앉아서 어떤 기자의 질문을 경청하고 있다.

지난 10년
– 노동당의 성공과 실패

Chapter 1

신노동당판 국제공산당가(國際共産黨歌) :

인민의 깃발은 장밋빛 분홍색,
그대가 생각하는 것만큼 붉지는 않다네.
그대가 비록 백만장자라 해도
안심하고 토니 블레어에게 표를 주어도 된다네.
그대가 고급 정장을 입어도 좋고
우리는 정말 야유를 보내지 않으리.
그래서 인민은 우리가 아직도 진지하다고 생각하며,
우리는 적기가(赤旗歌)를 1년에 한 번 부른다네.

이것은 물론 훌륭한 시는 아니지만 그 의미는 매우 분명하다. 사실적기가는 노동당 연례총회에서 이미 사라졌고, 다른 행사에서 가끔 이용될 뿐이다. 지금의 노동당이 당의 전통적 가치와 빈곤층 이익 대변이라는 임무를 포기하고 순전히 중간계급 정당이 되고 말았는가? 그것은 아니다. 그러나 우리 사회의 계급구조는 크게 바뀌었다. 오늘날 인구의 대다수가 제조업이 아닌 서비스 분야나 지식기반 직종에 종사하고 있다. 이제 모든 중도좌파 정당들은 과거에 비해 더 넓은 범위의 연합을 추구해야 할 형편이다.

제3의 길이라는 말이 특별히 멋있는 용어인 것은 아니다. 그리고 이 용어는 쉽게 농담의 소재로 이용되고 있다. 예를 들어 갈 수 없는 길(no way), 우윳빛 길(Milky Way, 은하수), 프랑크 시나트라의 나의 길(My Way) 이런 식이다. 나는 주변 사람들로부터 이제 제4의 길을 찾아야 하는 것이 아니냐는 말을 수도 없이 듣는다. 그리고 제3의 길이라는 용어가 새로운 것도 아니다. 내가 추적해 보니 이 말이 처음 사용된 것은 19세기 말이다.

이러한 이유들 때문인지 모르지만 신노동당이 이 말을 채택한 이래로 이 말은 널리 오해되었고, 많은 경우 그런 오해는 의도적인 것이다. 내가 보기에 이 용어는 오늘날의 사회경제적 생활에 영향을 주고 있는 급격한 변화에 대응하여 중도좌파가 자신들의 사상을 한 단계 격상시키기 위해 채택한 일종의 상표이다. 이 용어를 사용할지 말지는 중요하지 않다. 중요한 것은 세계 각지의 사회민주주의자들이 이와 유사한 방식으로 기존의 접근방법과 정책 프로그램을 재검토해야 하는 처지에 놓이게 되었다는 사실이다.

"제1의 길"이란 전통적인 사회민주주의, 영국의 경우 구노동당에 해당하는 것으로서 국가, 케인즈 식의 수요관리, 그리고 득표의 주된 기반으로서 노동계급 등에 대한 흔들리지 않는 신념에 기반을 둔 것이다. 제2차 세계대전 이후 약 40년 동안 중도좌파 진영 안에서 다소간의 동요도 있었다. 그리고 사회민주주의라는 용어가 다른 정당의 정치적 입장을 표현하는 것으로 이용되기도 하였다. 예를 들어 보수당의 소위 "1민족 보수주의자들" (one-nation Tories)도 한때 복지국가의 중요성, 혼합경제의 중요성을 인정하였다.

"제2의 길"이란 대처리즘(Thatcherism), 즉 자유시장 근본주의이다. 대처리즘은 시장의 선차성(先次性)과 국가 기능의 축소 및 세금 최소화에 대한 믿음, 그리고 사회정의에 대한 무관심에 기반을 둔 것이다. 대처의 (정확히 말하면 Keith Joseph의) 지적 스승의 한 사람인 프리드리히 폰 하이예크는 사회정의를 앞뒤가 맞지 않는 개념이라 기술한 적이 있다. 대처는 1민족 보수주의 해체에 착수하였고 또 성공하였다. 그러나 대처는 다른 많은 방식으로 보수주의 자체를 손상시켰다. 아무런 제어도 없이 제 마음대로 날뛰게 내버려 두면 시장은 사회적 결속을 해치고 또 전통을 해체하려고 한다. 그러나 과거와 전통을 존중하지 않는 보수주의, 사회라고 하는 것은 애초에 존재하지 않는다고 여기는 보수주의는 결코 보수주의가 아니다.

제1의 길이든 제2의 길이든 이 두 가지 정치철학은 극적으로 변해왔고 지금도 계속 변하고 있는 현실세계의 요구에 부응할 수 없다는 점이 입증되었다. 그래서 제3의 대안이 필요한 것이다. 오늘날 대처리즘은 전통적 좌파 철학과 마찬가지로 이미 죽은 철학이다. 물론 아직도 이 두 철학을 버리기 싫어하는 사람들이 있지만. 데이비드 캠런(David Cameron)의 지도 하에 뒤늦게나마 보수주의자들도 이 점을 깨달았다. 이 나라의 경우는 아니지만 다른 나라들의 경우 동정적 보수주의라는 것이 온건우파의 대응책으로 제시되고 있다.

신민주당

1990년대 초 이래로, 혹은 그 이전부터 노동당은 미국 신민주당의 영향을 강하게 받았다. 심지어 당의 이름을 바꾼 것 자체가 그런 영향에 의한 것이다. 제3의 길이라는 용어를 스웨덴 사회민주당과 같은 다른 중도좌파 정당들도 사용하였지만 그것을 다시 인기 있는 것으로 만든 것은 미국 신민주당이다. 신노동당도 그렇지만 클린턴 식의 신민주당도 종종 지도사상을 상실한 정당, 주로 실용주의에 의해 주도되는 정당으로 보였다. 그러나 클린턴의 대통령 당선을 도운 정책분석가들은 사회경제적 변화를 날카롭게 분석하고 그것에 대한 강력한 정책 대안을 개발하였다.

이 사람들은 더 세계화된 경제의 발전, 육체노동자의 감소와 그로 인한 노동계급의 감소, IT와 서비스 산업의 역할 증대, 그리고 국제적인 것으로서 냉전종식 등에 비추어 볼 때 민주당의 전통적 관점은 재검토되어야 한다고 주장하였다. 건강한 경제가 효과적인 사회정책의 기반이 되는 것이기 때문에 시장과 기업가 정신에 대한 전통적 불신도 버려야 한다. 국가와 정부의 역할은 여전히 중요하지만 그것들 자체가 더 효율적이고 또 시민의 요구에 부응하는 방향으로 개혁되어야 한다.

데이비드 오스본과 테드 개블러 두 사람의 저서인 『정부 다시 만들기』(*Reinventing Goverment*)라는 책은 신민주당원들의 교과서가 되었다.[1] 이 사람들은 기업도 새로운 세계적 환경에 부응하여 위계질서의 탈중앙화, 피고용자들의 지위향상, 고객들에게 더 가까이 다가가기, 이런 방향으로 변화해야 한다고 지적하였다. 시민사회의 자발적 활동영역도 또한 수없이 많은 새로운 시도를 하고 있다. 이와는 대조적으로, 오스본과 개블러에 의하면 국가는 종종 동작이 굼뜨고, 비효율적이고, 중앙집권화되어 있는 상태에 머물고 있다.[2]

선택, 경쟁, 시장 식의 인센티브와 같은 것들을 국가 영역에 도입하는 것, 그리고 "큰 국가"에 반대하는 것, 이런 것들이 클린턴의 "새로운 시민권 협약"의 추진동력이 되었으며, 확실히 신노동당의 핵심적인 정서로 살아남아 있다. 이런 것 말고 다른 것들도 있다. 그 가운데는 중도좌파의 방향전환과 관련된 매우 중요한 것들도 있다.

신민주당의 구호는 그들의 글에서 자주 등장하는 바와 같이 "기회", "책임", "공동체"이다. 클린턴은 우리와 함께 토론하는 자리에서 자주 이 용어들을 인용하였다. "기회"란 전통적인 재분배가 아니라 생존의 기회를 무엇보다도 앞세운다는 뜻이다. 밑바닥 생활을 하는 사람들의 열망을 실현하는 데 장애가 되는 것들, 이런 것들을 제거하는 것이 사회정책의 목표가 되어야 한다. 그러나 이런 목표를 달성하기 위한 개입은 개인 차원에서가 아니라 주로 공동체 차원에서 이루어져야 한다. 극빈계층이 직면하고 있는 많은 문제들의 근원이 바로 공동체 붕괴이기 때문이다. 공동체 재건은 신민주당의 혁신

정책 가운데 하나였다.

시민들에게 권한을 이양한다는 발상에 기반을 둔 복지개혁도 중요하다. 복지란, 신민주당의 재치 있는 표현을 빌리면, "손에 무언가 쥐어주는 것이 아니라 손을 움직여 일하게 하는 것"(a hand-up rather than a hand-out)이어야 한다. 적극적으로 일자리를 찾는지 아닌지를 따지지 않고 무조건 지급하는 실업수당 대신 일하기 위한 복지가 지도적 원칙이 되어야 한다. 실업자는 일자리를 찾을 의무가 있고, 그런 노력을 장려하는 것이 정책의 목표가 되어야 한다. 근로장려 세금제도(tax credit)는 신민주당이 좋아하는 정책이다. 빈곤층에게 적용될 때 이 세제는 몇 가지 이점을 제공한다. 전통적인 실업수당의 경우 수혜자가 수치심을 느낄 수도 있지만, 이 세제를 통한 지원금의 경우는 그런 것이 없다. 또한 이 세제는 노동시장 밖에 있는 사람들에게 일자리를 찾게 하는 인센티브가 된다. 일자리를 갖는 것이 빈곤으로부터 탈출하기 위한 최선의 방법이므로 이 세제는 경제적 활력과 사회정의 양자 모두를 강화한다.

시민권 협약은, 신민주당원들의 주장에 의하면 권리가 아닌 의무를 강조하는 방향으로 다시 체결되어야 한다. 구좌파는 시민의 의무를 소홀히 할 정도로 시민의 권리를 강조하였는데, 이 양자는 똑같이 중요한 것이다. 이러한 발상은 복지개혁과 직결된다. 즉 일할 수 있는 사람은 다른 시민들의 짐으로 남아 있지 말고 일을 해야 한다. 신민주당 사상의 또 다른 중요한 원천은 개인적 안전, 특히 범죄로부터의 안전이다. 범죄는 거의 모든 사람들의 걱정거리이지만 빈민촌의 경우 마약거래와 투약, 높은 퇴학률, 조직폭력 등 다른 사회문제들과 동시에 발생하는 경향이 있다. 우파 식의 "범죄에 대한 강경대응"정책은 실패하였다. 그러나 (구민주당의 사상과는 크게 다르지만) 해법은 강경정책을 포기하는 것이 아니라 범죄를 낳는 여건에 대한 공격을 거기에다가 결합시키는 것이다. "범죄에 강경하게, 범죄의 원인에 강경하게"라는 말은 토니 블레어가 만든 말인지 모르지만(어떤 사람은 고든 브라운이 만든 말이라고도 한다) 그 아이디어는 신민주당의 규정집에서 나온 것이다.[3]

마지막으로 국제 수준에서 신민주당은 부국과 빈국 모두의 경제성장을 위한 자유무역의 중요성, 민주주의 확산 지원의 필요성을 강조하였다. 민주주의는 정보혁명에 힘입어 전 세계로 확산되는 경향을 보이고 있다. 정보혁명이 사상과 정보에 대한 국가의 독점능력을 떨어뜨리기 때문이다.[4] 세계화 시대에 들어 외교정책과 국내정책의 구분은 사라지고 있다. 1989년 이후 미국에 대한 주된 위협은 다른 국가로부터 오는 것이 아니라 비국가행위자로부터 온다. 9 · 11 사건이 이런 분석을 전적으로 뒷받침하고 있다. 물론 그 정도로 큰 규모의 공격일 것으로 예상한 사람은 없었지만.

미국 민주당의 이런 아이디어 가운데 많은 것들이 영국 노동당에게 전수되어 영국적 상황에 맞게 채택되었다. 그러나 신노동당이 미국 민주당에게 그 강령을 빚지고 있다고 단언하기는 어렵다. 노동당에서 지금 뜨고 있는 정치인 혹은 보좌관 가운데 1980년대 초나 1990년대 초 미국에서 활동하면서 민주당의 사상 정립에 기여한 사람들이 많다. 또한 노동당 안팎에 있는 사람들은 미국이 아닌 다른 나라, 예를 들면 호주 같은 나라에서 적절한 테마나 정책을 찾아내기도 하였다. 미국 식 용어이기는 하지만, 예를 들어 노동당의 뉴딜 같은 것은 미국에서 정립된 "일하기 위한 복지" 정책과 많이 다르다. 이 정책의 주창자 가운데 한 사람인 경제학자 리차드 레이어드 같은 사람은 자신의 구상을 가다듬을 때 미국뿐만 아니라 스웨덴도 염두에 두었었다.[5] 그리고 한 가지 중요한 순수 국산품도 있다. 내가 머리말에서 언급한 사회정의위원회 보고서가 그것인데, 이 보고서는 1994년에 발행되어 신노동당의 관점에 큰 영향을 주었다.

신노동당의 정책 강령

이상과 같은 여러 기원을 가진 신노동당의 강령은 매우 힘 있는 것으로서, 1997년의 총선 승리와 그 이후 정권유지에 톡톡히 기여하였다. 당의 강령은, 내가 그 작성과정에 기여하기도 하였지만, 8대 테마로 구성되어 있다. 처음부터 이 강령은 비판자들이 인정하는 정도보다 훨씬 더 체계적인 것이었다 :

경제를 우선하라. 튼튼한 경제는 효과적인 사회정책의 전제조건이다. 품위유지가 가능한 수준의 최저생계비 이상의 봉급을 받는 취업자의 수를 늘리는 것은 실업자 수를 줄이는 것 못지않게 중요하다. 노동시장의 유연성은 반드시 갖추어야 할 사항이지만, 그것은 노동자들이 손쉽게 이 직장 저 직장 옮겨다니는 것을 보장해 주는 방안들과 동시에 추진되어만 한다. 이 두 가지 아이디어는 처음에는 많은 논란을 불러일으켰지만 나중에는 널리 인정받게 되었다. 일보다 노동자를 보호한다는 것이 핵심 테마이다. 거시경제정책의 초점은 안정적인 경제성장의 달성에 맞추어야 한다. 국가의 조세수입은 주로 일자리 창출과 경제성장을 통하여 조달하여야 한다. 신노동당이 그토록 힘주어 강조한 균형예산을 위한 "절제"는 고든 브라운의 별명이 되었다. 이에 반해 과거 중도좌파 정당들은 "과세 및 지출"을 좋아했는데, 이는 달리 말하면 한 나라가 감당할 수 있는 수준 이상을 빌려다 쓰는 식이었다.

정치의 가운데 마당을 장악하라. 이제 우리는 어느 단일계급이 정치적 성공의 기초가 되는 그런 사회에 살고 있지 않다. 원래 노동당은 노동계급의 당이었지만 이제 노동계급은 축소되고 있다. 영국의 경우 최근 통계에 의하면 전체 노동자의 12%만이 제조업 분야에서 일하고 있다. 지식기반 경제—더 적절히 표현하면 지식기반 및 서비스 경제—는 이제 현실이다. "유선노동자"와 같은 새로운 직업군들이 등장하고 있는데, 이들은 육체노동자도 아니지만 전통적인 사무직 노동자도 아니다. 이 사람들의 태도와 관점은 전통적 계급과 다르다. 노동당은 전통적 지지계층을 계속 유지하면서 이런 새로운 직종의 사람들에게 다가가야 한다. 이는 오늘날 어느 중도좌파 정당이라 하더라도 쉽게 수행할 수 있는 과제가 아니다. 가운데 마당을 장악한다는 것은 보수주의로의 퇴행과 같은 것이 아니다. 중요한 것은 사회민주주의 정책들에 대한 광범한 지지를 얻기 위하여 중도를 왼쪽으로 이동시키는 것이다.

권리와 함께 의무에 기반을 둔 새로운 시민권 협약을 만들라. 만일 정책의 초점이 시민들에게 더 많은 권한을 이양하는 것이라면 그 권한이양은 반드시 책임성과 짝을 이루는 것이어야 한다. 사람들은 자신이 선택하는 바에 따라 자신의 삶을 영위할 자유가 있지만, 이 자유는 개인적 · 사회적 책임을 동반하는 것이다. "손에 쥐어주는 것이 아닌 손을 사용하게 하는 것"의 의미는 의무를 받아들이게 한다는 것이다. 이 경우에 의무란 일할 의무로서, 비록 국가의 도움을 받기야 하겠지만 일할 수 있는 사람은 일을 해야 한다는 것을 말한다. 이와 정확하게 똑같은 원칙이 가족에게도 적용될 수 있다. 예를 들어 자녀를 부양해야 할 부모의 의무는 부부관계가 깨져도 없어지지 않는다. 전통적 좌파는 의무보다 권리를 훨씬 더 강조하는 경향이 있었다. 그러나 권리에만 기반을 둔 사회는 공동체 의식을 상실케 할 뿐이다. 우파는 오랫동안 시민의 의무를 강조해 왔지만, 자유가 없는 사회는 권위주의로 타락할 위험을 감수해야 한다.

사회정의를 추구함에 있어서 부자보다 빈자에게 집중하라. 특히 빈곤 아동을 줄이는 데 초점을 맞추어야 한다. 빈곤 아동을 줄이는 문제는 영국의 빈곤 아동 비율이 다른 나라들에 비해 높기 때문에 그만큼 더 복잡한 정책 과제이다. 일할 능력이 있는 사람에게는 괜찮은 일자리를 갖는 것이 빈곤 탈출을 위한 최선의 길이다. 여성의 임금은 아직도 남성보다 적다. 현재 많은 여성들이 일을 하고 있지만 가사노동과 육아에서는 여성의 책임이 더 크다. 이 문제는 면밀히 검토해 봐야 할 문제이다. 가족의 강화가 정책의 주요 목표인 것은 사실이지만, 우리는 오늘날 가족생활의 복잡성을 제대로 인식해야 한다. 동성애 부부들도 이성애 부부와 비슷한 정도의 권리와 의무를 가져야 한다. 빈곤을 줄이기 위해서는 생존기회의 재분배에 초점을 맞추어야 한다. 기회의 평등이 핵심이 되어야 한다. 왜냐하면 경제적 활력은 열망이 결실을 거둘 수 있는 사회를 만들어내야 가능하기 때문이다.

무엇보다도 교육과 의료보험 같은 공공 서비스 분야에 투자하라. 단, 이 분야가 개혁되어야 한다는, 그것도 매우 근본적으로 개혁되어야 한다는 전제 하에. "교육, 교육, 그리고 또 교육", 이것은 다음의 세 가지 이유에서 타당하다. 첫째, 교육받은 시민은 변화와 다양성에 더 쉽게 적응할 수 있다. 둘째, 기술이 없어도 되는 일자리는 갈수록 줄어들고 있다. 셋째, 조기 교육은 빈곤층 아동들이 빈곤으로부터 탈출하는 것을 돕는 데 필수적인 수단이다. 아동들에게 투자하는 것을 최우선 순위로 삼아야 한다. 아주 많은 여성들이 현재 노동자로 일하고 있기 때문에 적절한 아동보육 서비스를 제공하는 것 역시 최우선 순위로 다루어야 한다.

효율성은, 선택과 목소리도 그렇지만, 공공 서비스 분야에서 결정적으로 중요하다. 국가에 의한 중앙집권화된 서비스 제공은 결코 최선의 방법이 아니다. 적절히 규제되기만 한다면 제3지대 단체들이나 상업적 업체들이 국가에 의한 직접 통제보다 더 효과적일 경우가 있다. 우리는 모든 경우를 다 따져서 어떤 종류의 조합이 가장 효과적으로 공공재를 생산하는지를 결정해야 한다. "공공" (국가 기반의) 서비스와 사적 (비영리 혹은 상업적) 서비스를 상호대립적인 것으로 보는 것은(많은 비판자들이 그렇게 보고 있지만) 불필요하고 또 틀린 것이다. 진짜로 중요한 것은 주어진 상황에서 어느 것이 대중의 이익에 가장 잘 복무하는가 아닌가 하는 것이다. 이 점에 대해서는 나중에 상술할 것이다.

어떤 이슈에서도 우파에게 양보하지 말라. 오히려 그들에게 중도좌파적 해결책을 제시하도록 노력해야 한다. 과거의 좌파는 범죄, 사회적 무질서, 이민, 문화적 정체성 등과 같은 문제들에 대하여 정면돌파를 시도하지 않고 그런 문제들에 대한 보통 시민들의 걱정이 근거 없는 것이거나 부적절한 것인 양 선전하는 경향을 보였다. 이런 식이다. 즉 범죄는 대체로 불평등의 결과물이므로 불평등이 완화되면 범죄율은 저절로 떨어진다는 식이다. 이런 주장이 옳은지 여부와는 관계없이 범죄와 반사회적 행위는 시민들의 입장에서 볼 때 바로 지금 이 자리에서 일어나고 있는 문제이며, 이 문제에 대한 대책도 이런 견지에서 마련되어야 한다. "범죄에 강경하게, 범죄의 원인에 강경하게"라는 것은 단순한 구호가 아니라, 적절히 다듬으면 하나의 정책 원칙이다.

이민은 대개 받아들이는 사회에 이익이 되지만, 그래도 이민은 규제되어야 한다. 비숙련 노동자들이 대거 유입된다면 이 사람들을 적절히 수용하기란 어렵다. 그러나 숙련 이민자가 필요한 분야도 많이 있으며, 이런 경우 이민자 유치를 위한 적극적인 인센티브도 있어야 한다. 이 점에 대해서는 아래에서 아주 상세히 다룰 것이다.

적극적인 외교정책을 추구하라. 과거에 비해 오늘날은 외교정책과 국내정책의 중복 정도가 훨씬 더 심하다. 예를 들어 세계사회를 부자와 빈자로 나누는 고리타분한 짓은 부당할 뿐만 아니라 우리 사회에도 직접적인 악영향을 주는 것이다. 무엇보다도 특히 이민 압력을 조성할 것이다.

영국은 다른 나라로부터 침략을 받을 뚜렷한 위험은 전혀 없는 나라이다. 그러나 저 넓은 세계에서 적극적인 역할을 수행할 준비태세는 갖추어야 한다. 이것이 의미하는 바는 군대를 재정비하여 단독으로든 아니면 다른 나라들과 함께든 군사적 개입이 필요한 상황이 벌어지면 곧바로 대응할 수 있게 해야 한다는 것이다. 국가의 주권이 그 본래적 의미를 거의 상실한, 그리고 보편적인 인도주의적 관심이 지역적 이해관계보다 더 중요해진 오늘날의 세계에서 개입주의는 필수적인 원칙의 하나이다. (더 상세한 논의는 8장에서 다룬다.)

잘한 것, 잘못한 것

중도좌파 정당들의 공통된 경험은 집권에 성공하자마자 왕년의 지지자들이 실망감을 표한다는 것이다. 대개 이런 과정은 선거 승리 직후부터 매우 빠른 속도로 시작된다. 흔히 나타나는 불만사항은 좌파 집권당이 본래의 이상을 포기하였다거나 변화를 추구하는 속도가 너무 느리다거나 하는 것인데, 통상 둘 다인 경우가 많다. 우파 진영으로부터 혹평이 쏟아진다는 것은 말할 나위도 없다. 많은 나라들에서, 특히 영국에서 정치적 우파는 오랜 세월 동안 자기들이 선천적인 권력의 상속자라 여겨왔다. 반면에 노동당은 그 출발단계부터 좌우 양쪽으로부터 집중포화를 당해왔다.

블레어에 대한 비난은 수도 없이 쏟아졌다. 핵심 집단에 의한 지배라거나 혹은 대중이 원하는 바에 충분히 귀를 기울이지 않는다, 분열된 당을 지도하면서 말을 자주 바꾼다거나 수상 직무 수행에 서툴다, 국가적인 의제나 비전이 부족하다, 공적 영역을 희생시키면서까지 시장을 선호한다거나 그 반대로 대처주의자 식으로 행동한다, 경제적 재분배와 불평등 완화에 실패하였다, 부자들의 환심을 사려고 한다, 이라크전 참전과 관련하여 진실을 감추거나 명백한 거짓말을 했다, 내보내야 할 동료들과 붙어다니고 옆에 두어야 할 사람들을 내보낸다, 교육과 의료 서비스를 민영화한다, EU의 필요성을 제대로 알리지 않는다, 신분증 도입이나 범죄와 테러에 관한 정책을 통하여 개인의 자유를 침해한다, 등등이 있으며, 이밖에 다른 많은 실수나 배신 같은 것들도 있다.

내가 보기에 이와 같은 비난의 대부분은 진실을 왜곡한 것이거나 틀린 것이다. 블레어는 처음 집권하였을 때 "우리는 신노동당으로서 승리하였고 신노동당으로서 이 나라를 통치할 것이다"라고 말했다. 이와 비슷한 말을 그가 이끈 세 번의 선거에서 되풀이하였다. 그가 그렇게 말한 것은 옳은 일이다. 그리고 그의 이 말은 고든 브라운의 말이 되어야 한다. 비록 표현은 다소 다르더라도.

현재 노동당은 거의 10년째 집권하고 있다. 노동당의 주요 성공사례는 무엇이고 단점은 무엇인가? 달리 말하면, 수상으로서 고든 브라운은 어떠한 기회와 문제를 유산으로 물려받게 될까? 나는 이 문제에 대하여 그 개요만 여기서 다룰 것이다. 한 정당의 집권기간으로서 10년이라는 세월은 긴 세월이며, 그동안 많은 분야에서 많은 정책들이 도입되었다. 먼저 모든 성공은 상대적이라는 점을 강조해 두자. 내가 성공적이라 묘사하는 분야들도 나름의 문제점을 계속 지닐 것이며, 거의 항상 해야 할 일이 더 많은 분야들이다. 실패의 경우는 달리 평가할 여지가 적지만 실패 역시 그 대부분이 상대적인 실패이다.

우선 노동당은 연달아 세 번의 선거에서 이겼다. 야당으로서 이보다 더 좋은 성과를 거둔다는 것은 불가능한 일이다. 사실 노동당은 그 역사의 대부분을 야당으로 보냈다. 노동당의 과거 역사는 토니 블레어의 흥미로운 묘사에 의하면 본질적으로 "어느 누군가의 인생 이야기 중의 잠시 쉼 기간"이다. 노동당은 그 이전 2기 동안 집권해 본 적이 없다. 대부분의 정치평론가들은 과거의 선거에서 노동당이 거둔 보잘것 없는 성과 같은 것들을 경멸적으로 언급하면서 노동당의 선거 승리 가능성에 대해서는 아주 시큰둥한 반응으로 일관하였다. 그러나 미국과 유럽 각국의 경우를 살펴보면 지난 10년 동안 집권을 유지해 온 중도좌파 지도자는 토니 블레어밖에 없다는 사실을 알게 될 것이다. 미국의 빌 클린턴과 신민주당, 프랑스의 조스팽과 좌파 연립정권, 독일의 사민당-녹색당 연립정권이 모두 오

영국은 생활 수준 면에서 강하고 안정적인 성장세를 보이고 있다.
– 미국 달러, 1인당 GDP, 2004년 경상가 및 구매력지수

취업률은 높고 안정적이며, 실업률은 낮다.
– 16세 이상 %

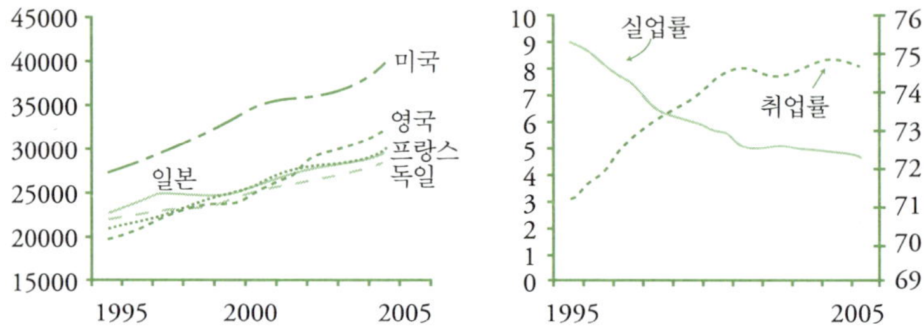

그림 1.1 : 지난 10년간 영국 경제는 크게 발전하였다.

래 전에 퇴진하였다. 네덜란드와 덴마크의 사회민주당도 그러하였고, 최근의 예로 스웨덴의 경우도 마찬가지이다.

경제를 앞세우는 정책은 성공한 정책이며, 일자리 창출에 집중하는 정책 역시 그러하다. 금리 통제권을 영국은행(the Bank of England)에 넘긴 것은 대담한 결정이었지만 이 역시 효과를 본 정책이다. 지난 10년 동안 경제는 대체로 안정기조 속에 높은 성장률을 보였으며, 다른 선진국들 대부분에 비해 더 나은 실적을 보였다. 전체 노동자의 약 75%가 취업한 상태인데, 이 수치를 예컨대 프랑스와 독일의 63-64%, 이태리의 51%와 비교해 보라. 세수의 대부분이 바로 이와 같은 높은 취업률로 충당되었으며, 이것은 다시 공공 서비스와 새로운 복지정책에 필요한 재원이 되었다. 최저임금이 꽤 높게 책정되었지만 수많은 비판자들이 예측한 바와 같은 일자리 감소는 뒤따르지 않았다. 앞에서 지적한 바 있지만, 경제에 대한 걱정이 아직 남아 있지만, 현재의 영국 경제는 선진 경제권의 대부분 경쟁국

절대 빈곤은 감소하였다.
– 상대 및 절대 빈곤, 중앙값의 60% 미만 %

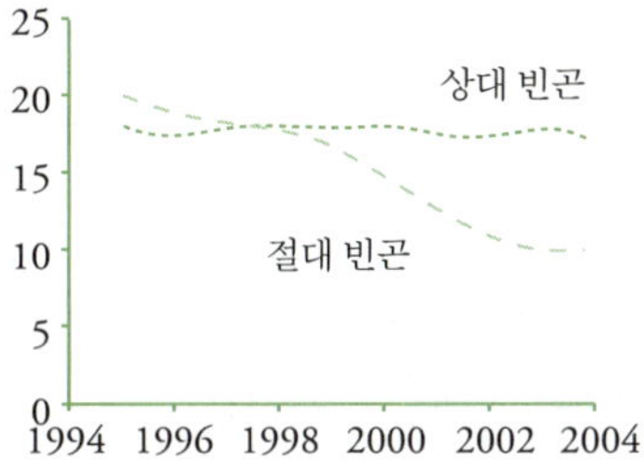

그림 1.2 : 1996년 기준시점으로 빈곤이 크게 감소하였다.

들에 비해 강한 것처럼 보인다.

뉴딜 정책, 근로 장려 세제, 안전한 출발과 여타 새로운 정책들은 각기 나름대로 어려움을 안고 있지만 대체로 소기의 성과를 거두고 있다. 장애인 취업지원과 같은 정책들은 아직 가야 할 길이 멀지만 그런 정책들이 성공하지 못할 것으로 전망할 근거는 전혀 없다. 신노동당은—예컨대 노조가 파업을 하려면 반드시 조합원 투표를 거치도록 한 법률 같은—대처 전 수상이 취한 노동시장 개혁 조치들 가운데 일부를 그대로 이어받았는데, 그것 역시 잘한 일이다. 그러나 영국의 노동시장이 전혀 규제를 받지 않는다고 본다면 그것은 실수이다. 최저임금제 관련 조항들과 뉴딜 정책 같은 것들을 자세히 들여다 보면 거기에는 노동자의 권리와 노동시장 유연성 사이의 일종의 균형상태 같은 것이 있음을 알 수 있다. 물론 고용자와 피고용자의 이익이 서로 다르고 또 때로는 날카롭게 대립할 수도 있기 때문에 그 균형이라는 것이 정당한 균형인가 아닌가 하는 문제에 대한 논쟁의 여지는 다분히 있겠지만.

대처 집권기간은 불평등이 빠른 속도로 심화되었고 또 빈곤층의 수도 늘었다. 신노동당으로서는 이와 같은 극복하기 어려운 과제를 유산으로 물려받은 셈이다. 1997년 이후에도 경제적 불평등이 계속 심화되었다고 주장하는 사람들이 있는데, 이런 주장은 가계(家計) 관련 데이터가 아니라 개인 관련 데이터에 근거한 틀린 주장이다. 경제적 불평등을 따질 때 개인보다 가계가 훨씬 더 중요하기 때문이다. 가계 기준으로 볼 때 전반적인 불평등은 완화되었다. 적어도 지난 20년간 지속되어 온, 어떻게 손을 쓸 방법이 없어 보이던 심화추세가 중단된 것만은 분명한 사실이다. 빈곤층의 수는 1997년 이후 250만 명이나 줄었다. 이 수치는 상대 소득액 기준으로 산출한 것인데, 절대 소득액 기준으로 산출하면 이보다 훨씬 더 큰 수치가 될 것이다(그림 1.2 참조). 역대 노동당 정부들은 불평등 완화에 대하여 수없이 많은 말잔치를 벌였지만 그것을 실천에 옮길 만큼 오랫동안 집권을 유지한 경우는 거의 없었다.

세수의 많은 부분이 교육과 의료보험을 위시한 공공 서비스 분야에 투입되었다. 이 돈이 과연 제대로 쓰인 돈인가? 이 질문과 관련하여 정부는 많은 비판을 받았지만, 객관적인 지표로 볼 때 이 질문에 대한 답은 대체로 "그렇다"이다. 논란의 대상이 되었던 것은 교육과 의료, 수송 등 일부 분야에 상업적 공급자를 영입한 건이다. 건설 프로젝트를 위한 재원을 관-민 협력방식으로 조달한 것도 논란의 대상이다. 그러나 가장 큰 논란의 대상은 런던 지하철 리노베이션 공사를 런던 시장 켄 리빙스톤의 맹렬한 반대에도 불구하고 관-민 협력방식으로 추진한다는 결정(고든 브라운이 내린)이다. 이 문제에 대해서는 나중에 상술할 것이다.

이상에서 언급한 여러 정책들의 전체적인 결과로서 영국은 더욱 사회민주주의적 방향으로 선회하였다. 이런 사실을 잘 보여주는 한 가지 핵심적인 지표는 데이비드 캠런 등장 이후 보수당의 강령이 바뀌었다는 사실이다. 토니 블레어 집권기간 동안 존 메이저에서 마이클 하워드에 이르기까지 보수당의 지도자들은 당권 도전자들을 물리치지 못했다. 이 사람들은 본질적으로 대처 식의 의제에 집착하였다. 반면에 캠런은 드러내 놓고 신노동당의 안마당으로 뛰어들고자 하였다. 그는 우선 목표로서 조세감면이라는 방침을 거부하였으며, 국민건강보험과 기타 공공 기관들에 대한 지지를 표명하였으며, 빈곤 해소의 필요성을 강조하기도 하였다.

그러므로 비현실적인 기대치를 가지고서 평가하지 않는다면 노동당 정부는 대체로 성공적인 정부였다고 평가할 수 있다. 그러나 모든 상황이 장밋빛 일색인 것은 아니다. 노동당 정부의 부족한 점은 무엇인가? 여전히 남아 있는 문제점은 무엇인가? 나는 남아 있는 문제점들도 상당히 많다고 생각한다.

먼저 이데올로기의 실패라 할 만한 것을 지적할 수 있다. 1997년 당시 영국이 직면했던 큰 어려움 가운데 두 가지는 공공 서비스 분야의 위축과 불평등 및 빈곤의 심화였다. 이 두 가지 문제를 푸는 것이 노동당 강령의 기본 내용으로 포함된 것은 매우 당연한 일이었지만, 이 두 문제에 대한 노동당의 관심을 잘 나타내는 선명한 정치적 수사를 개발하는 일은 전혀 이루어지지 않았다. 신노동당이 대처리즘에 지나치게 가까운 것이 아니냐 하는 비판이 널리 제기되었는데, 이런 비판이 제기된 주된 원인 가운데 하나가 바로 여기에 있다.

국가를 개혁하는 것은 신노동당의 핵심 의제 가운데 하나이다. 이 점은 아무런 의심 없이 국가에 대한 의존을 당연시해 온 전통 좌파의 성향과 다른 점이다. 그러나 비영리단체나 상업적 업체의 도입을 포함한 국가 개혁이 노동당의 공식적 목표의 포기를 뜻하는 것은 아니라는 점을 분명히 해야 한다. 또한 국가와 공적 영역의 구별을 뚜렷이 해야 한다.

노동당은 원래 사회정의에 관심을 갖는 정당이다. 그러나 신노동당이 과연 사회정의에 얼마나 충실한가에 대해서는 의문을 제기하지 않을 수 없다. 왜 그렇게 되었을까? 주된 이유는 노동당이 평등주의적 열망에 대하여 드러내 놓고 강조하는 것을 꺼려온 탓이라 할 수 있다. 또한 노동당이 너무나 다양한 정책을 펴왔기 때문에 그것들을 일관하고 있는 핵심 줄기를 따로 내세워 강조하기가 어려운 탓도 있었을 것이다. 전통적인 재분배보다 기회에 강조점을 두는 것은 옳은 일이지만, 평등에 대한 노동당의 관심을 더 힘 있는 용어로 시민들 앞에 부각시키는 것이 필요하다.

헌법개정과 권한이양 문제는 아직도 제자리걸음을 크게 벗어나지 못하고 있다. 노동당의 개혁조치들, 대표적인 예로서 스코틀랜드, 웨일즈, 북아일랜드에 지방의회를 설립한 것과 같은 조치들은 실질적인 의미가 있는 것이고, 또 이 나라를 크게 바꾸어 놓았다. 토니 블레어의 개인적 역량에 크게 힘입은 것이지만, 북아일랜드의 평화증진에 대체로 성공한 것도 작지 않은 플러스 요인이다.

그러나 노동당은 권한이양이 이 나라 전체에 어떠한 의미를 가지는 것이어야 하는가, 즉 영국이 더 연방국가 쪽으로 나아가야 하는가 아닌가, 이 문제에 대한 잘 다듬어진 견해를 아직도 갖고 있지 못한 것 같다. 지역개발처(the Regional Development Agency)는 지역에 어느 정도 책임을 지는, 그러나 중앙정부의 기구일 뿐이다. 그리고 노동당은 지방정부를 어떻게 재편할 것인가 하는 문제와도 씨름해 왔는데, 서로 다른 부처들에서 단편적인 보완작업을 하는 수준에 머물고 있다. 선거로 뽑힌 시장을 정식으로 승인한 도시도 13개 시에 불과하다. 이 13개 시 가운데 하나인 런던의 경우 정부는 선거 당시 선두주자였던 켄 리빙스톤의 출마를 막기 위하여 적극적으로 노력하였다. 그 당시 리빙스톤은 노동당 내에서 많은 의혹을 산 인물이었기 때문이다.

노동당은 기업 자본주의에 영향을 미치기 위한 시도를 거의 전적으로 포기하였다. 왜 그랬는지는 쉽게 알 수 있다. 즉 전통적으로 노동당을 불신해 왔던 사람들의 지지를 얻고자 했기 때문이다. 1990년대 중반 노동당 지도부가 소위 "참새우 칵테일 구상"이라는 것을 내놓은 것도 바로 재계의 환심을 사기 위한 것이었다. 토니 블레어 집권 초기 한때 주주 자본주의와의 밀월관계도 있었지만 이것은 금방 시들어 버렸다. 노동당의 자본주의에 대한 방관 자세는 공공 서비스에 대한 정열과 매우 대조적이다. 내가 여기서 말하고자 하는 것은 시장과 기업가들에 대한 구좌파의 적대감으로 돌아가자는 것이 아니라, 우리가 어떤 종류의 자본주의를 원하는지를 좀더 분명히 하자는 것이다.

1997년의 노동당 선언서를 보면 "우리는 환경에 대한 관심을 정책결정의 중심에 놓을 것이다. 그래서 그것이 그저 곁가지 수식어가 아니라 정부 전체의 관심사가 되도록 할 것이다"라는 구절이 있다.[6] 실제로 환경세 도입이라든가 쿄토 의정서 서명 등과 같은 중요한 조치들이 있었다. 그러나 2001년 연설에서 토니 블레어는 취임 초기에 집중해야 할 다른 몇 가지 문제들과 함께 "환경문제는 정치적 의제 밖으로 미끄러져 버렸다"라고 시인하였다.[7] 기후변화의 의미를 제대로 인식한 것은 이보다 나중의 일이며, 그마저도 적절한 정책혁신으로 뒷받침한 것은 아니다. 수송문제에 있어서도 사정은 이와 비슷하다. 도로세 신설문제는 켄 리빙스톤 손에 맡겨져 있는 상태이고, 철도는 몇 년간 경영방식의 일관성과 과단성에 문제가 있어서 그로 인한 어려움으로부터 이제 겨우 회복하고 있는 중이다.

블레어는 오랫동안 자신이 친유럽주의자라고 공언해 왔는데, 나는 진짜로 그렇다고 믿는다. 그러나 그는 영국의 유럽 회의주의(懷疑主義)를 역전시키지도 못했고, 영국을 유럽의 중심으로 갖다놓지도 못했다. 다시 블레어의 말을 옮기면 신노동당은 "가장 대담할 때 가장 일을 잘 한다"고 하는데, 그는 이 원칙을 EU 회원국으로서 영국의 역할에는 적용하지 않았다. 그로서는 성공을 거둘지 확신이 서지 않는 상황에서 조기에 영국을 유로화 단일통화권으로 밀어넣는 도박을 하고 싶지 않았을 것이다. 현재의 영국은 1997년 당시와 마찬가지로 "마음내켜 하지 않는 유럽인" 수준에서 크게 벗어나지 못하고 있다. 영국이 영향을 미친 가장 중요한 것은 EU의 신속한 군사배치 능력을 확대 · 강화하는 일을 주창한 것 정도이다. 중도좌파 정치인으로는 좀 이상한 일이지만 유럽에서 블레어와 가장 가까운 동맹자는 스페인의 아스나르, 이태리의 벨루스코니 같은 우파 지도자들이다. 이 사람들과의 동맹관계는 이라크 전쟁 이전에 만들어진 것이다. 이라크 전쟁으로 인하여 이 관계가 더욱 강화되었지만.

이런 문제들은 외교정책상의 어려움과 연결되어 있다. 노동당 정부의 외교정책은 다른 어느 것보다도 더 블레어의 개인적 인기 하락과 신노동당의 지위 손상에 기여하는 결과를 낳았다. 그러나 신노동당의 외교정책이 완전히 실패하였다고 말하기는 어렵다. 꽤 많은 성공사례들이 쌓여 있기 때문이다. 1998년 시카고에서 행한 블레어의 연설은 인도주의적 목표를 달성하기 위하여 개입주의적 외교정책이 필요하다는 취지의 것이었는데, 지금도 명연설로 꼽힌다. 그런 정책은 보스니아, 코소보, 시에라리온, 아프가니스탄 등지에 적용되어 상당한 성과를 거둔 것으로 볼 수 있다. 그러나 이라크의 경우는 마치 그가 부시 대통령에게 지나치게 가까이 다가간 것만큼이나 지나치게 멀리 간 것으로 입증되었다.

만일 이라크가 대량살상무기를 가지고 있었다면, 특히 핵무기 획득 수준에 가까이 다가갔다면 나는 이라크 침공이 정당화될 수 있다고 생각한다. 사담 후세인은 백만 명의 희생자를 낸 두 차례의 전면전쟁을 일으킨 바 있고, 쿠르드 반군을 진압한다는 도대체 말도 안 되는 구실로 화학무기를 배치한 바 있는 자이다. UN의 제재조치는 실패하였고, 사담은 어린이들이 굶어 죽는데도 불구하고 인도적 목적으로 책정된 예산을 사리사욕을 채우는 데 전용하였다.

이라크에서의 모험의 결과 블레어는 거짓말을 했다, 제정신을 잃었다는 등의 비판을 들었다. 블레어에 대해서 단 한번도 우호적이었던 적이 없는 뉴 스테이츠맨지는 2003년 7월호에 다음과 같은 제목의 기사를 실었다 : "정신병자로 의심되는 블레어, 폭발 직전." 본문 중에는 "토니 블레어가 제정신인지 아닌지 하는 문제는 더 이상 피해갈 수 있는 문제가 아니다"라는 단언도 있다.[8] 이 기사는 대단히 진지하게 작성되었으며, 블레어를 정신병적 인성의 소유자로 묘사한 저명한 정신과 의사들의 말도 인용하고 있다. 이보다 훨씬 더 많은 사람들이 블레어가 이라크전의 명분을 정당화할 때 거짓말을 했다고 생각한다.

블레어(Blair)는 정말 거짓말쟁이(Bliar)인가? 나는 그렇게 생각하지 않는다. 허튼 보고서(Hutton Report)는 매우 철저하게 작성된 것인데, 블레어가 대중을 속이고자 하는 의도를 가졌음을 보여주는 증거는 하나도 찾아내지 못했다. 보고서 작성 전에 뉴 스테이츠맨지는 여러 지면을 할애하여 허튼 경을 진실을 밝혀줄 사람으로 추켜세웠지만 내심으로는 노동당 정부의 실각을 몰고 올 정보, 적어도 정부를 심각하게 궁지에 몰아넣을 정보를 기대하였다. 그러나 그런 정보는 전혀 나오지 않았다. 모든 정보기관들이 사담 후세인이 화학무기와 생물학무기를 가지고 있는 것으로 믿었다는 사실을 감안하여, 나는 블레어가 정직한 신념에 따라 행동했다는 사실을 조금도 의심하지 않는다. 사담은 무기사찰단을 거부하고 UN 제재에 저항하기 위하여 자신이 할 수 있는 모든 것을 다하였는데, 만일 대량살상무기를 가지고 있지 않았다면 그의 그런 행동은 도저히 이해할 수 없는 행동이다.

나에게 충격적인 것은 사담이 대량살상무기를 가졌다는 증거가 너무나 빈약한 것으로 드러났다는 사실이다. 당시 나는 대중에게 공개된 정보는(비밀문서 같은 것은 공개하기 곤란하고 또 그 양도 많지 않을 것이므로) 그저 표면적인 것, 빙산의 일각 정도에 불과한 것으로 여겼다. 그래서 나는 전쟁 전에 대중에게 공개해서는 안 될—정보 출처가 이라크 현지인일 수도 있으므로—훨씬 더 구체적인 증거가 있을 것으로 알았다. 그러나 그런 증거는 전혀 없었다. 콜린 파월(Colin Powell)이 이라크의 대량살상무기에 관한 사진 증거로 UN에 제출한 것은 나중에 밝혀진 것이지만 이라크 측의 속임수였다. 이 속임수는 파월 한 사람만 당혹케 한 것이 아니라 전 서방세계의 방위 공동체를 당혹케 한 것이다. (더 상세한 논의는 8장 참조.)

▶ 가위를 들고 있는 고든 브라운의 종이 인형. 의료 분야 예산삭감을 묘사하고 있는데, 2006년 10월 1일 번머스에서 개최된 보수당 대회장에 장식품으로 설치된 것이다.

경쟁자들
– 브라운 대 캠런

Chapter 2

문 : 토니 블레어와 하나님의 차이는?

답 : 하나님은 자신을 토니 블레어라고 생각하지 않는다.

문 : (블레어가 해외여행을 즐긴다는 것과 관련하여) 토니 블레어와 하나님의 차이는?

답 : 하나님은 이 세상 어디에나 존재한다. 블레어는 이 세상 어디에나 존재하지만 영국에는 없다.

토니 블레어를 좋아하든 않든 그는 세계적인 인물이다. 제2차 세계대전 이후 영국 수상으로서 전 세계적으로 알려진 인물은 처칠과 대처 둘뿐이다. 1997년 총선 당시 존 스미스가 당수였다고 해도 노동당이 승리했을지 모른다. 그리고 나는 스미스가 탁월한 지도자라는 사실을 조금도 의심하지 않는다. 그러나 블레어가 주도한 이데올로기적 변화가 없었다면 전국적 대승은 불가능했을 것으로 본다. 블레어는 노동당을 연달아 세 번의 선거에서 승리하도록 이끈 지도력을 보여주었다. 역대 노동당 지도자들 가운데 이 정도 수준의 업적 근처에라도 접근해 본 사람은 없다. 그러나 외교문제에서 블레어가 지나치게 멀리 갔다는 사실은 부인하기 어려울 것이다. 브라운은 아직 국제무대에서 잘 알려지지 않은 사람이며, 이제 자신의 존재를 빨리 그리고 힘 있게 알려야 할 것이다.

지난 4–5년 동안 토니 블레어가 일을 잘하고 있다는 데 동의하는 유권자들의 비율은 낮아졌다. 그리고 노동당 지지율 역시 떨어졌다. 집권 1년째인 1998년 5월에 실시된 여론조사 결과를 보면 블레어의 국정운영에 대한 국민의 지지율이 67%로 나타났다. 2002년에 와서는 그간에 약간의 오르내림이 있었지만 이 수치가 39%로 뚝 떨어졌다. 2006년 6월에 이르러서는 23%로 바닥을 쳤다. 같은 해 12월에 이르러 30%로 약간 회복세를 보였다.[1]

2007년 1월에 실시된 한 여론조사에서는 노동당이 아직도 32%의 지지율을 보였지만 보수당은 지난 14년 이래 최고치인 39%를 기록하였다.[2] 정부에 대하여 만족하는 사람은 22%, 불만족인 사람은 72%로 나타났다. 이상의 통계수치를 놓고 보면 2006년과 2007년 사이에 시기에 따라서, 그리고 조사기관에 따라서 큰 차이가 있음을 알 수 있다. 그러나 대체적인 위상은 분명하다. 즉 2007년 초 현재 보수당이 노동당을 6–7% 정도 혹은 그 이상 앞서고 있다.

데이비드 캠런의 지지율은 블레어–브라운 교체 때 잠시 노동당 당수 자리가 공석이었던 시기에 올라갔다. 일부 여론조사에서는 차기 수상 후보로 무려 40%의 높은 지지율을 기록하기도 하였다. 그러나 신보수당에 대해서는 대부분의 유권자들이 판단을 보류하고 있다. 보수당이 아직 구체적인 정책을 내놓지 않았기 때문이다. 응답자의 1/3 이상은 마음을 결정할 만큼 캠런에 대하여 충분히 알고 있지 못하다고 응답하였다. 캠런은 브라운보다 더 역동적이고 매력적인 사람으로 평가받고 있다. 그러나 누가 더 강한 지도자가 될 것인가라는 질문에서는 브라운이 앞선다.

20년 전에는 경제, 실업, 인플레이션, 이런 것들이 사람들의 가장 큰 걱정거리였다. 그러나 현재 영국이 직면한 가장 중요한 문제가 무엇인가라는 질문에서는 이런 것들의 순위가 뚝 떨어진다. 불과 8%만이 경제상태를 가장 중요한 문제라 답하고 있으며, 실업과 인플레를 꼽은 사람은 각각 6%와 2%에 그쳤다. 이민문제가 가장 중요한 걱정거리로 등장하였는데, 응답자의 40%를 차지한다. 그 다음이 국민건강보험으로 37%, 이어서 방위 및 국제 테러가 37%, 법과 질서가 30%를 각각 차지하고 있다.[3] 노동당에게 걱정스러운 것은 보수당이 아직 구체적인 정책을 내놓지 않고 있음에도 불구하고 이런 문제들 가운데서 보수당이 앞서고 있는 분야들이 꽤 있다는 점이다. 최근의 한 여론조사를 보면 보수당은 법과 질서에서 7점, 이민에서 6점 앞서고 있다. 다른 조사에서는 국민건강보험, 교육, 환경에서 노동당이 보수당에 뒤져 있다.

이와 같은 조사결과들을 어떻게 해석해야 할까? 이 책을 집필할 당시 나는 영국 정치는 끝까지 가봐야 안다고 말한 적이 있다. 선거 일정에 비추어 볼 때 현재의 시점에서 6–7% 정도 뒤지고 있다는 것은 별로 큰 문제가 아니다. 개인의 인품에 의해 좌우되는 부분도 꽤 있을 것이다. 고든 브라운이 수상이 되었을 때 일을 잘 해낼까? 그는 과연 대학생처럼 처신할까? 캠런의 젊은 활력과 경쟁할 수 있을까? 거꾸로, 캠런은 위엄을 차릴 수 있을까? 그가 과연 자신의 혁신정책을 불신하는 당을 잘 수습할 수 있을까?

나는 정치가, 흔히 많은 저술들에서 그렇게 적고 있지만, 개인의 자질에 의해 좌우된다고 생각하지는 않는다. 또한 정치가 개인의 자기 연출이나 처신에 의해 좌우된다고 생각하지도 않는다. 싸움의 승패는 이보다는 아이디어와 정책에 의해 더 크게 좌우된다. 유권자들은 정책토론을 깊이 이해하지 못하지만 어떤 정당이 제시하는 것이 알맹이가 있는지 아닌지는 잘 알아낸다. 이미 익숙한 얼굴이지만 새로운 지도자가 등장한다는 것은 노동당으로서는 하나의 좋은 기회가 될 수 있다. 즉 노동당의 업적으로 내세울 수 있는 것들을 더욱 강조하면서 유권자들에게 당의 강령을 다시 알릴 수 있는 기회가 될 수 있다. 이 시점에서 주요 경쟁자들의 정치적 입장이나 견해를 그들 자신의 증언에 의거하여 살펴보는 작업은 무의미하지 않을 것이다. 주로 브라운과 캠런에 초점을 맞출 것이지만 자유민주당 지도자 멘지스 캠블(Menzies Campbell) 에 대해서도 약간 다룰 것이다.

고든 브라운의 정치관

흔히 브라운의 정치철학은 토니 블레어의 왼쪽이라고들 말한다. 즉 블레어보다 구좌파 쪽으로 좀더 기울었다는 뜻이다. 그러나 지난 몇 년간의 연설과 저술들에서 나타나는 것을 보면 결코 그렇지 않다. 브라운은 빠른 속도로 발전하는 세계시장을 중시하여 경제의 역동성과 유연성의 필요성을 신봉하는 사람이다. 좌파는 무조건 국가에 의존하려 들지 말고 시장의 여러 장점들을 인식할 줄 알아야 한다. 때로는 진보주의자들도 시장을 봉쇄하거나 제한하려 들지 말고 시장이 더 효과적으로 작동하게끔 만들도록 애써야 한다. 단 국가 수준이건 국제 수준이건 보호주의에 대해서는 반대해야 한다.

그러나 대처 전 수상이 시장을 모든 문제의 해결책으로 여긴 것은 틀렸다고 브라운은 강조한다. 우리는 시장이 우리 생활의 모든 영역에 침투하도록 내버려 두어서는 안 된다. 더욱이 시장이 실패하는 경우도 분명히 있다. 시장경제가 사유화된 경제와 동일한 것이 아니다. 시장이 제대로 기능하도록 하기 위해서는 자유화와 규제의 신중한 혼합이 있어야 한다. 말하자면 "가능하면 자유화하고 필요하면 규제하라"이다.[4]

예를 들어 의료보험 분야에서 경쟁은 선택과 마찬가지로 나름의 역할을 수행할 수 있으며 또 수행해야 한다. 그러나 건강은 상품이 아니고 또 상품이 될 수도 없는 것이다. 개인을 위한 의료보험제도 같은 것은 처음부터 생각할 수도 없는 것이며, 또 주말에만 문을 여는 식품가게처럼 될 수도 없는 것이다. 그렇기 때문에 의료보험의 수혜대상을 완전 개방하는 것이 가장 효율적일 뿐만 아니라 가장 공평하다. 이런 분야를 사보험(私保險)에 맡겨서는 안 된다. 사보험은 "그 정의에 의해서 약관에 적혀 있는 '만일'이라든가 '단'이라든가 아니면 무슨 깨알 같은 작은 글씨에 그 사활을 맡길 수밖에 없는 것이고, 일부 사람들만이, 그것도 소정의 조건을 충족할 때에만 그 혜택을 볼 수 있는 것"인데, 이런 사보험이 "모든 사람이 언제나 그 혜택을 볼 수 있는 국민건강보험보다 우선되어서는 안 된다."[5]

브라운의 생각 한가운데 자리 잡고 있는 것은 교육을 위한 야심찬 계획이다. 2006년 12월 예산안 보고서에서 그는 학교를 지원하기 위한 큼직한 새 보따리를 풀어놓았다. 그 내용인즉 학생 수에 따라 수석교사들에게 지급하는 돈을 증액하고, 또 이 돈은 수석교사가 필요하다고 판단하면 재량껏 사용할 수 있게 한다, 중등학교에 대해서는 매년 평균 20만 파운드를 추가로 지급한다, 각급 학교에서 더 작은 규모의 수업이 가능하도록 한다, 학생 1인당 교실공간과 장비를 늘린다, 등등이다. 또한 레이취 보고서에 화답하여 재무장관은 도제의 수를 배로 늘리기로 약속하였다. 2020년까지 성인 90%가 5개 과목 이상 중등학교 교과목 수료증을 따도록 한다는 목표도 세웠다.[6] 브라운은 세계의 경제적 경쟁이 심화되고 있는 현실에서 영국이 번영하려면 교육의 끊임없는 진보가 필수적이라고 보고 있다.

브라운은 중앙집권화를 선호하는 것으로 널리 알려져 있지만, 실제에 있어서는 권한이양과 탈중앙화의 이점을 수시로 강조해 왔다. 여러 해 동안 그는 중앙정부와 지방정부의 동반자관계가 중요하다고 말해왔다. 그는 소위 "신지방주의"를 주창하고 있는데, 이것은 지방정부가 복지와 공공 서비스의 전달에 핵심적인 역할을 맡고 또 시민사회 단체들 역시 중요한 역할을 맡는 것을 가리킨다. 공공 서비스를 제공하는 주체는 당연히 해당 지역에 영향을 미치는 결정을 내릴 권한을 부여받아야 하며, 또 지역사회에 대한 책임도 져야 한다. 적극적 시민정신과 개인적 책임, 이 두 가지는 블레어도 그랬지만 브라운이 가장 강조하는 것들이다. 그러나 그는 국가 전체와의 균형이 반드시 이루어져야 한다고 강조한다. 그렇지 않으면 지역에 따라 기준이 달라질 것이고, 지역적 부패가 끼어들 소지가 있고 또 지역 간의 불평등이 심화될 수 있다는 것이다.

불평등에 대하여 말할 때 브라운은 기회의 평등, "부당한 특권"의 철폐를 특별히 강조한다. 시장은 막대한 부를 창출할 수 있지만 시장 자체가, 시장 혼자서 공정한 사회를 만들어내지는 못한다. 정부가 나서서 생존기회를 평준화하기 위한 개입을 해야 한다. 자주 언급하고 있듯이 그의 비전은 "개인들이 자신들의 잠재력을 실현할 수 있는 권한과 여건을 부여받는" 그런 사회질서이다. 그러나 그는 신노동당의 일관된 입장과 맥을 같이 하여 자유는 책임과 짝을 이루어야 한다는 점도 빼놓지 않는다.

이와 같은 테마들은 영국의 정체성에 대한 브라운의 사색과 연결되어 있다. 비판자들은 브라운이 자신의 스코틀랜드 출신이라는 배경을 잉글랜드의 상황에 맞추어 정당화하려는 것일 뿐이라고 말하지만, 여기에는 그것보다 훨씬 더 많은 무언가가 있다. 그가 말하는 "영국적인 것"은 그의 정치관을 구성하는 여러 조각들을 서로 연결시켜 주는 아이디어라 할 수 있다. 그에게 있어서 영국적이라는 것은 전제정치와 권력의 자의적 사용에 대항하고 적극적 · 소극적 자유를 지향하면서 단단하게 버티고 서 있는 개인을 뜻하는 것이다. 그는 "황금 실"이라는 용어를 사용하면서 이 점을 설명하고 있다.[7] 그러나 영국적인 것은 "공정함"과 시민의 의무를 뜻하는 것이기도 하다. 영국적인 것이 과거에 집착한다는 의미의 보수주의와 동일시되어서는 안 된다. 반대로 영국적인 것은 진화의 능력을 가지고 있다는 점에서 보수주의와 구별된다.

여러 해 전에 톰 네언은 『영국의 분열』(*The Break-Up of Britain*)이라는 책을 썼다.[8] 그 당시에는 영국의 분열이 임박하지 않았지만 지금은 분열이 임박했다고 믿는 사람들이 있다. 영연방이 처해 있는 상태가 다시금 논쟁의 대상이 되고 있는데, 그것은 여론조사 결과 스코틀랜드 국민당이 5월 지방선거를 앞두고 선전하고 있기 때문이다. 국민당은 지방선거에서 승리하여 지방정부를 장악한다면—그 의미를 분명히 하지는 않았지만—완전한 분리독립에 대한 주민투표를 실시할 것을 공약으로 내걸었다. (5월 3일 실시된 선거에서 국민당이 전체 의석 129석 중 47석을 차지하여 지방의회 원내 제1당이 되었다. 그러나 8월 현재 주민투표는 실시되지 않고 있다.[역자 주])

브라운은 자신이 보기에 분리주의를 지향하는 "위험한 흐름"이라는 것에 대한 반격을 시도하였다. 일부 보수당원들은 "잉글랜드법을 위한 잉글랜드인의 투표"에 대하여 언급하기 시작하였는데, 잉글랜드 지역에서도 분리독립 지지율이 전보다 높아졌기 때문이다. 브라운은 공세로 나섰다. 2007년 1월에 발간된 신문기사에서 브라운은 "영국의 발칸반도화"를 지향하는 위험한 흐름을 언급하였다.[9] 이 기사에서 그는 지금까지 우리는 영국적인 것이라는 묵시적 합의로 큰 어려움 없이 잘 지내왔지만 "우리나라가 스코틀랜드, 웨일즈, 잉글랜드 분리주의자들의 도전을 받고 있는 현 상황에서는 이 문제에 대하여 훨씬 더 직선적으로 대해야 한다"고 주장하였다.

브라운은 소위 "서(西)로티아 문제"를 묵살하는 경향을 보인다. "서(西)로티아 문제"란 서(西)로티아(West Lothia) 지역구 의원인 톰 달리엘 하원의원이 스코틀랜드 및 웨일즈 지방에 대한 권한이양 문제를 다룬 1977년 11월의 하원 총회석상에서 제기한 것을 말한다. 당시 달리엘 의원은 다음과 같이 물었다 : "119명 이상의 스코틀랜드, 웨일즈, 북아일랜드 출신 의원들이 자기네 지역구에서는 동일한 사안에 대해서 아무런 말도 하지 않으면서 중앙에서는 이 나라 정치에 매우 중요한, 때로는 결정적인 영향을 행사하는 것에 대하여 잉글랜드의 유권자들과 의원들은 얼마나 오랫동안 참아주어야 합니까?" 이에 대하여 에노크 포웰 의원은 다음과 같이 대꾸하였다 : "이제 우리는 서(西)로티아 출신의 동료 의원께서 무슨 말을 하고 계시는지에 대하여 잘 이해하게 되었습니다. 이 문제를 서(西)로티아 문제로 부를 것을 제안합니다."

브라운에 의하면 이와 같은 불균형 문제는 좀더 큰 맥락에서 이해해야 할 문제이다. 한 인터뷰에서 그는 잉글랜드가 영연방 전체의 85% 비중을 차지하고 있다는 점, 그래서 표결에 들어가면 다른 어느 지방도 이길 수 있다는 점을 들었다. 따라서 지방으로의 권한이양은 균형을 만드는 효과적인 장치라는 것이다.

브라운은 현재의 영국이 새로운 국가적 사명감을 가져야 한다고 주장한다. 영국 국기(the Union Jack)는 영국 국민당이 잘 이용해 먹고 있지만 진보주의자들이 이를 되찾아와야 한다. 이 깃발은 "단결의 상징", "관용과 포용의 상징"이 되어야 한다.[10] 우리는 우리의 충성심을 지탱하기 위하여 더 많은 국민의례 같은 것을 개발해야 한다. 비교해서 말하자면 미국의 7월 4일, 프랑스의 7월 14일 같은 것이 영국에는 없지 않은가? (7월 4일은 미국 독립기념일, 7월 14일은 프랑스 혁명기념일이다.[역자 주])

이런 식의 강조는, 브라운의 생각 속에서는, 세계화로부터 이득을 취하는 문제와 연결되어 있다. 사실 그것은 세계화를 위해서 필수적인 것이다. 영국은 급속하게 변화하는 세계에 부응하는 새로운 국가적 경제목적 의식을 개발해야 한다. 국가적 경제목적은 공적인 기구들을 강화하고 사회정의를 신장하는 한편으로 국내적으로나 국제적으로 경쟁력 있는 경제를 유지하는 것이어야 한다. 이를 위한 대책은 다음과 같은 형태를 취할 것이다 : 추가적인 권한이양을 포함한 헌법개정; 새로운 시민권 협약; 시민사회 재건, 지방정부 혁신; 소수민족의 영국 사회로의 통합; 애국주의와 국제주의 둘 다에 대한 헌신.[11] 여기에 더하여 브라운은 최근의 연설에서 성전을 내세우는 이슬람 테러에 대한 노동당의 전반적 정책에 충실하겠다는 뜻을 분명히 하였다.

데이비드 캠런과 신보수당

2006년 12월 당시 보수당 웹사이트에 들어가 보면 "브라운의 국민건강보험 예산삭감을 저지하라!"라는 구호가 초기 화면 상단에 자리 잡고 있었다. 재무장관으로서 의료 분야에 기록적으로 많은 투자를 주도한 브라운이 이제 예산을 삭감하려고 하자 그것과 관련하여 그 사람을 비난한다는 것은 좀 건방진 일이다. 이와는 별개로 초기 화면 상단을 장식한 그 구호의 정치적 의미는 무엇일까? 데이비드 캠런이 당수로 취임한 이후 보수당원들이 진짜로 변한 것일까? 아니면 일부 노동당원들이 비판하는 바와 같이 새로운 논리로 그저 얼굴만 살짝 가린 "그때 그 보수당원들"일까? 특히 캠런은 전임 당수 마이클 하워드의 연설문 작성자였다. 우리가 알고 있듯이 하워드는 국민건강보험에 대한 예산삭감 반대와는 매우 다른 의제를 추구한 사람이다.

이 문제는 아직 결론이 나지 않은 상태이다. 캠런은 대처 전 수상과 그 후임자들의 철학과 구별되는 새로운 보수주의 철학을 만들려고 진지하게 노력하고 있다. 그러나 그것이 어떤 내용이 될지 현재로서는 확실한 게 전혀 없다.

그것이 노동당의 철학과 겹칠 가능성은 아주 크다. 캠런 자신도 가끔 이 점을 시인하지만 어떤 때는 부인한다. 사실 국민건강보험은 좋은 출발점이다. 전통적 보수당의 "사회 같은 것은 존재하지 않는다"는 테마, 최소국가 테마, 세금감면 고집과 공공 서비스에 대한 무관심, 이런 것들은 이제 사라졌다. 왕립재단(King's Fund)에서 행한 연설에서 캠런은 국민건강보험에 대한 자신의 믿음을 확실히 하고 또 사보험 체계로 가려는 움직임에 대한 거부의사를 분명히 했다. 이런 태도는 고든 브라운의 발자취를 그대로 따르는 것이다. 이 연설에서 캠런은 "국민건강보험제도의 수립은 20세기 최대 업적 가운데 하나라고 믿습니다"라고 말했다.[12] 국민건강보험에 대한 보수당의 계획이 구체적으로 밝혀진 것은 하나도 없지만, 캠런은 보수당이 집권하면 공공 서비스 지출이 크게 늘어날 것임을 확언하였다. 보수당은 재단 병원을 지지할 것이지만 모든 병원을 국가의 밀착 감시로부터 해방시켜 주고 싶어한다. 노동당의 세금정책에 대한 비판은 이제 제한적인 것으로 바뀌었다. 보수당은 세제의 단순화와 규제 축소에 초점을 맞춘다.

캠런은 의식적으로 보수당을 다시 가운데 마당으로 이끌고자 애쓰고 있다. 이 가운데 마당이란 노동당이 정의한 바와 같은 그런 새로운 가운데 마당이다. 캠런은 경제안정이 보수당의 넘버 원 정책이라고 말함으로써 노동당 정책을 또다시 흉내내고 있다. 또 세계화의 중요성을 강조하고, 자신의 정적들처럼 보호주의를 거부한다. 캠런이 말하는 동정적 보수주의란 기회와 열망을 핵심 요소로 강조하면서 빈곤층과 저소득층을 줄이기 위한 개입의 필요성을 인정하는 것이다. 달리 말하면 캠런은 절대 빈곤이 감소하는 한 불평등이 얼마든지 존재해도 무방하다는 대처리즘 식의 발상을 거부한 것이다.

캠런은 보수당 내에 잉글랜드 민족주의를 지향하는 경향이 강함에도 불구하고 "영국적인 것"이라는 아이디어에 지지를 보내면서 행복을 느끼는 것처럼 보인다. 캠런은 권리와 의무를 결합시킨다는 신노동당의 원칙을 받아들였다. 민족적 일체감을 키운다는 발상, 국민의례 중시, 국적 취득을 희망하는 이민자들에게 충성서약을 하게 하고 영어학습 의무를 부과하는 것 등의 발상에 대해서는 다소 칭찬하는 어조로 언급하였다. 노동당의 정책에 대해서 말할 때 흔히 그러듯이 캠런은 노동당 정책을 받아들인다고 말하면서 여기서 "한

걸음 더 나아갈 것"이라고 말한다. 예를 들어 이미 국적을 취득한 사람이라도 영어 능력이 만족할 만한 수준에 이르지 못한 사람들은 영어학습을 받도록 한다는 것이다.[13]

테러와 범죄 분야에서도 비슷한 이야기는 계속된다. 캠런에 의하면 국제 테러리즘과의 싸움은 이제 정부의 "절실한 관심사"가 되어야 한다. 왜냐하면 과거의 테러와 비교할 때 지금의 테러는 대처하기가 훨씬 더 어려워졌기 때문이다. 대테러정책은 "피의자의 권리와 사회 전체의 권리를 비교평가하는 것"이어야 한다. 캠런은 신분증에는 반대하지만 전화 감청을 통한 증거는 법정에서 증거로 인정되어야 한다고 주장한다. 이라크전 참전에 대해서는 전임 당수들이 모두 지지하였는데, 캠런 역시 이를 지지하고 있다. 캠런은 블레어의 자유주의적 개입원칙을 포함한 노동당의 외교정책을 대체로 받아들인다.

노동당과 다른 점은 무엇인가? 그리고 이 모든 것들의 밑바닥에 흐르는 어떤 일관성 있는 정치철학이 있는가? 아직 확고하지는 않지만 그런 철학이 있기는 있다. 이 철학의 중심은 사회적 책임이라는 아이디어이다. 캠런에 의하면 "강한 사회를 만드는 것은 정치인들만의 임무가 아니다. 우리 모두가 함께 이 임무를 수행해야 한다."[14] 교회와 같은 민간단체들도 지금은 주로 정부의 손에 있는 기능의 일부를 떠맡을 수 있으며, 시민들도 의무를 받아들여야 한다. 과거 대처 정부는 이 나라에 일종의 경제적 책임감을 회복시켜 주었다. 지금의 과제는 사회적 책임감을 되살리는 것이다. 이 일에서 가족은 매우 중요한 역할을 수행할 수 있다. 다른 사람에 대한 책임감을 형성하고 또 유지하는 곳이 바로 가족이기 때문이다. 그러나 이 분야에서 캠런은 전통적인 보수당원이 아니다. 그는 결혼의 중요성을 강조하지만 동거관계도 인정하며, 또 결손가정을 낙인찍지 않기 위해서 무진 애를 쓴다.

캠런은 또한 아동 보호를 위한 투자를 지지한다고 말한다. 여기서도 캠런은 노동당 사람들과 논쟁할 때 "노동당이 충분히 나아가지 못했다"고 주장한다. 직장과 가정 사이의 유연성 강화, 삶의 질 향상, 이런 것들도 캠런이 강조하는 것들이다. 캠런은 경제적 진보를 GDP 성장만으로 재는 것에 대하여 비판적이며, "전반적인 복지"의 향상을 보수당 정책의 중심에 놓고 싶어한다. 복지란 지속가능성을 전제로 하는 것, 환경문제 중시를 의미하는 것이다. 캠런에 의하면, 영국의 정당이 환경문제를 사회경제적 문제와 대등한 수준으로 중시하는 것은 이번이 처음이라고 한다.[15] 또 노동당은 우리 사회의 문제점들에 대한 단기 대응만 하고 있을 뿐이지만 보수당의 정책은 장기 지속적인 정책이 될 것이라고 한다.

캠런의 "두건 쓴 건달과 포옹하기" 연설은 이상의 테마들과 맥을 같이 하는 것이다.[16] 켐런에 의하면 범죄에 대한 걱정은, 특히 빈민촌의 경우, 공동체 의식을 해칠 뿐만 아니라 전반적 복지 자체를 망치는 것이다. 흔히 사람들은 두건 쓴 건달들을 "젊은 깡패들로 구성된 반란군 복장을 한" 공격적인 사람들로 본다. 그러나 두건을 쓴다는 것은 공격적인 것이라기보다는 방어적인 것이다. 여러 해 학대와 무시를 당한 아동들은 딱딱한 경찰의 손에 맡길 것이 아니라 부드러운 보살핌과 이해의 손길에 맡겨야 한다. 그런 아이들이 자존심을 되찾기 위해서는 무엇보다도 정서적 안정이 중요하다. 가정이 실패하는 곳에 공동체 단체들이 들어가 도움을 주어야 한다.

2007년 1월 말에 캠런은 국가적 정체성에 대한 연설을 한 바 있다. 이 연설은 그 직전에 있었던 고든 브라운의 연설과 비슷한 내용의 것이었지만 두세 가지 결정적인 차이도 있는 것이다.[17] 이미 소개한 바와 같이 브라운은 "발칸반도화"라는 표현을 썼지만 캠런은 복수의 베를린 장벽이라는 비유를 사용하였다. 즉 "다 허물어 버려야 할 다섯 개의 장벽"이 있다고 한다. 그것은 극단주의, 통제되지 않은 이민, 빈곤, 교육받을 기회의 부족, 그리고 다문화주의를 말한다. 그가 말하는 극단주의자들이란 한편으로 영국 국민당, 다른 한편으로 "이슬람 국가를 추구하는 자들"이다. 길게 말하지는 않았지만 캠런은 이주자들이 영국에 이득을 가져다 준 사실을 인정하고 있다. 문제가 되는 것은 "통제되지 않은 이민"이다.

빈곤이 지속된다는 것은 훌륭한 학교와 그렇지 못한 학교 간의 "교육적 차별"이 사회적 유동성의 기회를 가로막기 때문에 이로 인하여 뒤처진 하층계급 사람들이 등장하고 있다는 사실을 뜻한다. 다문화주의는 특별한 검열을 받아야 하는 것으로 간주된다. 다문화주의로 말미암아 거주지역이 인종에 따라 나뉘고 "원한과 의심"이 조장되었다고 한다.

캠블은 어떠한가?

캠런의 연설들이 정책내용 면에서 가볍다고 한다면 멘지스 캠블의 연설들은 더 가볍다. 제3당으로서 자유민주당은 무엇을 찬성한다기보다는 무엇을 반대한다는 식으로 자기네 정체성을 규정하는 경향이 있다. 캠블은 고든 브라운과 마찬가지로 스코틀랜드 출신이지만 브라운에 대해서 그러했던 것과는 달리 비판자들 사이에서 그의 출신이 문제가 된 적은 거의 없는 것 같다. 그러나 다음 번 총선에서 의회 과반수 당이 나오지 못하여 노동당과 자민당이 연정(聯政)을 하게 된다면 스코틀랜드 출신 두 사람이 영국 정부를 운영하는 사태가 벌어질 것이다. (그래서 어떻단 말인가? 더 상세한 논의는 9장에서 다룬다.)

당수가 되기 전 캠블은 재단 병원, 대학 학비, 그리고 신분증에 반대 투표하였는데, 이런 입장은 지금도 변함이 없는 것 같다. 캠블의 주 전공 분야는 외교정책이다. 캠블은 이라크 전쟁을 일관되게 반대해 왔다. 또 자민당이 "3당정치를 실현시키기 위하여" "현대화되고, 전문적이 되고, 신뢰받고, 또 단결되기를 원한다"라고 말하고 있다.[18]

캠블은 환경문제의 중요성에 대하여 앞서의 두 지도자와 마찬가지로 확고한 입장을 취하고 있다. 캠블 자신의 표현을 빌리면, "우리는 환경문제를 양심과 필연성의 문제로 여길 정도로 우선해야 한다." 이것은 곧 "우리 모든 행동의 변화"가 있어야 한다는 뜻이다.

캠블은 세금문제에 대한 당의 정책연구 그룹의 보고서가 제안하는 바를 그대로 받아들였다.[19] 이 보고서는 항공기 배기가스 세의 인상, 자동차 소비세의 대폭 인상, 이산화탄소 세의 도입, 연료세의 물가 인상률 연동 등 소위 "녹색세금으로의 전환"을 제안하고 있다. 그리고 자민당은 핵에너지 이용을 반대한다.

이 보고서에 의하면 녹색세로 충당되는 세수는 빈곤 완화와 세제 단순화를 위한 용도로 사용될 것이다. 그리고 소득세 최저세율 10%를 없앨 것을 제안하고 있다. 이렇게 되면 200만 명 정도가 아예 소득세를 내지 않게 된다. 소득세 기본 세율은 2% 낮추고 40%의 높은 세율을 적용하는 고소득의 출발선을 연간 5만 파운드로 상향 조정할 것을 제안한다. 장기적으로는 소득세 면세점을 최저임금 수준까지 끌어올릴 것을 제안한다.

캠블은 자신이 "타고난 자유주의자"이며, "시민적 자유, 동등한 기회, 헌법개정의 열렬한 지지자"라고 말한다. 그에 의하면 행정부의 책임성을 강화하고, 상원의원도 선거로 뽑아야 하며, 다시 권력이 의회로 복귀되어야 한다. 헌법개정은 탈중앙화의 방향에서 이루어져야 한다. 국가는 권력을 시민과 공동체로 넘겨주어야 한다. 직접 인용하면, "공동체 단위의 공공 서비스는 그 지역 안에서 제공되고 또 민주적 책임성을 띠어야 하는데, 이를 위하여 나는 막강한 국가 권력의 축소를 추구할 것이다. 지역에서 선출된 사람들이 지역의 학교, 병원, 경찰과 수송 등을 책임져야 한다."[20] 그리고 국민투표는 비례대표제 방식으로 실시해야 한다.

캠블은 일정을 못박지는 않았지만 이라크에 나가 있는 영국군의 철수를 주장한다. 그는 자신이 국제주의자이고 EU 옹호자 가운데 한 사람이라고 말한다. 이라크 침공은 국제법을 어긴 것이며, 영국은 국제관계의 기본 원칙들을 준수하겠다고 다시 약속해야 한다. "영국은 국제체계의 핵심부에서 매우 독특한 역할을 가지고 있으며, 우리는 국제기구와 국제적 법의 지배에 대한 정치적 신뢰를 회복해야 한다."

간단한 평가

자유민주당은 어떤 일관된 입장을 정리하는 데는 훨씬 못 미치고 있는 것 같다. 이 당은 서로 다른 두 당이 합당하여 만들어진 당인데 사고방식에서의 차이는 아직 그대로 있다. 당내의 자유주의자들은 국가의 간섭으로부터의 자유, 개인 생활에서의 자유, 경제에서의 자유를 원한다. 이런 식의 사고방식을 잘 보여주는 좋은 예는 2004년에 발간된 『오렌지 책』에 들어 있다.[21] 이 책의 저자들은 "유모 국가에 대한 방어", 유럽에 대한 회의적 시각, 공공 서비스 분야에서 시장 역할의 증대 등과 같은 전통 자유주의 식 사고의 조각들을 보여주고 있다. 반면에 당내의 사회민주주의자들은 세금인상과 국가의 역할 증대에 찬성하고 국가 영역의 개혁을 꺼린다. 캠블은 이와 같이 서로 다른 두 노선 사이를 힘겹게 헤쳐나가야 할 형편에 놓여 있다.

고든 브라운은 수상 취임 이후 적지 않은 문제에 부닥칠 것이다.

노동당 정권 시대의 종말을 냄새맡고 구시대 질서의 회복을 기다리다 초조해진 우익 언론들이 성난 기세로 덮쳐올 것이다. 내가 지금까지 그렇게 묘사하기 위해 애쓴 바와 같이 브라운은 철두철미 신노동당원이다. 그러나 보수당은 국가에 대한 믿음을 가진, 규제 그 자체를 위한 규제를 신봉하는 전통적 사회주의자로 브라운을 염색하려 들 것이다. 블레어는 싫증난 유권자들에게 어떤 개인적인 매력 같은 것을 가졌지만 브라운은 그런 매력이 없는 사람이다.

캠런의 보수당은 노동당에 대한 대중의 싫증이 확산되어 있다는 사실을 감안한다면 브라운 정부에 대한 중대한 도전세력이다. 보수당의 약점은 무엇일까? 보수당의 약점은 아주 많은데, 장차 보수당의 집권 여부는 그런 약점들을 극복하느냐 못 하느냐에 달려 있다고 해도 과언이 아닐 것이다.

캠런이 아직도 정치적 경량급에 머물러 있다는 평가도 있다. 그의 철학은 어느 정도 일관성이 있지만 알맹이가 거의 없다. 그는 집을 짓기 위해서는 먼저 기초공사가 필요하며, 기초를 세운 다음에야 비로소 벽과 지붕을 건설할 수 있다는 식으로 자신의 접근방법을 변호한다. 그러나 이런 비유는 틀린 비유이다. 건물 전체의 설계도가 없다면 기초공사를 할 수가 없다. 건축가의 설계도는 공사 시작 전에 이미 완성되어 있어야 한다. 또한 설계도는 모든 세부사항까지 철저히 반영된 전 포괄적인 것이어야 한다.

보수당은 정책문제를 연구 · 보고하는 연구 그룹들을 설립해 두고 있다. 이 그룹들은 조각조각 끼워 맞추는 식으로 만들어서는 안 될, 하나의 전체적인 정책 틀을 만들어 내지는 못한 것 같다. 더욱

이 이들이 만든 정책 제안이 당의 성향을 바꾸려고 하는 캠런의 구상과 부합하지 않는다면 어떻게 될까? 캠런은 자신의 애매모호함을 이용하여 답변하기 곤란한 질문을 일시적으로 피해갈 수 있을 것이다. 예를 들어 기후변화에 대한 대응은 자동차 업계와 같은 기득 이익계층과 충돌을 빚을 수 있다. 캠런은 이런 상황에 대처할 준비가 되어 있을까? 세제가 단순화되어야 한다면 어느 정도까지 단순화되어야 할까? 어떤 세금을 유지하고 또 어떤 세금을 손보거나 없애야 할까? 보수당의 정책연구 그룹 가운데 세금문제를 다루는 그룹은 이미 보고서를 제출하였다. 그런데 캠런은 기본적으로 세금감면을 골자로 하는 이 보고서의 결론과 일정한 거리를 두고 있다.

캠런은 국가의 역할에 대해서는 말을 아껴왔는데, 이로 미루어 볼 때 그는 이 문제에 대하여 양다리 작전을 펴고 있는 것 같다. 즉 상황에 따라 적절히 대처하면서 챙길 것은 챙기겠다는 자세이다. 이런 작전은 성공할 수 없다. 어느 시점에 가서는 양다리 작전을 버리고 국가의 역할에 대한 견해를 분명히 밝혀야 할 것이기 때문이다. 캠런은 자신이 거리를 두고자 했던 입장으로 되돌아가야 한다는 압력을 더 강하게 받을 것이다.

캠런의 기본적인 아이디어인 것으로 보이는 사회적 책임이라는 것은 본래부터 취약한 것이다. 그것은 어느 의미에서도 새로운 것이 아니라 미국 사람들이 잘 정리해 놓은 소위 동정적 보수주의의 한 부분일 뿐인 것이다.[22] 의무는 반드시 권리와 동반하는 것이어야 하며, 제3지대의 집단들이 특히 지역사회 수준에서 복지혜택의 전달에 참여해야 한다. 그러나 그런 집단들이 어떤 식으로든 국가의 규제를 받아야만 한다는 사실, 그리고 복지혜택의 전달에 있어서 여전히 국가가 주된 역할을 담당해야 한다는 사실은 너무나 당연한 사실이다. 자발적인 집단들은 정규적인 기금 마련이 불가능하고, 또 회원들의 지속적인 도덕적 헌신에 의존하고 있기 때문에 그 성격상 불안정 상태인 경우가 많다. 뿐만 아니라 국가가 아무런 역할을 하지 않는다면 그런 집단들의 활동은 어느 한 분야에 집중되고, 다른 분야에는 아예 이루어지지도 않을 것이며, 또 이로 인하여 기존의 불평등을 더욱 심화시킬 수도 있다.

현재 신보수당은 지난 10년간 노동당을 강자의 위치에 머물게 해준 어떤 핵심적 요소를 전혀 가지고 있지 않다. 즉 현대세계의 주류적 흐름에 대한 분석과 그 흐름에 대한 효과적인 대처방법 같은 것을 가지고 있지 않다. 캠런이 짓겠다는 "집"의 진짜 기초는 바로 이것이어야 한다. 구체적인 정책방안들은 바로 그 위에 건설되어야 할 것들이기 때문이다. 지난 시기 보수당의 상징이었던 대처리즘은 바로 그런 기초를 가진 것이고, 그 기초는 하이예크나 프리드만 같은 학자들에게서 나온 문제 있는 사회경제 사상에 영향을 받은 것이었다. 그러나 이와 같은 대처리즘의 세계관은 현재 캠런이 결별하고 싶어하는 바로 그런 세계관이다.

조지 부시 손에 들어간 동정적 보수주의란 그 실제 면에서 사실상 아무런 의미도 없는 것으로 드러났다. 대규모 세금감면 조치가 있었지만 그것은 특권 계층에게 크게 유리한 것이었다. 클린턴 시절에 완화되었던 빈곤이 다시 심화되었다. 부시는 복지예산을 더 삭감하려 하였지만 저지당하였다. 캠런은 독자적인 안을 가지고 있지만 보수당이 집권하였을 때 과연 그 안이 실행될 수 있을까? 핵심 당원들이 그 안에 찬성하지 않을 것이기 때문에 그 실행 가능성은 의문시된다.

보수당의 대다수 당원들은 "구보수주의"를 버리지 않았다. 바로 이 사람들이 세금문제, 가족정책, 소수인종 문제 등과 관련하여 캠런을 곤란하게 만들 수 있다. 다문화주의에 반대하는 캠런의 장광설은 놀라울 정도로 부적절하며 거칠어서 사람들은 그 말 사이에 숨은 위험성에 대하여 의심하기 시작하였다. 캠런이 전임자 마이클 하워드의 우익 포퓰리즘으로 회귀하기 위한 방법으로 이주자들에 대한 강경책과 함께 다문화주의에 대한 공격을 감행할 것인가?

캠런은 한 분야에서는 확실히 구보수당원이다. 그 분야는 바로 유럽연합에 관한 것이다. 이 문제에서는 그가 대처보다 한 수 위이다. 대처의 브루지스 연설로 돌아가 보면—이 연설은 그 당시 많은 사람들에게 "EU의 중요성을 올바로 평가한 것"으로 간주되었다—당시의 대처는 후임 보수당 지도자 어느 누구보다도 더 친유럽적이었음을 알 수 있다. 바로 이 지점에서 캠런 사상의 완전한 불일치가 드러난다. 즉 그는 한편으로 환경문제를 보수당의 우선 과제로 설정하고 싶어하며, 다른 한편으로 이 문제에 관한 현실성 있는 정책 수립에 필수적인 EU의 필요성을 깎아내리고 있는 것이다.

이어지는 장들에서 나는 앞으로 몇 년 동안 노동당의 정책 틀이 어떤 것이 되어야 하는지에 대하여 좀더 상세히 다룰 것이다. 나는 먼저 1997년 이래 이 세계의 변화로서 세계화가 어떤 성격의 것인가, 그리고 브라운 정부가 여기에 어떻게 대처해야 할 것인가를 검토할 것이다. 이어서 공공 서비스와 관련된 주요 이슈들을 살펴볼 것이며, 그 다음에는 시장과 시장의 사회적 역할에 대하여 노동당이 어떠한 견해를 가져야 할 것인가 하는 주제로 옮겨갈 것이다. 노동당은 평등주의적 목표를 되살려야 할 것인데, 나는 그런 목표가 어떻게 달성될 수 있을 것인가를 보여주고자 한다.

이 책의 후반부에서는 기후변화, 문화적 다양성과 그 대처방법, EU와 외교정책 등을 포함하여 오늘날 전면에 나선 핵심 이슈들을 다룰 것이다. 마지막으로 나는 신뢰와 민주주의라고 하는 매우 다루기 어려운 주제를 다룰 것이다. 노동당이 시민들의 신뢰를 되찾을 수 있을까? 이것은 범위가 매우 넓은 주제이며, 따라서 내가 이 문제를 빈틈 없고 상세하게 다루지 못할지도 모른다. 그럴 경우를 대비하여 나는 미리 사과를 해둔다.

▶ G7 재무장관 및 중앙은행장 회의를 앞두고 2005년 2월 5일 런던에 있는 랭카스터 하우스에서 미국 연방준비제도이사회 의장 앨런 그린스펀과 고든 브라운이 대화를 나누고 있다.

변화하는 세계
– 어떻게 대처할 것인가?

Chapter 3

다음은 런던의 한 대형 컴퓨터 가게에서 고객들이 질문한 것들이다 :

인터넷을 사고 싶은데 얼마입니까?
인터넷을 디스크에 복사해 줄 수 없습니까?
인터넷 한 접시 부탁합니다.
지금 막 인터넷을 내려 받았는데 이걸 어떻게 이용하지요?
내일은 은행이 쉬는 날인데 인터넷은 문을 엽니까?
집에 컴퓨터가 없는데 책으로 된 인터넷을 없습니까?
우리는 지금 한 달간 휴가 여행을 떠나는데, 그동안 인터넷을 끊어 주실 수는 없습니까?

지난 10년간 인터넷은 우리 삶의 많은 부분을 혁명적으로 변화시켰으며, 지금은 세계화를 심화시키는 주된 요인이 되고 있다. 그러나 아직 모든 사람들이 인터넷을 제대로 이해하고 있는 것은 아니다.

세계화 : 이게 무엇인가?

세계화, 이것은 우리 시대의 화두이다. 20여 년 전만 해도 학자들 사이에서나 사용되었고 일반인들 사이에서는 거의 사용되지 않던 이 용어가 지금은 흔히 사용되는 용어가 되었다. 이 용어는 매력적이지 않고 오히려 성가신 용어이다. 세계 도처에서 이 용어가 사용되고 있지만 이 용어의 학술적 개념화 작업은 거의 이루어지지 않았다.

세계화는 더 이상 기술적인 아이디어에 머무는 것이 아니다. 이제 세계화는 사회적 · 정치적 갈등의 장으로 들어와 있으며, 감정으로 색칠되어 있다. 세계화에 반대하는 사람들은 이것이 많은 세계적 병폐의, 심지어 대부분 병폐의 원인이라고 보고 있다. 이 사람들에게 있어서 세계화란 본질적으로 파괴적인 힘이며, 또 무엇보다도 권력과 연결된 것이다. 이것은 세계의 가난한 지역들에 대한 서방 국가들과 기업들의 지배를 나타내는 것이다.

1990년대 말까지만 해도 정치인들을 세계화에 관심을 기울이게 하는 일은 쉽지 않았다. 나는 열심히 노력했지만 별로 뚜렷한 성과를 거두지 못했다. 신민주당 사람들이 세계화에 대하여 말하기 시작하였지만 세계화란 말을 자주 사용하지는 않았다. 그후 몇 년이 지나자 이 모든 상황이 바뀌었다. 현재 세계화란 말은 토니 블레어, 특히 고든 브라운의 연설에서 약방의 감초처럼 자주 등장한다. 그렇게 된 것은 옳고도 적절한 것이다. 왜냐하면 현재 우리는 한 나라의 국경 너머 지구 전체에서 일어나고 있는 변화의 물결 속에 살고 있기 때문이다. 그러면 이 용어의 진정한 의미는 무엇일까?

세계화의 가장 간단한 정의는 세계사회의 상호의존성 증대라 할 수 있다. 그러나 우리는 이 뼈대밖에 없는 정의 위에 살을 붙여야 한다. 종종 세계화는 순전히 경제적인 현상으로 여겨지는데, 이 주제에 관한 전문가들 가운데서도 그렇게 여기는 사람들이 있다. 예를 들어 마틴 울프는 세계화란 "시장을 통하여 경제활동을 국경을 초월하여 통합하는 것"으로 정의한다. 이어서 "현재 우리가 말하고 있는 것은 자연적 장벽과 인위적 장벽이 계속 무너지는 가운데 더 큰 단위의 통합으로 나아가는 움직임이다"라고 한다.[1] 또 세계화를 경제 차원이 아닌 다른 차원에서 규정하는 것은 지나치게 확대해석하는 것이라고 말한다.

확실히 세계는 더욱 더 경제적 상호의존으로 나아가고 있다. 이런 추세는 아주 명백하다. 그러나 세계화는 단순히 경제적인 것만이 아니라는 사실 역시 명백하다. 누구도 이 점을 부인하기는 어려울 것이다. 이 책 여러 군데서 나는 우리 삶의 변화를 가져오는 지배적인 힘 가운데 하나로서 통신수단의 중요성을 강조하고 있다. 오늘날의 세계는 과거에 비해 훨씬 더 급진적이고 광범한 방식으로 전자적 상호연결로 나아가고 있다. 나는 세계화 시대의 시작 시점을 1960년대 말이나 1970년대 초로 본다. 이 시기에 처음으로 효과적인 인공 국제통신의 비용이 극적으로 떨어졌다.
– 비용지수

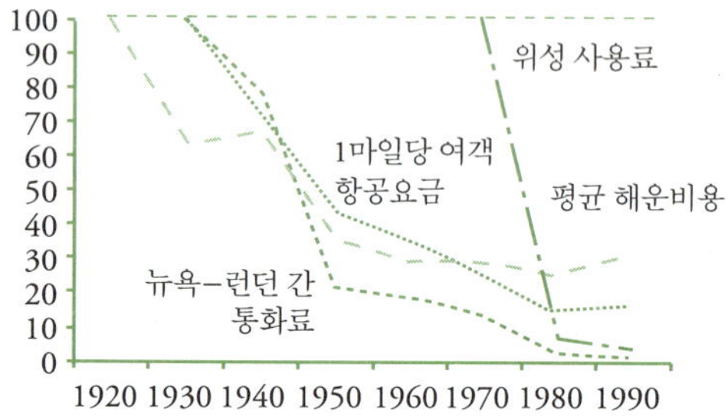

그림 3.1 : 통신 분야의 급속한 기술발전은 앞으로도 계속될 것 같다.

위성 체계가 우리 머리 위로 올라갔고, 이를 통하여 지구 반대편에 사는 사람들과의 실시간 동시통신이 가능해졌기 때문이다.

이런 발전이 없었다면 경제적 상호의존의 증대는 아마 불가능했을 것이다. 예를 들어 24시간 외환시장 같은 것은 그 이전 시기에는 존재할 수 없었던 것이다. 아니면 신용카드를 생각해 보라. 현재 신용카드는 세계 대부분의 나라들에서 사용되며, 하루에 20조 건 정도의 신용카드 거래가 이루어지고 있다. 또 다른 예로 뉴스 매체의 중요성을 생각해 보라. 아마도 이라크 전쟁은 전 세계의 시청자들에게 동시에 중계된 최초의 전쟁일 것이다. 종군기자들이 현장에서 촬영한 전투장면들은 실시간으로 전 세계 수백만 명이 볼 수 있었다.

세계화는 간혹 발전의 문제라는 차원에서만 다루어지기도 한다. 이 주제에 관한 책들을 보면 부유한 나라와 가난한 나라의 분리, 그리고 UN, 세계은행, IMF와 같은 국제기구의 영향력 등에 대한 우려를 담고 있다. 선진 산업국들은 변화를 주도하는 세력이고 나머지 국가들은 이에 적응할 수밖에 없는 것으로 묘사한다. 이런 시각은 세계화를 적대시하는 사람들뿐만 아니라 세계화에 찬성하는 사람들에서도 흔히 발견된다.

그러나 세계화는 후진국뿐만 아니라 선진국에게도 매우 심대한 영향을 미친다. 경제 측면에서 보면 이런 현상이 잘 나타난다. 즉 1970년대에는 세계 공산품의 90%를 선진국들이 생산하였지만 지금은 60%로 떨어졌고, 앞으로 더욱 떨어질 것이다. 뉴스의 경우 현재 하루 종일 보도되고 있고, 또 전통적인 인쇄매체는 물론이고 모든 형태의 전자매체를 다 사용하고 있는데, 이같은 현실이 정치와 정부에 큰 영향을 주고 있다. (본격적인 논의는 9장 참조.)

거의 모든 사람들이 세계화를 "바깥에서 오는 것"으로 보고 있다. "세계화의 도전에 어떻게 대처할 것인가"라는 물음은 이제 FAQ(자주 하는 질문)이다. 그러나 세계화는 바깥에서 오는 것만이 아니며, 또 그렇게 될 수도 없다. 세계화는 많은 개인, 집단, 기구들이 참가하는 다양한 과정에 의해 이루어진다. 내가 TV를 켜 다른 나라의 사진들을 본다면 그것은 곧 내가 세계화에 접할 뿐만 아니라 세계화에 적극적으로 기여한다는 것을 의미한다. 현금인출기에서 돈을 빼는 것도 마찬가지이다. 과테말라에서 커피 원두를 수확하는 사람은 세계화를 경험할 뿐만 아니라 세계화에서 한 역할을 수행한다.

이런 얘기가 시시하게 들릴지 모르지만 결코 그렇지 않다. 세계화는 자연의 힘이 아니라 우리 인간에 의해, 우리 인간의 노력에 의해서 만들어지는 것이다. 또한 세계화는 우리가 대항해서 싸워야 할 이름 모를 거대한 기구들에 의해 만들어지는 것도 아니다. 세계화는 우리 일상생활의 여러 측면들과 엮여 있다. 여기서 "우리"란 이제 전 세계 모든 사람들을 포함하는 것이다. 그러므로 세계화에 반대하는 시위대가 바로 그들이 반대하는 세계화의 도구인 인터넷, 휴대전화, TV 같은 것들을 활용하여 시위를 조직한다는 사실은 결코 역설적이지 않은 것이다. 현대성 자체를 거부하는 종교적 근본주의 운동의 경우도 이와 다르지 않다.

비판자들이 무어라 주장하든 세계화는 미국, 아니면 좀더 크게 보아 서방의 지배, 이것의 동의어가 아니다. 부유한 나라들이 국제기구들을 지배하는 경향이 있다는 사실은 명백하다. 사실 세계화에 매우 중요한 통신기술의 전부가 선진국들에서 개발되었다. 그러나 세계화란 그 정의에 의해 양 방향의 과정이지 힘의 불균형 체제가 아니다. 미국 경제에서 일어난 일이 전 세계의 경제에 큰 영향을 준다는 것은 사실이지만 미국이 세계경제를 통제하는 것은 아니다. 어느 한 국가가, 혹은 국가군이 그렇게 할 수는 없다.

세계화가 우리 사회의 형성에 지배적인 힘이 되고 있다는 것은 사실이지만, 그렇다고 해서 모든 것의 원인을 세계화에 돌리고 세계화를 지나치게 찬양하거나 저주한다면 그것은 심각한 실수이다. 변화의 원인들 가운데는 세계의 상호의존성 증대와는 별로 연결되지 않은 것들도 많다. 예를 들어 최근 매우 중요한 경제적 추세 가운데 하나로서 선진국 경제에서 제조업 분야가 축소되고 있다는 사실을 생각해 보라. 그 원인 가운데 하나는 세계화, 특히 제조업이 개발도상국들로 이전되고 있다는 사실에서 찾을 수 있다. 그러나 이에 못지않게 중요한 것으로서 산업 자체에서 진행되는 생산성 증대와 기술 발전도 고려해야 한다. 예를 들어 자동차를 생산하는 데 필요한 노동자의 수는 자동화된 조립 라인에 힘입어 과거보다 훨씬 더 줄었다.

아니면 유럽사회가 직면하고 있는 딜레마를 생각해 보라. 유럽의 복지국가들은 어려움을 겪고 있다. 여기에 영향을 미치는 주요 요인들 가운데 일부는 외부적인 것이다. 특히 경쟁이 더욱 심화되고 있는 세계시장에서 성공할 수 있는 경제, 그리하여 거액의 복지예산을 감당할 수 있는 경제, 이런 경제를 만들어야 한다는 문제가 있다. 그러나 다른 요인들은 대개 국내적인 것들이다. 예를 들어 약품의 발전과 전반적인 건강 증진, 그리고 낮은 출산율로 인한 인구의 고령화 같은 것이 있다. 이런 현상은 세계화와 기껏해야 아주 느슨하게 연결된 것이다.

1997년 이후의 변화

1997년 이래로 세계화는 더욱 심화되고 있다. 정보기술(IT)과 전자통신은 과거보다 더 우리 삶에 깊숙이 침투하고 있다. 이 책의 머리말에서 나는 웹(WWW)을 개발한 팀 버너스-리에게 감사의 말을 한 바 있는데, 그 사연은 이런 것이다. 10년 전에 『제3의 길』을 집필할 때 나는 이 도서관 저 도서관 찾아다니느라 많은 시간을 보냈다. 그러나 이 책을 쓸 때는 원하는 자료의 대부분을 컴퓨터에서 구할 수 있었고, 내 발로 나가서 자료를 찾은 경우는 아주 드물었다.

1997년에는 인터넷이 걸음마 단계였다. 그러나 지금은 영국 국민의 거의 70%가 온라인 상태이다. 지식기반 경제와 서비스 분야는 계속 발전하고 있다. 경제적 변화의 속도가 빨라짐에 따라 복지개혁은 매우 중요한 정치적 의제가 되고 있다. 이제 유연성과 적응성은 경제영역을 넘어 우리 삶의 많은 영역에서 핵심적인 요건이다.

노동당의 강령은 1980년대 말 혹은 1990년 초에 만들어진 것이다. 지금까지는 그것이 얼마나 실질적이었는지 모르지만 오늘날의 세계에는 잘 부합하지 못할 것이다. 주된 변화는, 달리 말하면 관심사가 되는 쟁점은 무엇일까? 일부는 새로운 문제들이다. 달리 표현하면 매우 특별한 방식으로 진화해 온 문제들이다. 다른 것들은 오래 전부터 있어왔던 문제들이지만 어떤 식으로든 우리의 주의를 끌게 된 문제들이다.

세계화는 경제적 요인이나 통신수단에 의해서만 추진되는 것이 아니다. 여기에는 정치적 요인도 있다. 가장 중요한 계기는 양극체제의 종말이다. 이 시점 이후 분명히 우리는 과거에 경험하지 못했던 "하나의 세계"에 살고 있다. 그러나 1989년 이후의 세계는 1990년대 초에 많은 사람들이 상상하고 또 희망하였던 것만큼 자비로운 세계는 아닌 것으로 드러났다. 국내정책과 외교정책의 구분이 어려워졌다는 사실도 더 큰 힘을 발휘한다. 국제무대와 우리 일상생활 모두에서 새로운 불안과 걱정거리들이 나타나고 있다. 냉전종식 이후 평화가 증진되고 국제관계가 더욱 안정될 것이라는 기대가 널리 퍼져 있었다. 확실히 국제체계의 성격이 바뀌었다. 즉 이제 우리는 강한 나라들에 대한 걱정을 덜 하고 약한 나라들에 대한 걱정을 더

하게 되었으며, 인종집단, 테러, 범죄와 마약거래 등에 대한 걱정도 더 하게 되었다. 그러나 걱정과 불확실성은 일상의 일부로 자리 잡고 있다.

중국, 인도, 그리고 몇몇 개발도상국들이 빠른 속도로 경제강국으로 떠오르는 것을 보면 세계화가 약소국들을 희생시키는 대가로 서방 국가들에게 이득을 준다는 주장은 이제 빛을 잃는다. 이 나라들의 경제성장은 세계시장 뒤에 숨지 않고 세계시장을 껴안았기 때문에 가능한 것이다. 이 국가들의 성장으로 인해서 선진국들의 일자리가 줄어들 위험이 어느 정도인지는 아직 두고 봐야 할 일이지만 이미 뜨거운 논쟁의 대상이 되고 있다. 중국은 급속한 경제성장을 유지하기 위하여 세계 곳곳을 누비고 다니면서 에너지원을 찾고 있다. 화석연료의 국제가격이 1997년 이후 가파르게 오르고 있어 에너지 안보에 관한 걱정을 낳고 있다. 그러나 에너지 가격이 높은 상태로 유지된다면 이런 상황은 기후변화라고 하는 시급한 과제에 우리가 더 준비성 있게 적응하는 데 도움이 될 수 있다. 기후변화는 이미 오래 전에 그랬어야 할 일이지만 마침내 우리의 주된 정치적 관심사가 되었다.

영국의 제조업은 약간 회복되는 상황을 보이고 있다. 그러나 앞으로 이 분야에서 일자리가 늘어날 전망은 거의 없다. IT 분야에서 국제적 하청(outsourcing)이 이루어짐에 따라 우리가 대처해야 할 새로운 형태의 경쟁이 생기고 있다. 외국과의 경쟁은 걱정하지 않아도 된다고 생각했던 일자리들이 지금은 위험에 처해 있다. 미국 경제학자 진 그로스만과 그의 프린스턴 대학 동료들에 의하면, 서비스 분야 일자리는 다음 네 가지 특징을 갖는 경우 모두 하청으로 돌릴 수 있다고 한다 : IT 의존도가 높은 일자리, 생산물이 IT를 통하여 이동될 수 있는 일자리, 부호화가 가능한 업무를 가진 일자리, 면대면 관계가 거의 필요 없는 일자리. IT 분야에서의 하청은 아직 걸음마 단계이며, 앞으로 그것이 얼마나 진전될지는 아무도 모른다. 앨런 블라인더라는 학자는 장차 미국의 일자리 3-4천만 개 정도가 하청 대상이 될 수 있다고 본다. 이 수치는 전체 비제조업 분야 일자리의 20%에 해당하는 것이다. 다른 선진국들의 경우도 이와 비슷할 것이다.[2] 그러나 그렇다고 해서 그 일자리 모두가 실제로 외국 사람들에게 넘어간다는 뜻은 아니고 다만 그런 일자리에서 일하는 노동자들이 동일한 기준에서, 그러나 훨씬 적은 임금으로 같은 일을 하는 외국 노동자들과 경쟁해야 한다는 뜻이다.

눈앞으로 다가온 이같은 경향에 대하여 영국은 준비해야 하며, 또 정부는 그런 경향에 대하여 매우 날카롭게 주시해야 한다. 그로스만과 블라인더는 세계화의 "새로운 패러다임"에 대하여 말하고 있는데, 지금 등장하고 있는 이 패러다임은 세계경제의 상호의존성 증대의 새롭고 도전적인 국면이라 한다. 전자장비를 통한 국외 하청이 이 패러다임의 기초이다. 지난 30년간은 "구패러다임"이 위력을 발휘하여 경제의 모든 분야와 각 분야의 기업들에게 영향을 미쳤다. 이 시기에 미국과 유럽은 예컨대 철강산업, 조선산업 등등에서 경쟁력을 잃었다.

세계화의 다음 번 국면에서는 경쟁이 전체 산업 혹은 무역 수준보다는 개개 일자리 수준에서 혹은 직종 수준에서 이루어질 것이다.

다른 식으로 표현하면, 다양한 형태의 기업과 산업의 울타리를 넘어서 동일 형태의 일자리는 하청의 대상이 된다는 것이다. 따라서 어느 산업 분야가, 심지어 어느 기술 분야가 세계화의 승자인지 패자인지를 따지는 것은 별로 쓸모없는 일이 될 것이다. 지금은 잠재적이지만 그 결과는 매우 중요하다. 승자와 패자를 예상하는 것은 더욱 어려워질 것이다.

많은 일자리의 임금 수준은 지금은 국제적인 경쟁을 감안하지 않은 채 책정된다. 런던의 택시 운전사는 마닐라의 운전사보다 더 많은 봉급을 받는데, 그것은 런던 운전사가 마닐라 운전사보다 운전을 더 잘하기 때문이 아니라 택시 운전 그 자체의 특성, 즉 무역이 불가능한 것이기 때문이다. 누군가가 택시 운전을 원격조종하는 기술을 만들어내지 않는 한 앞으로도 그러할 것이다. 그러나 과거에는 외국인 노동자들과의 직접적인 경쟁을 하지 않아도 된다고 여겼던 사무실, 병원, 은행에서 일하는 사람들의 경우는 결코 그렇지 못하다.

이런 과정이 과거에는 제대로 평가되거나 이해되지 않았으므로 더 많은 가능성을 끄집어낼 필요가 있다. 예를 들어 외과의사의 경우를 생각해 보자. 의사가 환자로부터 수천 마일 떨어진 곳에 앉아서 수술을 하는 일, 그런 일이 늘어날 것이라는 사실은 거의 확실하다. 이렇게 함으로써 의사는 어느 한 병원에 갇혀 있을 때보다 훨씬 더 많은 수술을 할 수 있게 될 것이다. 이런 일이 일어난다면 훌륭한 의사는 훨씬 더 일거리가 많아질 것이고, 훌륭하지 못한 의사는 수입이 뚝 떨어지고 어쩌면 생존 자체가 위협 받을지도 모른다. 경쟁력이 있는 분야에 종사하는 노동자들 중에도 능력이 뛰어난 사람은 세계화로 인하여 이득을 보고 그렇지 못한 사람은 세계화로 인하여 생존의 위협을 받게 될 것이다.

지금까지는 국외 하청이 선진국 일자리의 극히 일부분에만 영향을 주고 있으며, 그래서 내가 제기한 가능성은 그저 추측단계에 불과하다. 그러나 정책과 관련된 함의는 분명히 있다. 예를 들어 기술훈련의 경우 가능하면 너무 전문화하지 말아야 한다. 기업 수준에서나 노동자 개개인 수준에서 중요한 것은 유연성과 적응성이 될 것이기 때문이다.

지난 1-2년 사이에 기후변화 문제가 중요한 정치적 의제로 떠올랐다. 이 문제는 적어도 30년 전부터 알려진 문제인데 왜 이제 와서 중요한 의제가 되었을까? 여기에는 세 가지 중요한 이유가 있다. 첫째, 기후변화와 관련 있는 듯한 재해가 눈에 띄기 때문이다. 미국의 허리케인 카트리나는 미국뿐만 아니라 전 세계 사람들에게 뚜렷한 인상을 심어주었다. 세계에서 가장 잘 사는 이 나라의 한 도시가 24시간 만에 폐허로 변하고 말았던 것이다. 유럽의 경우 2003년에 명백한 기상이변으로서 엄청난 열파가 몰아쳐 35,000명이 죽었다.

두 번째 이유는 과학적 증거의 축적이다. 기후변화는 이제 현실로 되었다, 그것은 인간들의 활동의 결과물이다, 이런 주장은 해가 갈수록 힘을 얻어왔다. 세 번째 이유는 기후변화 문제가 높은 석유 및 가스 가격과 맞물려 있고, 또 이보다 더 큰 문제인 에너지 안보문제와 겹쳐져 있다는 사실이다. 이런 문제들은 잠재적으로 중요한 문제이다. 현재 우리가 값싼 에너지 시대의 종말을 맞이하고 있다면 비화석 에너지는 더욱 더 큰 경쟁력을 가지게 될 것이고, 또 우리의 필요에 더욱 적합한 것이 될 것이다. 신뢰하기 어려운 에너지 공급자들에게 의존하는 것에 대한 걱정도 동기로 작용하였다. 기후 변화에 대처하기 위해서는 교토 의정서 수준을 넘어서는 국제협약이 필요하다. 그리고 여기에 기여할 수 있는 기술혁신도 필요하다.

국제관계 영역에서 보면, 9 · 11은 세계정치와 국내정치 양쪽 모두에 일대 변화를 알리는 신호탄이었다. 9 · 11은 2세기의 미국 역사에서 미국 본토에 가해진 대규모 공격으로는 최초의 것이었다. 이 공격에 이슬람 급진주의자들이 관여한 것으로 알려졌는데, 이로 인하여 회교도가 인구의 다수인 국가들 내부에서, 좀더 큰 범위에서 보자면 이슬람 세계와 비이슬람 세계 사이에 균열의 틈새가 더욱 벌어졌다. 이 공격의 충격파는 아직도 남아 있으며, 또 그것이 완전히 흡수되는 데는 어려움도 있다. 그리고 이민과 그것이 국가적 정체성이나 복지국가에 미칠 영향에 대한 관심이 10년 전에 비해 더 심각하게 전면에 부각되고 있다.

이러한 상황전개의 한 결과로서 우리 시대의 사회문제는 통일되고 포괄적인 한 사회 안에서 서로 다른 신념과 그에 따른 실천행동을 어떻게 화해시키는가 하는 문제라고 말해도 될 것 같다. 우리는 다스리기 어려운 지역들로 구성된 섬나라 영국의 국가적 정체성이 안정되어 있기를 바란다. 그러나 역사학자 로버트 와인더는 다음과 같이 말한다 : "영국은 천 개의 지점에서 천 개의 시점에 이민자들을 받아들였다." 영국의 역사는 계속성의 역사가 결코 아니다. 그것은 수없이 많은 혼합적이고 모순적인 경험들의 합계이다. 아니면 대니얼 드포가 말했듯이 "진짜 토박이 영국인의 모순, 연설에서 이런 말을 한다면 그것은 역설이고 실제에 있어서는 허구이다."[3]

그러나 그럼에도 불구하고 대중 항공여행과 동시적 전자통신의 발달로 인하여 오늘날과 옛날 사이에는 커다란 차이가 있다. 이제 이민은 세계의 모든 지역으로부터 올 수 있고 또 실제로 오고 있다. 그것도 출발한 지 몇 시간 만에 도착한다. EU는 지난 2004년에 10개국을 새로 회원국으로 받아들였고 현재 2개국을 추가로 받아들이게 되어 있다. 신입 회원국 대부분이 빈국이다. 그런 나라들에서 영국으로 오는 사람들은 용어의 본래 의미에서 볼 때 이민이 아니다. 그 사람들은 모두 유럽연합의 시민이며, 일자리가 있는 곳이라면 아무 회원국이나 다 자유롭게 다닐 수 있는 사람들이다. 홍수처럼 영국으로 밀려오는 이런 사람들에 대한 거친 내용의 기사들이 대중 언론들에 자주 오르는데, 그 내용은 이 사람들이 영국의 복지제도 때문에 온다는 것이다. 영국 국민들 중 일부가 이민에 대하여, 좀더 일반적으로 문화적 다양성에 대하여 크게 걱정한다는 사실은 놀랄 일이 아니다.

사회가 더욱 유동적이고 다양해진 것을 배경으로 하여 빈곤과 박탈의 성격이 꽤 빠른 속도로 바뀌고 있다. "고전적" 빈곤이 아직 만연해 있다. 즉 정부의 정책으로 일부 사람들의 생활이 개선되었음에도 불구하고 여전히 많은 사람들이 품위 있는 삶을 위해 투쟁해야만 하는 상황에 놓여 있다. 이들의 삶은 결핍에 의해 지배당하고 있다. 실업문제, 달리 말하면 정규 일자리를 찾는 데 실패한 사람들의 문제는 일부 지방에서 지역적으로 여전히 심각한 문제이다. 아동빈곤을 만드는 주된 요인 가운데 하나인 결손가정과 일자리 없는 가정의 문제는 빈곤문제 가운데서도 두드러진 문제이다. 청년층 가운데 노숙자는 감소되었지만 집 없는 사람은 늘어났다. 약 50만 명이 호스텔, 빈집 혹은 친구집 마루에서 살고 있다.[4] 이 중 대부분이 청년층이다. 그리고 이 나라에는 비슷한 숫자의 불법 이주자, 무자격 난민, 미등록 학생들이 있다. 이 사람들은 최저임금이 무시되고 정상적인 혜택도 없는 제2경제에서 일한다.

그러나 일부 문제들은 그와 같은 박탈과는 거의 무관하다. 예를 들어 정신병이 걱정스러운 수준으로 퍼져 있으며, 아마 그 수가 늘어나고 있는 듯하다. 성인인구의 약 15%가 정신병으로 분류할 수 있는 질환을 앓고 있고, 그 중 절반 정도는 심각하고 만성적인 환자이다. 다른 많은 부정적 효과는 접어두고 정신병은 실업문제보다 더 심각한 경제문제가 되고 있다.[5] 생활방식과 관련된 또 다른 문제로서 상습 음주, 마약투여 등도 만연해 있다. 이 중에서 일부는 비교적 해가 없는 것이지만 중독이라는 고약한 문제와 결부되어 있다. 이밖에 개인 부채, 특히 청년층의 개인 부채가 많다는 점, 나홀로 부모가 많다는 점, 이런 현상들도 추가할 수 있겠는데, 이런 것들이 의미하는 것은 현재 이 사회에서 가장 큰 짐을 지고 있는 세대는 노년층이 아니라 청년층이라는 사실이다.

신민주당을 넘어

이상에서 살펴본 바와 같은 다양한 이슈들의 등장이 노동당의 전반적인 정치적 접근과 관련하여 어떠한 의미를 가지는가? 미국 민주당으로부터 물려받은 기회, 책임성, 공동체라는 3박자는 아직도 적절한 것이다. 이 3자 간의 관계를 정책으로 구체화하는 작업은 정부가 다루어야 할 많은 문제를 만들어낸다. 그러나 다른 아이디어와 개념을 가지고서 그런 문제를 보완할 수 있을 것이다.

오늘날 중도좌파의 정치개혁 목표(와 딜레마)를 잘 보여주는 세 개의 용어가 있다면 그것은 바로 **안전**, **정체성**, **다양성**일 것이다.

안전. 세계화의 진전과 더불어 제기되는 이슈들 때문이다. 여기서 말하는 안전이란 국제관계에 미치는 영향력과 관련된 것(전통적 의미의 "국가안보") 만이 아니라, 우리 사회의 중심부로 곧바로 뛰어들어와 우리 일상생활에 깊숙이 침투해 있는 기후변화와 같은 힘과 관련된 것들도 포함하는 것이다. 이런 것들은 개인 수준뿐만 아니라 집단 수준에서도 새롭고 중대한 위험을 낳고 있다. 우리가 직면하고 있는 다른 많은 문제와 마찬가지로 이것들 역시 어느 한 나라의 힘만으로는 해결할 수 없다. 또한 정부 혼자 힘으로 해결할 수 있는 것도 아니다. 시민들의 참여를 요구하고 또 생활양식의 변화 혹은 적어도 적응을 요구하는 문제들이다. "안전"이란 더 이상 "사회적 안전"만을 뜻하는 것이 아니다. 또한 일국 수준이 아닌 세계적 수준의 위협과 분리될 수 있는 것도 아니다.[6]

정체성. 세계화의 힘이 전통적인 개인적 · 지역적 · 국가적 정체성에 도전하고 있기 때문이다. 정체성은 이제 더 이상 그저 주어지는 것이 아니다. 그것은 달성되고 탐구되고 또 개발되어야 하는 것이다. 더욱 세계화된 세계에서 국가적 정체성은 과거의 것과 같지 않다. 그 성격과 역동성은 심지어 냉전시대의 경우와도 다르다. 사실상 모든 국가들이 국가적 정체성에 대하여 다시 생각하고 있다. 이 과정은 분열적인 것일 수도 있고, 자칫 잘못 다룰 경우 파괴적일 수도 있는 것이다. 실제로 기존의 국민국가 안에서 지역단위의 민족주의가 되살아나고 있다. 이런 일은 캐나다의 퀘벡 주, 스페인과 프랑스 양국의 바스크 지역, 인도의 카시미어 지역 등 여기 저기서 벌어지고 있다. 잉글랜드의 민족주의와 함께 스코틀랜드와 웨일즈의 분리주의 같은 것은 영국에만 국한해서 나타나는 현상이 결코 아니다.[7]

국가적 정체성은 내가 누구인가 하는 문제의 본질적 부분이다. 여권을 가지고 있지 않다는 사실은 그 사람의 뿌리가 없다는 것, 그리고 권리도 없다는 것을 의미한다. 사회적 정체성은 이보다 더 중요하다. 왜냐하면 모든 사람은 삶의 의미와 동기를 부여하는 그런 사회집단의 일원이 되어야만 하기 때문이다. 개인적인 성취를 위해서는 자아의 계속성과 통일성이 있어야 한다. 자기에 대한 존경심과 신뢰가 없으면 여러 종류의 개인적 문제가 일어날 수 있고, 그 가운데는 가장 전형적인 형태의 정신병도 포함된다.

복수 정체성은 사해동포주의의 본연적인 부분이며 또 세계화의 본질적 특성이다. 예를 들어 많은 사람들이 잉글랜드인, 영국인, 유럽인, 그리고 좀 모호하기는 하지만 세계시민이라는 사실에 대하여 불편해 하지 않는다. 그러나 불편을 느끼는 사람도 많으며, 바로 이 때문에 현대 정치의 편가르기 경계선이 그어지는 경우도 있다. 그리고 정체성은 안전과 밀접하게 연결되어 있다. 왜냐하면 개인과 집단 모두에게 영향을 주는 많은 종류의 걱정이 바로 신체적 · 사회적 · 도덕적 "제자리 벗어남"(dislocation)에서 비롯되기 때문이다.

다양성. 왜냐하면 세계와 단절된 채 폐쇄된 공동체에서 살아가는 것이 이제는 사실상 더 이상 가능하지 않기 때문이다. 자기 것과 다른 문화와 행동양식에 접하는 것은 동시통신과 세계화된 뉴스가 넘치는 오늘날의 세계에서는 일상적인 경험이다. 안전, 정체성, 다양성은 서로서로 긴밀하게 연결되어 있다. 예를 들어 서로 다른 문화와 인종집단들이 심각한 사회문제를 일으키지 않으면서 상호공존하는 사회를 만드는 것은 안전의 기초적인 부분이다.

구노동당으로의 회귀는 안 된다

노동당은 이상에서 언급한 문제와 도전들에 대처하는 데 노동당이 가장 적합한 정당이라는 유권자들의 믿음을 회복하고자 노력해야 한다. 이를 위해서는 새로운 아이디어를 주된 동력으로 삼아야 할 것이다. 4기 집권을 노리는 정부는 야심을 가져야 하며, 김빠진 정부가 아니라는 사실을 보여주어야 한다. "우리가 채택한 정책들이 결국 효과를 발휘한다는 사실을 보여줄 시간을 더 달라"고 하는 말을 해서는 안 된다. 노동당은 현상유지에 매달리는 정당이 되어서는 안 되며, 이미 이룩한 업적들 가운데 많은 것들이 사람들의 일상생활의 일부인 양 친숙한 것으로 되어버려 그 공이 에누리당하리라는 점을 예상해야만 한다.

다시 젊어진 노동당 정부가 계속 신노동당으로 남아야 할까? 이 문제에 대한 답은 쉽다. 반드시 그래야 한다. 노동당이 지금까지 유지해 온 핵심적 원칙들을 고수하지 않는다면 다음 번 총선에서 노동당에게 기회가 없다. 그런 원칙을 열거하면 다음과 같다.

1. **계속해서 경제에 강조점을 두라.** 브라운에게 이렇게 하라고 말할 필요는 사실 거의 없다. 현재 영국의 경제 통계는 대부분 좋게 나오고 있으며, 브라운은 국민들에게 이 점을 강조할 기회를 결코 놓치지 않고 있다. 2006년의 경제성장률은 약 2.75%로 나타났으며, 2007년 전망치는 3% 이상으로 높게 나오고 있다. 영국 경제의 고질적 약점 가운데 하나인 노동자 1인당 생산성은 아직 다른 선진국들과의 격차를 메울 만큼은 아니지만 마침내 상향곡선을 긋고 있다.

   개방경제와 국내적 · 국제적 시장왜곡 철폐에 대한 약속은 계속 유지되어야 한다. "전국 1등" 기업의 시대는 이미 끝났다. 모든 EU 회원국들의 선도적 기업들은 "유럽화"되고 있으며, EU 울타리 넘어서까지 활동하고 있다. 현재의 추세로 보면 2009년에 이르면 대기업들의 활동 가운데 절반 이상이 모국이 아닌 다른 유럽 국가들에서 이루어질 것이다.[8]

   일자리 창출 역시 정책의 전면에 머물러 있어야 한다. 브라운은 노동인력의 80%를 실질가치로 계속 올라가고 있는 최저임금 이상의 일자리에 취업시키려는 목표를 달성하는 데 집중해야 한다. 뉴딜 정책 역시 제자리를 지켜야 한다. 숙련도 격차를 줄이고 또 생산성을 더욱 높이기 위한 새로운 조치들을 동원해야 하며, 그런 조치들을 평생교육과 결합시켜야 한다.

앞에서 언급한 바 있지만 일부 사람들은 지난 몇 년간의 경제적 업적이 속이 빈 것이라고 말한다. 영국 경제가 감당하기 어려울 정도로 높은 수준의 부채 위에 거품처럼 떠돌고 있기 때문에 그렇다고 한다. 그러나 현재 37% 수준인 영국의 부채는 대부분의 경쟁국들에 비해 낮다. 물론 경제가 심각한 정도로 비틀거린다면 노동당이 선거에서 타격을 받을 것이다. 세계경제의 변화가 계속 진행중이기 때문에 많은 도전이 우리를 기다리고 있다.

2. **가운데 마당을 포기하지 말라!** 이것은 선거에서 이기기 위한 첫 번째의, 그리고 핵심적인 원칙이다. 정당들 간의 차이가 더 커져야 한다느니, 노동당이 좌파의 횃불 구실을 하는 정당으로서 그 뿌리로 돌아가야 한다느니 하는 등의 주장이 자주 나왔다. 좌와 우의 차이를 더 크게 벌려놓으면 유권자들이 돌아온다고 한다. 그러나 가운데 마당은 정당에 의해 결정되는 것이 아니라 표를 던지는 시민들에 의해 결정된다. 유권자들에게 "당신의 정치적 좌표가 어디인가"를 물으면

압도적 다수가 중간이나 중간 근처라고 답한다.

노동당의 프로젝트는 중간을 왼쪽으로 옮기는 일을 계속하는 것이어야 한다. 달리 말하면 이 나라 전체를 사회민주주의 국가로 바꾸어야 한다는 것이다. 지금 이 나라에는 국민건강보험을 핵심으로 하는 강한 공공 서비스가 필요하다는 점에 대한 명백한 초당적 합의가 형성되어 있다. 현재 보수당은 세금감면보다 건전한 공적 영역에 더 높은 우선 순위를 부여하겠다고 말하고 있다. 원칙 면에서 볼 때 이런 상황은 노동당이 무게중심을 더 왼쪽으로 옮겨가는 일을 더 쉽게 만드는 것이다.

3. **교육에 높은 우선 순위를 두는 것은 옳다.** 2006년 말에 예산안 심의를 앞두고 행한 연설에서 브라운은 "우리가 할 수 있는 가장 중요한 투자가 바로 교육투자이다"라고 역설하였다.[9] 토니 블레어가 의회 연설에서 자신의 세 가지 투자 우선 순위를 밝히겠다고 선언하면서 첫째 교육, 둘째 교육, 셋째 교육이라고 말했을 때 존 메이저 당시 보수당 당수는 자기도 이와 똑같은 우선 순위를 가지고 있다고 말하면서 단 순서는 다르다고 말했다. 이 말은 아주 훌륭한 농담이지만 어느 정도 알맹이도 있는 말이다. 교육은 다양한 형태로 이루어진다. 비숙련 노동자를 위한 일자리가 점점 줄어들고 있는 경제를 가진 이 나라에서 교육은 원천적으로 중요할 수밖에 없게 되어 있다. 그러나 우리는 초중등 교육뿐만 아니라 조기 교육

에도 투자를 해야 하며, 늘어나고 있는 계속교육과 고등교육을 위한 재원조달 방안을 마련해야 하며, 모든 연령대의 훈련과 재훈련을 위해 필요한 자원도 마련해야 한다.

4. **빈곤에 대한 공격을 재개하고 확장하라.** 이 문제는 좌파 진영의 많은 사람들이 생각하는 것보다 훨씬 더 심각한 문제이기 때문이다. 빈곤은 박탈뿐만 아니라 다른 많은 형태를 취하고 있다. 어떤 사람들은 매우 짧은 기간 빈곤에 시달리기도 하지만 또 어떤 사람들은 거기에서 벗어나지 못한다. 가족 중에 일자리를 가진 사람이 있지만 여전히 가난한 가족도 있다. 해변 마을의 빈곤은 도심 지역의 빈곤과 다르다. 제조업의 쇠퇴로 일자리를 잃은 노동자의 빈곤은 서비스 분야의 수준 낮은 일자리를 잃은 노동자의 빈곤과 서로 다르다. 여성의 빈곤은 남성의 빈곤과 서로 다르다. 영어도 할 줄 모르고 기술도 없는 이주 노동자의 상황은 일자리를 잃을 경우 재훈련을 받을 수 있는 자국민 노동자의 상황과 다르다. 빈곤에 대처하기 위해서 사람들이 사용하는 전략도 다양하다.[10]

5. **범죄나 반사회적 행위와 맞서 싸우는 것은 매우 중요하다.** 법과 질서문제에 대하여 강경한 자세를 취하는 것은 노동당이 가진 호소력의 매우 중요한 부분으로 작용해 왔고 또 앞으로도 여전히 그러할 것이다. 범죄는 우리 시대의 많은 사람들에게 있어서, 특히 사회적 통제기능이 마비된 지역에 사는

사람들에게 있어서 매우 실제적인 문제이다. 1997년 이래 범죄건수가 줄어들었다. 그것이 정책에 힘입은 것인지 아닌지는 분명하지 않지만.

반사회적 행위에 대한 정부의 조치들은 그 효과 면에서 비판받을 수 있지만 개인의 자유를 침해한다는 이유로 비판받을 것들은 아니다. 노상강도가 무서워서 저녁에 집밖 출입을 못한다면 그게 얼마나 자유로운 것일까? 역시 노상강도가 무서워서 동네 공원에도 못 간다면 그게 얼마나 자유로운 것일까? 때로는 다수의 자유를 보호하기 위하여 소수의 자유를 제한하는 것이 필요하다.

그러나 범죄 전반에 관한 노동당의 정책은 충분치 않다. 지금까지 노동당 정부는 범법자 처벌, 즉 형사재판제도를 강조해 왔는데, 그것만 강조하다 보니 범죄의 원인에 강하게 대처해야 한다는 사실을 잊어버리지 않았나 싶다. 토니 블레어는 교도소가 잘 운영되고 있다고 말한 바 있다. 2006년 6월 의회 연설에서 그는 "범죄율이 떨어지고 있음에도 불구하고 수감된 위험하고 폭력적이고 상습적인 범법자들의 수가 1997년에 비해 40% 늘어났다"고 강조하였다.[11]

그러나 교도소가 잘 운영되고 있다는 얘기는 문제의 본질에서 벗어난 얘기이다. 그리고 아주 좋게 해석해 준다고 해도 그의 주장은 더 따져볼 대목이 있다. 교도소는 일정한 기간 위험한 범법자들을 대중과 격리시킬 수 있지만 언젠가는 그 사람들을 석방한다. 재활교육을 아주 특별히 잘 수행하지 않는 한 교도소가 범죄학교 구실을 한다는 사실은 이미 많은 연구를 통하여 밝혀진 바 있다. 더욱이 범법자들 가운데는 마약중독자나 정신질환자가 많은데, 이 사람들을 가두어 놓으면 더욱 심각한 문제가 생길 수도 있다.

2007년 초에 이르러 영국의 교도소들은 수용인원 초과의 위험을 겪게 되었다. 영국의 수감률은 인구 10만 명당 143명으로 유럽에서 가장 높다. 독일은 97명, 프랑스는 88명에 불과하다. 형사재판제도에만 초점을 맞춘 정책이 그 한계에 부닥친 것이다. 범죄에 대하여 강하게 대처하는 것과 범법자들에 대하여 강하게 대처하는 것은 같지 않다.

많은 연구들에 의하면 수감률과 복지지출은 반비례 관계에 있다.[12] 복지제도가 가장 잘 되어 있는 나라들의 수감률, 그리고 더 크게 보면 범죄율이 가장 낮다. 왜 그런지를 이해하는 것은 쉬운 일이다. 복지제도가 잘 운영되면 사람들은 극빈과 소득의 상실로부터 보호를 받을 수 있고, 또 전체 사회와의 연대감을 기를 수 있게 된다. 스웨덴과 핀란드의 경우 최근 몇 년 동안 수감률이 떨어지고 있다. 아마 영국은 선진국 중에서 유일하게 복지지출 증가(1997년 이래)와 수감률 상승이 함께 가는 국가일 것이다. 따라서 우리는 복지와 범죄 간의 건실한 상호관계를 만드는 방안이 없을까 하는 문제에 대하여 더 깊이, 더 상세히 검토해 보아야 할 것이다.

6. 경제적 이민은 효과적으로 규제되어야 한다. 부정적 규제와

긍정적 규제 둘 다를 생각해야 한다. 영국은 많은 수의 비숙련 이민을 흡수할 능력이 없다. 특히 이 사람들의 문화적 배경과 언어가 다르다면 더욱 더 그렇다. 반면에 영국은 숙련 이민이 필요한 나라이며, 따라서 이 사람들을 그저 앉아서 환영만 할 것이 아니라 적극적으로 끌어오기 위하여 노력해야 한다. 이 주제에 대해서는 7장에서 상세히 다룰 것이다.

7. **국제 테러의 위협에 소홀해서는 안 된다.** 경찰이 기소되지 않은 용의자를 일정 기간 구금하고 감시할 수 있도록 한 것과 같은 노동당의 정책들은 많은 비판을 받아왔다. 논쟁의 초점은 위험의 수준을 어떻게 판단할 것인가 하는 것으로 볼 수 있다. 정부가 억압적 정책을 강행하기 위하여 "공포의 정치"를 해온 것일까? 다른 말로 하면 시민들의 안전에 가해지는 위험의 정도를 정부가 과장해 온 것일까?

이런 질문에 대한 나의 답은 "아니다"이다. 새로운 방식의 테러는 우리가 오랫동안 익숙해져 있는 IRA나 ETA 같은 집단들에 의한 테러와 아주 다르다. IRA와 ETA는 지역적 · 민족주의적 목표를 가지고 있고, 이 목표의 달성을 위해 그들이 사용해 온 폭력의 수준은 제한되어 있다. 반면에 새로운 테러는 초국가적이며, 그 목표는 지정학적인 것이거나 모호한 것이며, 목표달성에 보탬이 된다면 가능한 한 많은 사람들을 죽이고자 한다. 재래식 폭탄 둘레에 방사능 물질을 두른 "더러운 폭탄"이 런던 도심에 설치된 적이 있는데, 이것이 터졌다면 많은 사람들을 죽이지는 못 하더라도 대중의 집단적 공황상태를 불러일으키고 인근 지역을 사람이 살지 못하는 곳으로 만들었을 것이다. 이보다 더 규모가 큰 테러도 가능하다. 정부는 시민들을 위하여 심각한 테러 공격을 최소화해야 할 의무를 지고 있다.

국가와 공공 서비스, 이 두 분야는 양대 정당이 뿔싸움을 하게 될 기본적인 분야이며, 따라서 매우 조심스럽게 고려해야 할 분야이다. 이 두 분야는 또한 신구 노동당을 가르는 경계선이라 할 수 있다. 만일 지속적인 개혁을 통하여 공적 영역을 더욱 강화하고 또 이와 동시에 더 평등한 사회를 만들 수 있다는 점이 입증된다면 잠재되어 있는 분열의 원인은 최소화될 수 있을 것이다.

▶ 2000년 4월 11일 피터버러에서 최초의 국민건강보험 워크인 센터(walk-in centre, 예약 없이 아무 때나 방문하여 진료를 받을 수 있는 병원역자 주) 개소식에 참가한 토니 블레어. 같은 날 잉글랜드 지역에 11개의 센터가 문을 열었다.

공공 서비스
– 사람을 맨 앞에 두기

Chapter 4

건강은 우리 모두에게 중요하며, 그래서 건강과 의사에 대한 농담이 매우 많다. 교육도 역시 그런 분야이다. 이 분야는 정부가 큰 역할을 수행해야 하는 분야로서 두 번째로 큰 분야이다. 많은 농담들을 조사해 보았는데, 그 중에서 재미있는 것은 많지 않지만 다 나름의 논점은 가지고 있다.

월터 매쏘 : 의사가 내 남은 수명이 6개월이라고 했는데, 그동안에 치료비를 다 갚지 못하면 6개월을 더 주겠대.

갑 : 나는 어제 아스피린 천 알을 먹고 자살하려고 했지.
을 : 그래서 어떻게 되었는데?
갑 : 아, 두 알 먹고 나니까 기분이 좋아지던데.

꼬마가 처음으로 학교에 갔다가 집에 돌아왔다. 엄마가 “그래 뭘 배웠니?" 하고 물으니 꼬마의 답변은 이렇다. "별로. 나보고 내일 또 학교 오래."

우리에게는 행복한 일이지만 월터 매쏘의 농담은 미국에서만 써먹을 수 있는 농담이다. 국민건강보험은 심각한 문제점을 안고 있지만 아직 인기가 있으며, 이 농담이 왜 그런지를 잘 말해주고 있다. 나머지 두 가지 농담은 어떤가? 의료보험이 다루어야 할 문제는 신체적인 병만이 아니다. 교육은 이제 어린이들만을 위한 것이 아니라 모든 연령대 사람들을 위한 것이다.

국가는 무엇에 쓰는 물건인가?

국가에 대해서, 그리고 국가의 공공 서비스 분야 개입에 대해서 어떻게 생각하는 것이 가장 잘 생각하는 것일까? 표면적으로 볼 때 국가는 쉽게 정의될 수 있다. 민주사회에서 국가란 관리들, 즉 공무원들로 구성된 하나의 기구이다. 이 기구는 정부로 하여금 그 프로그램을 실행에 옮길 수 있게 해주고, 또 정부가 바뀌어도 계속성을 유지하기 위한 목적으로 존재한다.

노동당의 정책 관련 문서들을 보면 "가능케 해주는 국가"(enabling state)라는 말이 자주 나온다. 이 말은 시민들로의 권한이양이라는 차원에서 국가를 정의하는 것이기 때문에 중요한 개념이다. 그 발상은 이런 것이다. 즉 국가는 사람들이 스스로의 삶을 개발할 수 있게끔 하기 위하여 그것에 필요한 자원을 만들어 주어야 한다는 것이다. 그러나 이 개념은 명백한 한계를 갖는 것이기도 하다. 일단 자원과 능력을 제공받은 다음에는 사람들은 혼자 힘으로 살아가도록 방치된다는 것을 함축하고 있기 때문이다. 사람들이 자율적인 삶을 살아가는 데 필요한 수단을 충분히 갖게 되는 지점, 바로 그 지점에서 정부의 책임이 끝나게 된다.

우리는 가능케 해준다는 발상을 버려서는 안 된다. 그러나 우리는 또한 국가가 시민들을 보살피고 보호해 줄 의무를 가지고 있다는 점, 그런 의무들 가운데 일부는 보장의 형태로 이루어져야 한다는 점도 동시에 인식해야 한다. (시민의 의무에 대한 교환조건으로 제공되는) 보장이 없다면 시민권 협약 운운한다는 것은 사실상 아무 의미가 없는 것이 된다. 예를 들어 실업수당은 당사자가 새 일자리를 구하기 위해 적극적으로 노력하는 한, 혹은 기술훈련을 받는 한 실업자들에게 보장의 형태로 지급되어야 한다.

그러므로 우리는 "확신을 주는 국가"(ensuring state)에 대해서 생각해 보아야 한다. 이것은 가능케 해준다는 발상을 포함하면서 여기에 무언가를 더 보탠 것이다. 확신을 주는 국가는 본질적으로 규제 국가이다. 여기서 규제란 단순히 제한이라는 의미보다는 긍정적 결과를 얻기 위한 수단이라는 의미로 이해되어야 한다. 예를 들어 독점을 규제하는 법은 시장에서의 공개경쟁을 허용함으로써 오히려 기회를 열어주는 것이다. 국가는 시민들에게 자원을 제공한다. 무엇보다도 교육, 의료 등과 같은 공공 서비스를 제공해 준다. 뿐만 아니라 서비스 전달의 기준을 보장하고자 노력한다. "가능케 해준 이후"에 국가가 져야 할 책임이 있다는 뜻이다.

민영화의 경우를 생각해 보면 이 점이 더 쉽게 드러난다.[1] 민영화란 국가 소유 기업이 민간 부문으로 바뀌는 과정의 종점이 아니다. 민영화는 공식적 통제권이 이양된 이후에도 계속되는 하나의 과정이다. 확신을 주는 국가는 몇 가지 방식으로 민영화 이후의 결과에 대한 책임을 진다. 민영화된 기업이 그 경제적 · 사회적 책임을 다한다는 것을 확실하게 하기 위해서는 기업의 활동에 대한 일종의 규제장치가 있어야 한다. 품질관리가 반드시 필요하다. 뿐만 아니라 영국에서 철도 민영화 이후 실제로 있었던 바와 같이 실적 부진 사례가 드러나면 국가는 여기에 개입해야 할 의무를 져야 할 것이다.

확신을 주는 국가라는 개념이 큰 국가 시절로 돌아가자는 것을 뜻하는 것은 아니다. 이 점은 아무리 강조해도 지나치지 않을 것이다. 국가 그 자체, 그리고 국가가 조정하는 공공 서비스는 시민들과의 더 공개적인 계약을 성사시키기 위하여 개혁의 대상이 된다. 이 점이 노동당과 전통 좌파의 차이점 가운데 하나이다. 노동당과 달리 전통 좌파는 공적 목표의 구현으로서 국가에 대한 믿음을 가지고 있으며, 또 국가 개혁에 저항한다.

하향식 국가로부터 벗어난다는 것은 정부, 제3지대 단체, 시민, 이들 3자 간에 책임을 나눈다는 것을 뜻한다. 다원적인 사회에서 공공재 생산의 책임은 나눌 수 있다.[2] 이 공식은 예를 들어 기후변화에 대응할 때에도 그대로 적용되어야 한다. 환경보호는 국가 없이는 불가능하지만 모든 개인도 책임져야 할 문제이다. 개인의 책임감을 불러일으키기 위해서는 도덕적 의무감도 필요하지만 세금제도를 통한 유인이나 억제 같은 것들도 필요하다.

기업의 경우에도 마찬가지이다. 기업의 책임은 단순히 환경에 해로운 제품이나 행동을 줄이거나 없애는 선에서 그치는 것이 아니라, 적극적으로 기후변화에 맞서 싸우는 데 도움이 되는 신기술의 도입까지 포함하는 것이다. 제3지대 단체들은 정부, 기업, 개별 시민과의 관계에서 로비 활동가나 감시자 역할을 할 수 있다. 이런 중요한 역할은 지역, 국가, 국제 모든 수준에서 수행될 수 있다. 국가 역시 이 세 수준 모두에서 져야 할 책임이 있으며, 또 각 행위 주체들이 서로 어떤 관계를 맺는가를 감시해야 한다. 확신을 주는 국가라는 개념은 데이비드 캠런의 사회적 책임이라고 하는 모호한 개념보다 훨씬 더 호소력이 크고 또 구체적 정책의 기반이 될 수 있는 것이다.

공공 서비스란 무엇인가?

공공 서비스는 노동당 핵심 강령이며, 이 분야에서의 실적이 다음 번 총선에 영향을 주는 주요 변수 가운데 하나이다. 그럼에도 불구하고 공공 서비스가 무엇인가를 정의하는 데는 별로 노력을 기울이지 않는다는 것이 참 놀랍다. 정치인이나 정치평론가들은 마치 이 용어가 간단하고 자명한 것인 양 여긴다. 그러나 그렇지 않다. "public"이라는 말은 사람들의 집합체, 즉 우리가 흔히 시민 혹은 공민이라 부르는 것과 같은 뜻일 수 있다. 그렇다면 공공 서비스란 시민들의 필요에 복무하게끔 되어 있는 서비스를 가리키는 것이라 할 수 있다. 그러나 이러한 용법이 공공 서비스의 모든 의미가 될 수는 없다. 왜냐하면 수퍼마켓 체인처럼 대다수 시민들의 필요에 복무하는 "사적" 기구도 많기 때문이다.

그리고 public이라는 말은 이타적(利他的) 동기라는 의미에서 "공적 정신"이라는 뜻일 수 있다. 사람들이 공공 서비스에 대해서 말할 때, 특히 공공 서비스에 대하여 좋게 말할 때 이런 뜻이 녹아들어 가 있는 경우가 많다. 정치적 좌파의 경우 전통적 사회주의 잔재가 이런 의미로 표현된다. 즉 public이라는 말은 집단주의적 발상을 내포하고 있고, 그렇기 때문에 이윤추구에 의해 움직이는 상업적 기업가 세계의 쩨쩨한 정신보다 우월하다는 것이다. 그러나 이러한 개념 역시 문제가 있다. 무엇보다도 경제이론에서는 공공재를 생산하는 데 있어서 이윤추구를 위해 움직이는 사기업이 꽤 많은 경우에 정부 당국보다, 심지어 정부의 동기가 아주 순수한 것이라 할지라도 더 효과적일 수 있다는 사실이 상식으로 통한다.

그리고 public이라는 말은 개방성, 책임성을 뜻하는 것일 수도 있다. 이 역시 공공 서비스에 대해서 좋게 말할 때 이런 의미가 그 안에 포함된다. 이런 발상은 공공 서비스와 민주주의 사이에 밀접한 관계가 있다는 사실을 함축하고 있다. 공공 서비스에 종사하는 사람들은 대중에 대하여 책임성을 가지게 된다. 왜냐하면 그들의 상관이 대중에 의해 선출된 사람이기 때문이고, 또 대중이 자신들의 업무에 압력을 행사할 수도 있기 때문이다. 그러나 대중은 상업적 회사들에도 압력을 가할 수 있다. 시장에서 자기가 사고 싶은 물건을 마음대로 골라서 살 수 있기 때문이다.

마지막으로 public이란 말은 "국가에 의해 제공되는" 혹은 "대체로 국가에 의해 제공되는"과 동의어일 수도 있다. 이런 의미는 사람들이 공공 서비스에 대해서 말할 때 그 가장 본래적인 의미와 가까운 것이다. 이것은 public이라는 용어의 여러 의미 가운데 하나이지만 그런 의미로만 받아들인다면 위험하다. 예를 들어 공공 분야의 노동조합은 실제로는 공중의 이익에 반하는 행동, 이를 테면 원시적인 노동방법을 고수하는 행동을 하면서도 그 말의 정의에 의해서 "공중(the public)의 이익을 대변한다"고 주장할 수 있다.

자, 이제 우리가 논의하고 있는 주제를 분명하게 정리해 보자. 나는 공공 서비스를 다음과 같이 정의할 것을 제안한다. 공공 서비스란 다음과 같은 특징을 가진 기구들을 포괄하는 것이다 :

1. 대부분의 재원이 국가로부터, 즉 납세자로부터 나온다. 이때 "국가"란 국민국가일 수도 있고 지방 수준의 국가일 수도 있다. 대부분의 재원이라 할 때의 그 "대부분"이라는 것이 정확히 어느 정도인지를 말하기는 불가능하며, 재원 출처의 경계선이 모호할 수도 있다. 그러나 전적으로 국가 예산으로 제공되는 서비스는 거의 없다. "재원"이라고 할 때 꼭 그렇게 표현해야지 "소유"라 표현하면 안 된다. 왜냐하면 공공 서비스는 국유화되어도 그 재원은 국가 아닌 곳에서 나올 수도 있기 때문이다.

2. 해당 서비스가 어떻게 조직되어야 하는가, 혹은 그 안에서

결정이 어떻게 이루어져야 하는가 등의 문제와 관련하여 민주적 압력이 서비스 제공자에게 가해질 수 있다. 그러한 압력은 전국적 선거를 통하여 행사될 수도 있고, 또 선거에서 이기기 위해 정당들이 개발해내는 의제들을 통하여 행사될 수도 있다. 또한 이 압력은 지역구 의원을 찾아가는 것처럼 시민들이 정치과정에 영향을 줄 수 있는 다른 많은 민주적 방법을 통해 이루어질 수도 있다.

3. 가장 중요한 가치는 공공의 이익이라는 가치이다. 어떤 구체적인 상황에서 공공의 이익이 무엇인가를 규정하는 것은 쉽지 않은 일이며, 이 문제에 대한 다툼이 종종 발생할 수 있다. 그러나 이 점은 매우 중요한 점이다. 공공 서비스를 아주 간편하게 국가와 동일시해서는 안 된다. 왜냐하면 국가가 하는 일은 공공의 이익이 되는 경우도 있고 그렇지 않은 경우도 있기 때문이다. 반면에 민영화가—즉 상업적 제공자에게 넘기는 것이—민영화라는 사실 그 자체로서 공공의 이익에 반하는 것은 아니다. 오히려 민영화가 공공의 이익에 더 잘 복무하는 경우도 있다.

4. 공공 부문의 기관들에 종사하는 사람들이 다른 많은 동기나 관심사를 가지고 있다 하더라도 이들에게는 높이 사줄 만한 공공 서비스 정신 같은 것이 있다. 공공 서비스에 종사하는 노동자와 민간기업에서 일하는 노동자를 비교해 보면 태도

면에서 큰 차이가 있다는 연구결과가 있다. 한 연구자는 각각 공공 부문, 비영리기관, 상업적 회사에 근무하는 관리자들을 대상으로 직업관에 관한 설문조사를 한 바 있다. 업무의 목적으로 16개를 제시한 다음 이 중에서 가장 중요한 목적이 무엇인가 하는 질문에 대하여 공공 부문 관리자들은 "공동체를 위한 서비스를 제공하는 것"을 꼽았다. 상업적 회사 관리자들의 답변 가운데 이것이 10위권 안에 드는 경우는 전혀 없었다. 비영리기관 근무자들과 상업적 회사 근무자들 간에도 이와 비슷한 결과가 나왔다.

공동체에 대한 일종의 사명감 같은 것은 공공 서비스 고유의 특징이며, 따라서 공공 서비스를 정의할 때 이것을 그 한 부분으로 포함시킬 필요가 있다. 그러나 여기에 두 가지 단서를 붙여야 한다. 첫째, 경제학자들이 자주, 그리고 정확히 지적하는 바와 같이 태도와 결과는 같은 것이 아니다. 그렇기 때문에 개인적 이익이라는 동기에 따라 활동하는 사적인 서비스 제공자가 이타적 동기에 따라 활동하는 단체들보다 공공의 이익에 더 크게 기여하는 경우가 생기는 것이다. 둘째, 공공 서비스가 가장 잘 작동하려면 태도의 변화가 불가피할지 모른다. 위에서 언급한 연구에 의하면, "고객 서비스"는 기업 관리자들에게는 첫 번째로 중요한 목적이지만 공공 부문 관리자들에게는 그 순위가 한참 떨어진다. 간단히 말하면, 고객 서비스는 공공 부문에 종사하는 사람들도 중요한 목적으로 삼아야 하는 것이다.

5. 공공 서비스의 고객을 나는 **시민-소비자**라 부른다. 상업적 시장에서는 기준이 주로 경쟁을 통해서 보장된다. 이런 시장에서의 개인은 **소비자-시민**이라 할 수 있다. 경쟁 제품과 비교했을 때 품질 면에서는 떨어지면서 가격은 동일한 상품은 시장에서 강제 퇴출당한다. 이 점에서 소비자의 힘은 진짜 힘이다. 국가가 필요하지만, 그것은 주로 시장 전체의 큰 틀을 감시하고 독점을 방지하고 계약 이행을 강제하는 수단을 제공하기 위한 것이다.

공공 서비스 분야에도 선택이 있을 수 있고 또 있어야 한다. 그러나 시장에서도 그렇듯이 주로 선택을 통해서 기준을 정상적으로 보장한다는 것은 어렵다. 전문가와 관계 당국이 직접 나서서 기준을 감시해야 한다. 시민이라는 측면이 소비자라는 측면보다 우선되어야 한다. 그래서 "시민-소비자"라 한 것이다. 선택이 목소리를 내는 유일한 수단인 것은 아니다. 공공 서비스가 민주적 장치들과 통합되어 있기 때문이다. 그러나 공공 서비스 분야와 다른 분야 사이에 칼로 벤 것 같은 경계선이 있지는 않으므로 양자 간의 중복과 결합도 얼마든지 있을 수 있다.

6. 공공 서비스가 제공하는 "서비스"는 서비스 산업이 제공하는 서비스 같은 면대면 서비스만이 아니라 그것을 포함하는, 그 이상의 것이다. 여기에는 예를 들어 수송 인프라-스트럭처

나 주택 같은 물질적 재화의 취득이나 건설도 포함된다. 이 점은 환경문제의 중요성이 커지고 있는 상황을 감안하면 새로운 의미를 갖는 것이다.

이러한 정의에 따르면 기관들 가운데 어떤 것들이 공공 서비스에 포함될까? 교육과 보건은, 비록 복잡한 방법으로 공적인 요소들과 결합된 채 적지 않은 민간투자가 들어와 있기는 하지만, 분명히 포함된다. 국방, 치안, 법원, 교도소와 그 관리기관 등도 포함된다. 수송과 통신 분야는, 비록 철도의 경우에서 잘 나타난 바와 같이 매우 복잡하고 또 운영권 공유문제도 있지만, 여기에 포함되는 것으로 볼 수 있다. BBC의 경우는 영업부서를 가지고 있지만 역시 포함된다. 복지와 연금 관련 기관들, 특수법인을 포함하여 국가로부터 부분적 재정지원을 받는 다양한 기구들, 그리고 다양한 종류의 지역적 서비스 단체들도 마찬가지이다.

공공의 이익을 위해 공공 서비스가 조직되는 방식은 매우 다양한데, 어떤 것이 가장 좋은 것인지 알기 위해서는 사례들을 살펴보는 수밖에 없다. 더욱이 나라에 따라서 공급자들의 조합비율을 다양하게 정할 수 있다. 예를 들어 고등교육을 받는 학생들의 비율은 세계 어디서나 높아지고 있는데, GDP 대비 담세율을 인상한 스웨덴의 경우 고등교육비는 여전히 납세자들에 의해 제공되고 있으며, 영국의 경우 정부의 최근 개혁조치에 의하면 대학교육의 수혜자가 졸업 이후이기는 하지만 그 비용의 일부를 갚게 되어 있다. 이 두 가지

예는 서로 대조적이지만 추구하는 목적은 동일하다.

공공 서비스 개혁하기

노동당 집권 10년이 지난 지금 몇몇 중요한 분야에서 왜 이 나라 공공 서비스가 잘 운영되고 있는 다른 나라들에 비해 뒤처지게 되었을까? 그 주된 원인은 기반이 매우 취약하기 때문인데, 여기에는 세 가지 요인이 있다. 한 가지 요인은 영국의 조세수입이 역사적으로 낮았다는 데 있다. 과거 오랫동안 영국의 조세부담률은 국민소득의 37% 수준이었는데, 이는 EU 평균보다 상당히 낮은 수준이다. 공공 서비스를 강화하고 업그레이드하기 위해서는 세수를 더 늘리는 것이 중요한데, 1997년 이후 노동당이 바로 그렇게 해왔다. 그 결과 현재 담세율은 국민소득 대비 41% 수준으로 높아졌고, 이에 힘입어 공공 서비스에 대한 새로운 투자가 가능해졌다.

두 번째 요인은 제2차 세계대전 직후 영국의 경제실적이 부진했다는 데 있다. 당시 영국은 유럽의 "병자"였고, 그런 상황이 20년 이상 지속되었다. 간단히 말해서 이 기간의 영국은 다른 선진국들만큼 부유하지 못했고, 그래서 공공 서비스 분야에 그런 국가들만큼 많은 돈을 투자할 수가 없었다. 세 번째 요인은 대처리즘의 영향이다. 대처 전 수상의 몇몇 혁신조치는 이 나라의 상대적 경제실적을 높이는 데 도움이 되었다. 그러나 그 대가는 매우 비싼 것이었다. 즉 대처 정부는 공공 서비스의 몰락을 구경만 하였다. 시장주도 방식에 의한 공공 서비스 개혁 노력이 있었지만 투자가 이루어지지 않아 고사위기에 빠졌다. 대처 수상은 나이 30이 넘어서 버스 타고 다니는 인생은 실패한 인생이라는 속담을 믿는 것 같았다.

영국의 경제실적이 부진했던 시기로부터 우리는 한 가지 중요한 교훈을 배울 수 있다. 즉 경제정책과 공공정책 이 양자는 가능한 한 상호이익이 되는 방향으로 통합적으로 고려되어야 한다는 사실이다. 달리 말하면 공공기관의 구조를 결정하고 또 필요한 재원을 조달하는 방법을 고려할 때 우리는 항상 그것이 경제성장과 일자리 창출에 어떠한 영향을 미칠 것인가에 대하여 주의를 기울여야 한다는 것이다. 물론 세금 수준이 경제성장과 일자리에 영향을 준다고 주장하는 사람은 많다. 특히 정치적 우파 진영에서 그렇다. 이들은 국가가 경제적으로 역동적이 되기 위해서는 세금이 적어야 한다고 주장한다.

그러나 이러한 견해를 뒷받침하는 증거는 없다. 경제성장에 악영향을 주는 수준이 어느 정도인가 하는 문제와 관련하여 세금상한제 같은 것을 고려할 수 있다. 스웨덴의 경우 선진국 가운데 가장 많은 세금을 징수하고 있고, 또 지난 20년간 1인당 GDP가 다른 국가들에 비해 많이 떨어졌다. 반면에 다른 스칸디나비아 국가와 덴마크는 높은 세율을 가지고 있지만, 다른 선진 산업국들과 비교할 때 탁월한 경제성장률을 기록하고 있다.

1997년 이후 처음 2년간 정부는 공공 서비스와 기타 분야에 대한 투자를 바로 늘리지 않고 보수당이 세워둔 지출계획을 그냥 따랐다. 이 점은 반론이 가능한 것이기는 하지만, 정부가 수입범위 안에서 지출할 것이라는 점을 금융시장에게 확실히 보여줄 필요가 있었기 때문에 그 당시 정부가 그렇게 한 것은 잘한 일이라 할 수 있다. 그러나 그 이후 거액의 돈이 공공 서비스, 특히 교육과 건강보험 쪽으로 들어갔다. 정부는 투자가 반드시 개혁과 연계되어야 한다고 주장하였으며, 관-민 공동출자를 포함한 다른 방식의 재원조달도 모색하였는데, 이런 것 역시 올바른 것이었다. 이에 대하여 특히 좌파 진영으로부터 많은 비판이 제기되었다. 비판의 근거는 적어도 부분적으로는 이데올로기적인 것이다. 즉 국가로부터 민간기구로 책임을 옮기는 것은 어떠한 형태의 것이라 할지라도 공공 서비스에 대한 배신이라는 것이다. 이미 언급하였지만 이런 주장은 받아들일 수 없다.

관-민 제휴관계에 대한 정부의 지지 태도(고든 브라운이 선두에 서 있다)와 관련하여 우리는 이 점을 염두에 두어야 한다. 중요한 것은 국가가 제공하는 경우와 비교하여 관-민 제휴관계가 얼마나 더 효과적으로 공적 목적에 부합하느냐 하는 것이다. 이 문제는 현실에 기반을 둔 비교라는 견지에서 검토해야 할 문제이지, 국가기관이 100% 효율적이고 고객의 요구에 잘 부응하며 또 항상 제때에 서비스를 제공한다는 식의 신화에 의거해서 검토할 문제가 아니니다.

"공공 부문"(이는 국가와 동일시된다)과 사적 서비스 양자를 엄격하게 구분하는 태도—좌우 양 진영 사람들이 그렇게 하고 있지만—는 버려야 할 태도이다. 대처 전 수상이 민영화를 선호한 것은 구좌파가 국가를 선호하는 것과 마찬가지로 편견이다. 대처주의자들은 국가 소유 혹은 국가 지배 기관들의 (자기네가 보기에) 불가피한 결함에 대한 근본적인 해결책이 바로 민영화라고 생각하였다. 그러나 실제에 있어서 국가기관과 민간기관 사이의 경계는 유동적이고 또 변화하고 있다. 이 경계는 정부나 다른 집단들에 의해 적절히 통제되어야 한다.

영국통신(British Telecom)과 영국항공(British Airway)의 사례에서 보듯이 국영기업의 민영화는 확실히 성공으로 이어진 경우가 있다. 경쟁적인 시장이 있고 또 민영화 과정이 유능하고 공정하게 추진된다면 일류기업을 만드는 일, 비용을 절감하는 일, 그리고 소비자에 대한 서비스를 개선하는 일이 가능하다. 집에 새로 전화를 들이는데 몇 주나 몇 달이 걸리던 시절, 또 전화기는 무조건 검은 색이던 시절, 그런 시절로 돌아가고 싶은 사람이 어디 있을까? 그러나 대처 수상이 믿었던 것처럼 민영화가 만병통치약인 것은 아니다. 그리고 철도를 포함한 몇몇 중요한 민영화 사례들에서는 그 과정이 정말 서툴게 추진되었다. 간혹 국가 자산이 실제 가치보다 낮은 가격으로 매각되었다. 완전경쟁 시장의 형성이 어렵거나 불가능한 분야에 대한 규제가 지나치게 완화된 경우도 있다. 노동당은 철도뿐만 아니라 다른 분야도 포함하여 그런 잘못된 결정들의 후유증에 대처해야 한다. 해결책은 다시 국유화하는 것이 아니라 적절한 규제장치를 만드는 것이다. 이 일은 쉽지 않은 일이다. 특히 수도사업의 경우처럼 경쟁이 제한될 수밖에 없는 분야의 경우 더욱 어려울 것이다.

정부는 어느 서비스를 국가 손에 남겨두고 어느 서비스를 민간 손으로 넘길 것인가를 결정하는 것은 "실용적" 고려에 따라야 한다고 주장해 왔다. 나는 이 "실용적"이라는 것이 단지 경제적 효율성만을 뜻하는 것이라는 점에서, 적어도 그런 한에 있어서는 정부의 이같은 주장은 잘못된 것이라 생각한다. 무엇이 가장 싼가, 심지어 무엇이 가장 효율적인가 하는 것이 주된 기준이 되어서는 안 된다. 무엇이 공공의 이익인가 하는 것이 주된 기준이어야 한다. 이는 곧 항상 다양한 기준을 검토해야 한다는 뜻이다.

어떤 서비스를 민영화할 것인가를 결정할 때 경제적 고려에만 의존해서는 안 된다. 기존 제도를 구조조정하거나 규제의 성격을 바꾸는 것이 공공의 이익에 더 부합하는 것일 수도 있다. 앞에서 지적한 바 있지만, 공공 서비스와 시장 간에는 본래적 차이가 있다. 이상적으로 보자면 양자의 장점을 다 취해야 한다. 시민으로서 우리는 공공 서비스가 효율적이기를 바라며, 또 상업적 회사들이 책임성 있게 행동하기를 바란다.

바로 이런 관점에서 "관-민 제휴관계"(public-private partnership, PPP)를 평가해야 한다. 영국의 PPP는 주로 "민간투자사업"(Private Financial Initiative, PFI)의 형태로 이루어지고 있다. PFI 방식으로 제공되는 서비스는 대개 건설 분야에 국한되어 있다. 이 사업에서 상업적 회사들은 투자하고, 건설하고, 또 소유권을 가지며, 국가는 일정 기간 장기 사용 의무를 진다. 수송 분야의 경우 이런 방식으로 이루어진 것이 70%를 넘어 이 방식이 가장 활발하게 이루어지는 분야가 되고 있다. 그러나 학교, 병원, 교도소의 경우에도 이 방식으로 신축되거나 업그레이드 된 경우가 많다.

다른 국가들에서도 PPP/PFI 사업이 대체로 잘 이루어지고 있다. 민간기업은 국가 영역의 기업에 비해 경영 면에서 대개 앞서고 있는데, 그것은 상업성 때문이 아니라 경쟁에 노출되어 있기 때문이다. 국가 영역과 달리 시장에서는 경영상태가 나쁜 기업은 그냥 사라진다. 덴마크에서 시행된 수송 분야 40개 국가사업을 대상으로 한 연구결과에 의하면, 75% 이상의 사례에서 실제 비용이 예상 비용을 초과한 정도가 최소한 10% 이상이었다. 절반 정도의 사례에서는 50% 이상 초과한 것으로 나타났다. PPP 사업의 경우 실제 비용과 예상 비용의 차이는 이보다 훨씬 적다.[3] 그러나 이보다 더 중요한 차이는 PPP 사업의 경우, 투자자들이 예상 비용 초과문제에 민감하기 때문에 그런 위험이 사전에 노출된다는 데 있다. 국가사업의 경우 초과 비용이 발생하면 나머지 다른 국가 부문이 이를 부담해야 한다. 국민건강보험 분야에서의 PPP 사업에 관한 한 연구의 결론은 다음과 같다 : "관-민 제휴관계는 전통적인 공공 부문 물자조달에 큰 진보를 가져다 주었다. 자금문제가 발생한 경우는 주로 중앙에서 계획을 세운다는 데서 나온 것이다."[4]

비판자들은 국가기관이 민간기관과 제휴관계를 맺을 경우 공공 서비스 정신이 약화될 것이라 우려한다. 그러나 드러나는 증거에 의하면 좀더 낙관적인 생각을 가져도 괜찮을 것 같다. 과거의 국가기관들은 마땅히 취해야 할 태도와 정반대의 태도를 취하는 경우가 많았다. 특히 국가가 독점하는 분야에서 심했다. 즉 과거 국가기관들은 도저히 받아들일 수 없을 정도의 비효율성은 접어두고 시민의 요구에 대한 무관심, 비밀주의, 무책임성의 대명사였다. 사부문 기업들의 직접투자가 이루어지는 경우, 이런 태도와 관행이 시정되는 경향이 있다. 공공부문이 비국가집단과 결합하는 경우에도 그런 경향이 있다. 지방정부 수준에서의 제휴관계에 참여한 바 있는 마틴 서머스는 자신의 경험에 비추어 다음과 같은 관측을 내놓았다:

> 전통적으로 지방정부의 영역이었던 분야를 외부기관—이것이 상업적 회사건, 국민건강보험 관련 기관이건, 주택조합이건 관계없이—에 개방하는 것의 가장 큰 이점은 대단히 다양한 의사결정 수단이 작동되는 것을 구경할 수 있는 기회가 생긴다는 점이다. 이는 지방정부의 전통적이고, 일원적이고, 위계적이고 또 부처 할거주의적인 결정과정을 시정할 수 있는 대안이 된다.[5]

물론 어떠한 사업도 경영이 엉망이라면 잘 될 수 없으며, PPP 사업 가운데 일부는 잘못된 것으로 드러났다. 원래 PPP 사업은 정통 국영기업에 비해 경영이 다소 어렵다. 흔히 PPP 경영이 더 복잡하다고들 말하는데, 그것은 PPP의 경우 위험요인을 포함한 여러 요인들이 사전에 확인되어야 한다는 점에서 그렇게 보일 뿐이다. 국가사업의 경우 그런 요인들이 잠복되어 있으며, 청구서를 집어드는 것은 바로 납세자들이기 때문에 그런 문제에 대한 반발도 심하다.

재원의 위기?

모든 좋은 일에는 끝이 있다. 이 경우에는 조금씩 말라간다고 표현하는 것이 더 낫겠다. 현재 공공 서비스로 들어가는 돈의 액수가 워낙 크기 때문에 2년 정도 지나면 재원이 바닥을 드러내게 되어 있다. 이렇게 되면 대책으로서 허리띠 졸라매기가 거론되거나 아니면 전통 좌파의 조건반사식 반응, 즉 세금인상이 거론될 수 있다.

우리는 이 두 가지 해법보다 더 근본적인 해법을 찾아야 한다. 단기적으로는 지출을 조절할 수 있을 것이다. 앞에서 제안한 바 있지만 범죄에 대한 정책에 변화가 있어야 한다. 그래서 한 가지 해결책은 이런 것이다. 즉 새 교도소 짓지 말고 더 값싸고 더 효과적인 대안을 찾자는 것이다. 또 다른 해결책은 이런 것이다. 즉 방위비에 관한 다른 전략을 찾자는 것이다. 이밖에 이런 방법들도 있다 : 유럽 우방들과의 협력을 증대하라 ; 트라이던트 핵잠수함 도입을 위한 최종결정을 연기하라(지금 당장 최종결정을 내려야 한다는 생각은 엄밀하게 검토해 보면 옳지 않다) ; 이미 상당히 오른 공공 부문 인건비를 동결하라; 정부 각 부처의 예산집행에 대한 철저한 감사제도를 도입하라; 부가가치세 회피와 탈세를 막기 위한 새로운 전략을 고려하라. 이 문제에서도 EU 회원국들과의 협력이 이루어지면 더 좋다. 최근 몇 년간 부가가치세 회피와 탈세가 급격히 늘고 있으며, 그 규모는 연간 120억 파운드에 달한다. 2007년 2월 재무성 지급총감 다운 프리마롤로는 부가가치세 회피가 크게 줄었지만 EU 차원에서 무슨 조치가 취해지지 않는다면 그런 일을 영구히 봉쇄하는 것은 거의 불가능하며, 따라서 영국은 그런 조치가 취해질 수 있도록 해야 한다고 말했다.[6]

재정연구소(Institute of Fiscal Studies)는 최근의 한 보고서에서 아동 빈곤 퇴치를 위한 정부의 2010년도 목표 달성에 필요한 예산의 지출을 연기해야 한다고 제안하였다. 그러나 이렇게 한다면 그것은 큰 실수가 될 것이다. 아래에서 다시 주장할 것이지만, 아동 빈곤과 싸우는 것은 빈곤 전체를 줄이겠다는 정부 공약의 선두주자 역할을 하는 것이다.

우리는 국가의 개혁을 더욱 밀어붙여야 한다. 국가의 핵심부에는 본질적으로 책임성 없는 기구가 있다. 그것은 바로 공무원 집단이다. 2004년 거숀 보고서가 효과를 거두기 위해서는 더 결정적인 행동이 필요하다.[7] 이 보고서는 공무원의 수를 10만 명 이상 줄일 것을 제안하고 있는데, 보고서 발표 당시 사람들은 이 보고서가 "이 땅의 모든 정부 부처와 기구들에게 충격파를 보냈다"고 말했다.[8] 이렇게 할 경우 연간 150억 파운드 예산절감 효과가 있는 것으로 추산되고 있지만 아직 실행되지는 않고 있다. 2005년에 공무원 집단에 대한 능력조사 작업이 시작되었는데, 이 결과로서 10개 분야에 대한 부처별 능력이 보고된 바 있다. 이런 작업은 유익한 출발이지만 지금까지 나온 건의내용이 날카롭지 못하고, 또 핵심 목표로 추진해야 할 거숀 보고서의 건의를 추진해 나갈 것인지를 분명히 밝히지 않고 있다.

고든 브라운은 이상과 같은 조치나 이와 유사한 조치를 취함으로써 사람들의 기대를 깨는 것이 나을지 모른다. 이제 모든 사람들이 대규모 지출 삭감이 있을 것으로 생각하고 있다. 그렇다면 왜 그런 조치를 취하여 흑자를 내고 그것을 빈곤층 세금감면을 위해 사용하지 않는가?

장기적인 대책은 우리가 더욱 집중적인 노력을 기울여야 할 부분이다. 내가 여기서 제안하는 개혁과정은 그 자체로서 바람직한 것이지만 재원 마련에도 직접적인 도움을 주는 것이다 : 생산성, 특히 국민건강보험에서의 생산성 증대를 위한 돌파구 찾기; 시민들을 서비스의 소비자가 아니라 생산자로서 더욱 직접적으로 참여하게 만들기; "수익자 부담" 범위를 확대하기(이 부분은 잠시 후에 재론할 것이다). 이런 것들이 공공 서비스 발전을 위한 방법이 되어야 한다. 이런 것들은 자원배분을 안정화하고 통제하는 데 도움이 될 것이다.

교육에서의 선택과 목소리

공공 서비스는 엄청나게 많은 분야를 포괄하고 있다. 동일한 개혁원칙을 이 모든 분야에 적용할 수 있다고 생각한다면 그것은 틀린 생각이다. 공공 서비스를 둘러싼 정치적 논쟁은 주로 선택과 목소리에 집중되고 있지만 선택과 목소리라는 개념의 성격과 적용범위는 분야에 따라 달라진다. 이 두 가지가 정상적인 기구나 장치에 적용될 수 있는 정규적인 서비스가 많이 있다. 예를 들어 거리 청소, 쓰레기 수거, 우편 서비스 등이 제대로 이루어지고 있다는 것은 분명히 시민들에게 중요하지만 고객들이 날마다 그런 일에 관여한다고 생각하는 사람은 없을 것이다.

선택은 경찰의 경우에 적용될 수 있을 것이다. 예를 들어 지역의 경찰 간부는 미국의 많은 주나 자치단체들에서 그렇듯이 그 지역 주민들이 선출할 수 있다. 그러나 이 경우 훨씬 더 중요한 것은 목소리, 즉 대중에 대한 경찰의 책임성이다. 부패는 최대한 억제해야 한다. 다른 정부기관과 달리 경찰은 폭력 사용 능력을 가지고 있다. 그래서 우리는 경찰이 꼭 그렇게 해야만 하는 경우에만 폭력을 사용하도록 만들어야 한다.

선택이 잠재적으로 플러스 요인이 되며 또 직접적인 분야도 있다. 예를 들어 스웨덴과 덴마크는 노인들을 위한 서비스 상품권(voucher) 제도를 처음으로 도입하였다. 이 상품권을 가진 노인은 가사 도우미 서비스, 식품 택배 서비스 등을 받을 때 서비스 제공자를 선택할 수 있다. 상품권 사용을 적절히 규제한다면 이 제도는 인기 있고 또 효과적인 제도라 할 수 있다. 이 제도는 또한 서비스 제공자에게는 서비스 품질 향상을 위한 인센티브가 된다. 빈곤층 가족에게는 이 상품권이 육아 서비스라든가 기타 서비스의 제공자를 선택할 수 있게 해줄 것이다.

학교 교육에서의 선택은 이와는 아주 다른 방식으로 작동된다. 자녀를 보낼 학교를 선택하는 것은 매우 중요하다. 그러나 학부모가 목소리를 낼 문제는 자녀의 나머지 일생에 영향을 줄 학교에서의 교육내용에 관한 것이다. 반면에 의료 분야의 경우 환자에게 의료기관을 선택할 수 있도록 해줄 수 있는 여지가 아주 크다. 국가 의료보험 체계 안에 있는 사람들은 어느 의사를 찾을 것인지, 어떤 처치를 받을 것인지, 그리고 언제 어디서 치료받을 것인지에 대하여 원칙적으로(그리고 어느 정도 실제로) 선택을 할 수 있다. 물론 사설 의료기관을 이용하는 사람들은 이미 모든 종류의 선택을 할 수 있고 또 그렇게 하고 있다.

교육과 의료 분야에 선택을 도입하는 것은 인기가 있다. 한 설문조사에 의하면, 자녀를 보낼 학교의 선택권을 더 많이 가지는 것에 대한 질문에서 응답자의 70% 이상이 "매우 중요하다" 혹은 "꽤 중요하다"고 답변하였다. 또 소득 수준이 낮은 사람들이 높은 사람들보다 "매우 중요하다"는 답변을 더 많이 하였다.[9] 의료 서비스와 관련하여 이런 설문조사를 했을 때에도 그 결과는 아주 비슷하게 나왔을 것이다.

교육과 의료 이 두 분야는 신임 수상이 큰 결단을 내려야 할 중요한 분야이다. 교육 분야에서는 비록 계속 남아 있는 문제가 있고 또 다양한 비판이 제기되고 있기는 하지만 어떻게 보더라도 정부가 지금까지 잘 해왔다고 할 수 있다. 1997년 당시 수천의 학교가 수리를 해야 할 만큼 나쁜 상태였는데, 그 대부분이 재건축 또는 수리되었다. IT 이용도 면에서 볼 때 영국은 다른 국가들에 비해 처지지 않는다. 교사들의 봉급도 물가인상률보다 꽤 높은 수준으로 인상되었다. 교육내용도 과거에 비해 훨씬 더 다양해졌고, 학생들의 필요에 따른 맞춤형 교육도 훨씬 더 늘었다. 이제 학교의 2/3 이상이 전문가 양성학교이며, 이 학교들의 대부분이 더 나은 실적을 보이고 있다. 재단 학교들은 폭넓은 자율성을 가지고 있으며, 학교 재산을 관리하고 있다. 중고등학교(GCSE와 A-level) 졸업률도 가파르게 올라가고 있으며, 최하위 학력 학생들의 성적도 올라가고 있다.

현재 계획단계에 있는 위탁학교와 평생교육기관들이 장차 실현될 수 있을까? 나의 대답은 직설적인 것이다. 즉 실현되어야 한다는 것이다. 많은 사람들이 말하기를 이 문제가 브라운과 블레어를 가르는 주된 경계선이 될 것이라고 하는데, 나는 그렇지 않기를 바란다. 아마 브라운은 자기만의 독자적인 개혁안을 선택할지도 모른다. 그러나 브라운은 선택과 다양성을 환영할 뿐만 아니라 그것을 자기 것으로 만들 만큼 지각이 있는 사람이다. 이 문제는 그가 정부를 어떻게 이끌고 나가느냐에 달려 있을 뿐이다.

개혁의 동력은 유지되어야 한다. 그러나 몇 가지 중요한 측면에서 그 방향은 바꾸어야 한다.[10] 아직도 실패하는 학교가 많다. 2006년에 학교 교육 감사기구인 OFSTED는 심각한 실적 부진을 보인 학교 650개교 명단을 발표하였다. 이 가운데 200개교 이상이 최하 등급인 "특별조치" 등급이었다. 남녀학생 간의 뒤집힌 성 격차도 좁혀야 한다. 중학교 졸업시험에서 여학생이 남학생보다 정확히 10점이나 높은 점수를 받고 있기 때문이다. 소수인종 가운데 어떤 인종은 매우 잘하지만 어떤 인종은 아주 뒤처진다. 약 30%의 학생들이 고용주가 요구하는 기술을 갖지 못한 채 학교를 떠난다. 즉 문법, 기초 읽기 및 계산 같은 것뿐만 아니라 다양한 사람들과 쉽게 어울리는 능력 같은 서비스 분야에서 매우 중요한 "부드러운" 기술도 갖추지 못한 채 학교를 떠나는 것이다.

로버트 힐은 새 정부의 교육정책의 기초로서 "5대 개혁"을 제안하고 있는데, 나는 이것을 그대로 받아들인다 :

1. **학생 자신에게 더 많은 선택과 목소리를 제공하라.** 학교생활을 어떻게 개선할 것인지에 대하여 학생 자신이 말하는 바에 귀를 기울여라. 이런 방법은 전통주의자들을 놀라게 할지 모르지만, 다른 나라들의 경험에서 보면 구체적이고 긍정적인 교

육효과를 거둘 수 있는 방법이다.

2. **교과과정을 전면 개편하라.** 이 문제는 정부가 이미 검토중에 있는 문제이다. 톰린슨 보고서(Tomlinson Report)가 제안한 바 있는 것과 유사한 교과과정이 있어야 한다. 이 보고서는 현재의 교과과정보다 더 다양한 과목과 기술과목을 담은 새로운 교과과정을 강조하고 있다.

3. **모든 수준의 교내 리더십을 개발하라.** 교내의 제휴관계나 연합관계 같은 것들은 이미 비공식적으로 존재하는 경우가 많지만, 이런 것들을 효과적으로 지원해야 한다.

4. **학부모를 공동 교육자로 참여시켜라.** 특히 빈곤층 아동의 경우 이 방법은 매우 중요한 방법이 될 수 있다. 이 주제에 대한 연구들을 보면, 가정에서 이루어지는 부모-자식 간의 상호작용이 가정 밖의 집단에서 이루어지는 상호작용보다 교육효과를 얻는 데 더 큰 힘을 발휘한다.

5. **지나치게 복잡해진 학교 재원 조달을 개혁하라.**[11]

고등교육과 고교 졸업 이후 교육에 대해서는 그냥 두어도 큰 문제가 없을 것이다. 대학에 대해서만 말한다면, 한 가지 중요한 문제는 대학들이 등록금 수준을 자율적으로 결정할 수 있게 허용할 것인가 말 것인가 하는 문제이다. 나의 견해는 허용해야 한다는 것이다. 대학에 지원되는 돈은 교육과 연구의 수준이 유지되는 범위 안에서 절반이나 절반 남짓까지 깎아야 한다. 그러나 이렇게 해서 절감되는 돈은 빈곤층 학생들을 위한 용도로 사용해야 한다.

대학에 간다는 것은 중고교에 간다는 것과 다르다. 대학 진학은 필수가 아니라 학생들이 고등교육을 받음으로써 생기는 이점 때문에 대학 진학을 선택하는 것이다. 소득의 대폭 증가, 자신감 증대, 직접적인 책임은 없으면서 분위기 좋은 환경에서 3-4년을 보내는 즐거움 등이 고등교육을 받는 이점이다.

대학에 가지 않은 사람들이 대학 가는 사람들을 위해서 세금을 낸다는 것은 공평한 것이다. 모두가 공유하는 이익이 있기 때문이다. 사회는 일정한 수 이상의 의사, 변호사, 기술자를 가지고 있어야 한다. 그러나 고등교육으로부터 그렇게 많은 개인적 이익을 얻는 사람들이 비용의 일부를 부담한다는 것 역시 공평하다. 특히 졸업 이후에 내도 되기 때문에 더더욱 그러하다. 현행 제도에 의하면 학생이 졸업한 이후 그 소득이 일정한 수준에 이르기까지는 한 푼도 안 내도 된다. 또한 재학생들은 상업적 금리보다 낮은 금리로 학비를 융자하는 것도 가능하다. 현행 제도는 기본적으로 세금에 초점을 맞추고 있지만 고등교육으로부터 직접적인 혜택을 받는 사람들에게 적합하게 되어 있다.

대학이 등록금을 자율적으로 결정한다면 그것이 빈곤층 학생들에게 불이익이 될까? 소득 수준과 관계없이 모든 학생들이 입학할 수 있게끔 하는 방향으로 충분한 돈이 투입된다면, 그리고 장학

금과 격려금을 제공한다면 그렇지 않다. 고등교육이 무료였던 과거의 제도가 빈곤층 학생들을 끌어들이는 데 실패했다는 사실을 기억할 필요가 있다. 2000년의 경우 최하위 소득계층 자녀의 11%만이 대학에 진학하였다. 전문직이나 관리직 자녀의 대학 진학률은 80%를 넘었다. 사실상 무료 고등교육 제도는 부유층 자녀들에게 유리한 것이었다.

수익자 부담 : 왜 확대해야 하는가?

흔히 수익자 부담은 사람들에게 벌금을 부과하는 것으로 여겨진다. 공짜(?)여야 할 서비스 요금을 내게 만드는 것이기 때문이다. 사실 이것은 공공 서비스가 그 사용자의 것이라는 발상과 잘 들어맞는다. 수익자 부담의 장점은 참여의식뿐만 아니라 책임성 있는 태도를 키워준다는 것이다. 오래 된 경제 격언 중에 이런 것이 있다 : 역사상 중고차를 세차하는 사람은 아무도 없다. 대학생들은 학비 일부를 나중에 되갚아야 하기 때문에 더 많은 것을 요구하고 또 이것저것 가리는 것이 많아졌다. 그런 태도는 아주 정당한 것이다.

수익자 부담은 하찮은 일로 서비스를 사용하는 것을 제한함으로써 서비스 수요를 억제할 수 있다.[12] 과거 한동안 영국은 건강보험료를 적용하였는데, 예컨대 처방의 경우 그러했다. 그러나 직접적인 의료 서비스인 한, 서비스 전달 시점에서는 일체의 비용을 물리지 않는다는 것이 영국 정치에서 하나의 신성한 원칙이다. 그러나 이 원칙을 고수하는 나라는 영국밖에 없는 것 같다. 스웨덴, 프랑스, 독일 같은 대륙 국가에서는 그런 경우 수익자 부담이 적용된다. 스웨덴의 경우 진료가 필요한 사람들에게 방해가 되지 않게 한다는 취지에서 최소 수준의 환자 본인 부담금을 부과하고 있다. 그 수준은 전체 진료비의 1%를 약간 넘는 수준에 불과하다. 프랑스의 경우 이보다 높은 8%의 본인 부담금을 부과하고 있는데, 이것은 국민건강보험 제도가 본인 부담금 전액을 환불해 주어서는 안 된다는 취지에서 나온 것이다.[13] 독일의 경우 이 비율이 거의 10%에 달한다.

영국 건강보험에서도 본인 부담금을 늘려야 할까? 내 대답은 "그렇다"이다. 적어도 스웨덴과 같은 정도의 최소 비용 정도는 되어야 한다. 일반의(一般醫)에게 가는 경우는 비용을 경감해 주어야 하며, 이와 동시에 환자가 사전 통보만으로 자유롭게 일반의를 선택할 수 있게 해주어야 한다. 영국 건강보험이 진료 시점에서는 완전 무료여야 한다는 원칙은 아주 작은 비용이라도 들면 진료가 필요한 사람들이, 특히 빈곤층 사람들이 병원에 가기를 주저할 수 있다는 발상에서 나온 것이다. 그러나 본인 부담금제를 도입하는 더 큰 목적은 사소한 병이나 있지도 않은 병을 치료받겠다고 병원에 가는 사람들을 억제하기 위한 것이다. 완전 빈털터리 빈곤층이 존재하지 않는 사회에서 진짜로 치료를 받아야 할 사람이 소액의 진료비 때문에 병원에 가지 않으려 한다고 보기는 어렵다.

대학생들에게 학비 부담을 지우는 현행 제도가 도입되기 전에는 모든 사람들이 대학이 무료라는 점에 대해서 행복해 하는 것 같았다. 그러나 형식적으로 보면 대학이 무료가 아니었다. 연간 1,175

파운드를 학생들이 냈고, 그것도 졸업 후가 아니라 선불로 냈다. 스코틀랜드에서도 학생 부담이 있다. 2005년의 경우 졸업기부금 형태로 연간 총 2,145파운드였다.

환경 분야에서도 수익자 부담 문제가 의제로 떠오르고 있다. 앞으로 몇 년 이내에 소득세나 취업세에서 환경세로 급속히 전환하는 문제가 의제로 되고 있는데, 환경 분야에서의 수익자 부담은 다른 분야에 비해 그 적용의 범위가 잠재적으로 넓다. 왜냐하면 지금까지 좋은 환경이라는 재화는 그 소비자들에 의해 직접적으로 사용 대가가 지불된 적이 없고 또 적당한 가격이 매겨진 바도 없기 때문이다.

도로혼잡세가 대표적인 예이다. 공공정책연구소(Institute of Public Policy Research)가 이 문제에 대한 상세한 제안을 한 바 있는데, 2010년까지 전국적인 도로혼잡세 실시를 제안하였다.[14] 이 안은 이를 위해 GPS(Golbal Positioning System, 전 세계 위치확인 장치) 기술 도입을 제안하고 있는데, 이미 독일에서는 대형 화물차에 대한 환경세 부과를 위해 이 기술을 사용하고 있다. 이 기술을 사용하면 과세 대상 차량이 어느 도로를 언제 이용했느냐에 따라 다른 세율을 적용하는 것이 가능해진다. 적당한 수준의 세금을 부과한다면 교통량의 7% 감소, 이산화탄소 배출량의 8% 이상 감소를 기대할 수 있다. 또한 현재 가격으로 연간 160억 파운드의 세수 증대도 기대할 수 있다.

이제 노동당의 희망의 원천인 동시에 고민의 원천이기도 한 국민건강보험에 대한 더 상세한 논의를 펼 차례이다.

제국의 반격 : 국민건강보험의 운명

국민건강보험(NHS)은 매머드급 기구이다.[15] 2010년에 이르면 이 나라 GDP의 10% 가까운 돈이 여기에 들어가게 된다. 10년 전에는 6%였다. 10%를 금액으로 보면 900억 파운드에 해당한다. 규모가 이 정도이기 때문에 건강보험에서 일어나는 일은 이 나라 경제 전체에 엄청난 영향을 준다. 건강보험 개혁을 그 자체로만 따로 떼어서 생각해서는 안 되는 까닭이 바로 여기에 있다.

건강보험은 다음 선거에서 중요한 쟁점의 하나로 떠오를 것이다. 교육 분야와 마찬가지로 건강보험 분야 개혁에서 현 노동당 정부의 업적은 실로 대단하다. 모든 직급에서 봉급이 크게 올랐다. 수천 명의 간호사가 새로 충원되었고, 의과대학 일자리가 50% 이상 늘었다. 주로 민간투자(PFI) 방식에 의해 새로운 병원이 많이 신축되었고, 시설을 새로 보수한 병원의 수는 이보다 더 많다. 심장병과 암으로 인한 사망률은 1997년에 비해 줄었다. 환자의 대기시간도 과거에 비해 줄었다. 외국에서 수술받는 것까지 포함한 환자의 선택권도 확대되어 환자들의 환영을 받고 있다. 건강보험 직통전화 같은 혁신조치도 성공적이다. 건강보험에 대한 보수당의 입장변화는 노동당의 세금에 기반을 둔 건강보험 정책이 옳았음을 보여준다.

그런데 왜 의료 서비스 분야에서 어느 당이 더 적임인가 하는 설문조사에서는 보수당이 앞서는 것일까? 한 가지 분명한 이유는 부풀려진 기대이다. 2000년 1월 16일에 있었던 한 인터뷰에서 토니 병원에서의 대기시간이 줄었다.

– 1,000명, 개월

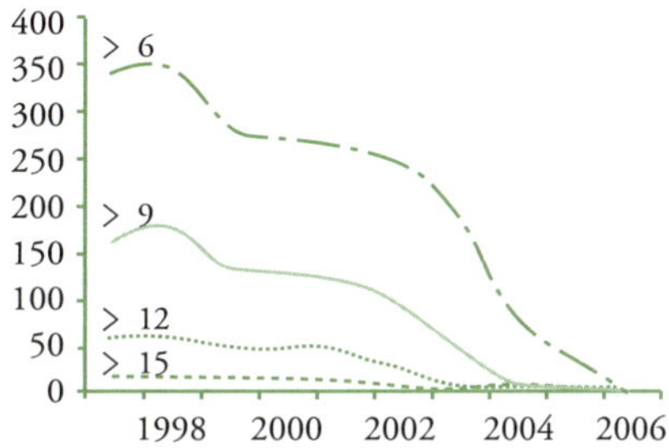

그림 4.1 : 건강관리의 질 면에서 지속적인 개선이 이루어지고 있다.

블레어는 건강보험 관련 지출을 유럽 평균 수준으로 끌어올리겠다고 말했다. 당시 재무장관이었던 브라운은 블레어가 사전에 자신과 상의하지 않고 이런 발표를 했다고 분통을 터뜨렸다. 이 약속을 이행하려면 건강보험에 매년 수십 억 파운드를 추가로 쏟아부어야 한다. 그 시점에서 노동당의 건강보험 관련 계획은 아직 완성단계가 아니었다. 그럼에도 불구하고 블레어의 발언으로 말미암아 일반시민들과 보험공단에 근무하는 사람들의 기대치는 실제로 그 계획이 진료나 근무조건과 관련하여 가져다 줄 수 있는 수준보다 더 높아졌다. 그런 한편으로 보험공단 노동자들이 봉급인상과 노동시간 단축을 위한 일종의 기습시위 같은 것을 성사시키기도 하였다.

봉급인상은 인력부족을 완화하는 데는 기여하였지만 많은 어려운 문제를 낳기도 하였다. 노동조건은 개선되었지만 그에 따른 노동관행의 변화는 없었다. 보험공단의 노동생산성은 높아지고 있지만 기껏해야 공단으로 들어가는 돈의 액수와 보조를 맞추는 정도에 불과하다. 이런 문제는 심각한 문제로서 반드시 풀어야 할 문제이다.

또한 이 문제는 2005-2006년의 비용절감 노력의 실패를 가져온 요인 가운데 하나이다.

상담원과 신참 의사를 확보하기 위한 새로운 계약이 시도된 바 있지만, 이 계약은 생산성 제고를 위한 인센티브를 포함하지 않은 것이다. 그래서 일부에서는 그것이 부작용만 낳게 될 것이라 주장하기도 한다. 일반의(一般醫) 계약의 경우 유일하게 생산성 제고가 기대되고 있다. 감사위원회(Audit Commission)는 많은 병원들이 자기네 병원의 등급을 올리기 위하여 법을 어긴다는 증거를 찾아냈다. 2006년에 121개 건강보험 위탁회사들이 예산을 초과하여 지출하였는데, 그 총액이 3억 7,200만 파운드이다. 보험공단 전체 예산에 비추어 볼 때 이 액수는 크지 않지만 언론의 집중포화를 촉발하기에는 충분한 액수였다.

이런 종류의 결함들은 개혁의 속도를 늦춘다거나 "일선 전문가들에게 권한을 돌려준다"고 해서 치유될 수 있는 것들이 아니다. 환자의 선택을 확대하면 생산성 제고에 도움이 되지만 의료진에게 더 효과적이고 선택적인 인센티브를 주는 것도 도움이 된다. 앞에서 이미 언급한 이유로, 상업적 서비스 공급자를 활용하는 것 그 자체가 공적 목적의 배신을 뜻하는 것은 아니다. 대부분의 일반의들은 사적 계약에 따라 일하고 있다. 환자가 처방전을 들고 약을 받으러 가는 약국들도 그 약의 제약회사와 마찬가지로 상업적 기업이다.

"갈림길에 서 있다"는 흔해빠진 문구가 쓸 만한 것이라면 2007년 현재 건강보험이 바로 그런 상황에 처해 있다고 말할 수 있다. 건강보험의 장래는 두 갈래로 생각할 수 있다. 하나는 개혁을 성공적으로 거부하고 현대화되지 않은, 독점과 생산자 이익이 지배하는, 그리고 GDP의 많은 부분을 소비하는 건강보험, 이런 것이다. 이렇게 되면 경제 전체에 큰 악영향을 줄 것이다. 왜냐하면 민간부문의 생산성은 계속 상승하는 반면에 건강보험 분야의 생산성은 제자리걸음할 가능성이 크기 때문이다.

다른 하나의 가능성은 다른 나라의 가장 우수한 사례 수준에 가까운 정도로 건강보험이 개혁되는 것이다. 우리는 의료 서비스의 전달방식을 철저히 개혁함으로써 모든 사람들이 효과적인 치료를 받을 수 있는 그런 전국적 의료보험제도를 원한다. 이런 제도는 탈산업사회의 필요에 잘 부응하는 의료 서비스로 나아가는 외길이다. 다원주의, 경쟁, 개선된 초기 진료로 특징지워지는 서비스, 환자들이 책임을 지고 또 거기에 참여하는 서비스, 환자들이 귀한 고객 대접을 받는 서비스, 우리는 이런 서비스로 나아가야 한다. 이런 것들은 결코 실현 불가능한 목표가 아니다. 다만 그 실현을 위한 정치적 용기가 필요하다. 의료보험제도를 국제적으로 비교하여 등급을 매겨보면 영국의 건강보험은 18-24위 정도이다. 이것은 좋지 않은 성적이다. 만일 보험공단 "제국"이 변혁을 성공적으로 막아낸다면 그 서비스 수준은 예산지원이 늘든 줄든 관계없이 저 아래 바닥 수준에 머물 것이다.

이 책에서 언급한 사회적 · 경제적 변화 대부분이 건강보험에 직접적인 영향을 준다. 그리고 의사결정 과정이 분권화된 다양하고 유연한 제도만이 그러한 변화에 대처할 수 있을 것이다.

그런 변화 중에 가장 중요한 것이 세계화이다. IT에 기반을 둔 하청이 가능해진 결과 수술을 포함한 의료 서비스가 원격지에서 제공될 수도 있다. 원격 의료 서비스가 가능한 분야는 가까운 장래에도 크게 확대될 수 있다. 둘째, 과학기술의 발달은 약품에 지대한 영향을 미칠 것이다. 유전학은 현재 건강한 사람이 장차 어떤 병에 걸릴지를 예측할 수 있게 해줄 것이며, 또 사전에 예방적 처치방법을 제공할지도 모른다. 자동화, 로봇공학, 영상처리 기술, 최소 절개수술 기술, 나노 기술 같은 것들도 영향을 줄 것이다.

셋째, 대중이 건강과 질병에 대한 정보를 더 많이 얻게 될 것이므로 일상의 민주화(9장 참조)라는 것이 환자와 의사관계에 급속한 변화를 가져다 줄 것이다. 인터넷과 기타 출처로부터 자유롭게 정보를 얻을 수 있다는 데 힘입어 환자가 자기 질병에 대하여 의사보다 더 많이 아는 상황이 이미 벌어지고 있다. 넷째, 생활방식의 변화(6장에서 더 상세히 다룸)는 이미 건강문제에 직접적인 영향을 주고 있다. 주요 만성병 가운데 일부는 생활방식과 관련되어 있다. 이 점은 건강문제뿐만 아니라 공중보건 문제에도 적지 않은 생각거리를 던져준다. 다섯째, 경제 분야를 위시한 사회의 다른 분야에서 일어난 변화, 즉 덩치가 크고 하향식 의사결정 구조를 가진 기구는 제 기능을 수행하지 못하게 된 그러한 변화가 건강보험 분야에도 그대로 적용된다. 미래는 유연성, 적응성 그리고 혁신능력에 달려 있다.

의료 전문 경제학자인 닉 보상케는 2006–2007년의 국민건강보험과 영국 경제를 비교분석한 바 있다. 개혁과정 자체를 위협할 정도의 침체 이후에 대규모 예산증액이 이루어졌다. 2008년 이후에는 다른 공공 서비스와 마찬가지로 의료 서비스에 대한 정부 지출도 감소할 것이다. 이렇게 되면 대중의 기대와 실제로 받을 수 있는 서비스 사이의 간격은 더욱 커질 것이다. 2006-2007년 기간 건강보험의 지출규모는 844억 파운드가 될 것이다. 이는 예산적자 축소 노력의 결과로서, 전년대비 3.5% 증가를 의미한다. 그 이전 3년간의 증가율은 2%였다.

2006년 말 현재 175개 건강보험 관련 기관들이 적자를 기록하였다. 이보다 작은 규모의 단체는 1,500만 파운드 이상의 "초적자"를 보았다. 이와 같은 적자분은 2007년도 비상기금에서 보충될 것이다. 그러나 최후수단으로 보조금이나 뜻밖의 지원금에 의존하는 제도는 돈 값어치를 못하는 제도이다. 최근의 연구결과에 의하면, 개혁이 속도를 더 내야 할 상황에서 오히려 속도를 줄였다. 정부의 목표는 2008년까지 모든 급성질환 및 정신질환 위탁병원들이 재단병원 승격 신청을 할 수 있게 만든다는 것이다. 그러나 불과 100-140개 병원만이 2009년까지 재단 병원으로 승격될 것으로 보인다.

지금까지 "민간의료센터"(ISTC, 보험공단과 계약을 맺고 국민건강보험제도 안에 편입된 민간병원역자 주)는 성공적이다. 환자 대기시간이 크게 줄었고 환자 보호의 질도 개선되었다. 지역 센터들에게 서비스 개선을 위한 인센티브도 주었다. 그러나 ISTC를 적절한 파트너로 보지 않는 현지 관리자들의 상당한 저항이 있었으며, 환자를 빼가기 위한 다툼도 있었다. 만일 ISTC 시장의 성장이 가로막힌다면 그 시장은 결국 열매를 맺지 못하고 말라죽을 것이다. 그러나 다른 나라의 예에서 보듯이 전반적인 기준을 끌어올려야 할 필요성은 여전히 남아 있다.

영국의 경우처럼 대부분의 국가가 국가 의료체계와 함께, 그러나 대체로 독자적인 민간 의료체계를 가지고 있다. 그러나 일부 국가는 이 양자 간의 직접적인 경쟁을 허용하는 방향으로 가고 있다. 사회보험제도를 가지고 있는 프랑스의 경우 환자는 민간병원과 국영병원 중에서 선택할 수 있다. 그런데 민간병원은 전체 의료 서비스의 40%를 맡고 있지만 그 비용은 전체 의료비의 22%에 불과하다. 이는 곧 민간병원이 국영병원보다 훨씬 효율적이라는 사실을 보여준다.

포터와 타이스버그는 의료문제에 관한 포괄적이고 비교론적인 연구를 통하여 다음과 같이 주장한다. 즉 목표가 아닌 결과를 가지고 벌이는 경쟁—이들이 이름 붙이기로 "가치기반 경쟁"—이 환자치료의 효율성을 높이는 주된 방법이라는 것이다.[16] 병원 경영자가 이러한 경쟁 없이 목표 달성에만 매달려 성과급제도를 도입한다면 그것은 그저 원가상승만 가져올 뿐이다. 그리고 포터와 타이스버그 두 사람은 모든 형태의 경쟁이 의료제도의 밑바탕을 이루는 가치를 훼손한다고 믿는 사람들에 대해서도 비판의 목소리를 낮추지 않는다. 즉 "자비로운 독점이 (미국의) 현 제도의 중복과 비효율성을 막아줄 것이라고 주장하는 사람들이 있다. 그러나 역사는 진짜로 자비롭고 효율적인 독점이 거의 없다는 사실을 말해준다."[17]

국영기관이 그렇게 할 수 있는 경우도 많지만 가치기반 경쟁은 선택을 보완해 준다. 인구가 적은 싱가포르의 경우 의료체계가 2개의 공급자군으로 나누어져 있다. 이 2개 공급자군은 각기 독자적으로 움직이며, 환자 유치를 위해 치열한 경쟁을 벌인다. 의료체계를 급격하게 탈중앙화한 스웨덴의 경우 모든 병원에 실적 데이터를 게시하게 되어 있다. 그리고 3차 진료기관인 대학병원들은 품질과 가격 면에서 서로 경쟁한다.

보상케와 그 동료들은 다원주의, 선택과 경쟁을 촉진하는 방향으로 개혁을 다시 활성화할 수 있는 다음의 몇 가지 방법을 제시하고 있다.[18] 해당 지역 환자를 우대하는 1차 진료 위탁병원의 중개역할을 강화해야 한다. 이때 서비스 공급자는 누구라도 상관없다. 현재 건강보험에 의해 제공되는 서비스가 명백히 불충분한 분야—예컨대 귓병 분야—에는 새로운 형태의 PPP를 도입해야 한다. 장기적으로 볼 때, 생산성 향상을 위해 규모가 작고 지원을 잘 받는 작업반 같은 것을 도입해야 한다.

사실 이제 건강보험은 과거에 비해 그 정치적 주인으로부터 더 멀어졌다. 과거 보건성의 손에 있었던 정책결정권이 지금은 일단의 독립기구들 손에 들어가 있다. 그런 기구들로는 품질검사를 담당하는 HCC(Health Care Commission), 배급에 관한 결정을 내리는 NICE(National Institute for Clinical Excellence), 인력충원을 담당하는 AC(Appointment Commission), 급여협상을 담당하는 NHSC(NHS Confederation) 등이 있다.

어떻게 브라운이 건강보험에 관한 머릿기사를 만들 수 있을까? 그는 대중과의 협의를 거쳐 독립선언서 같은 것을 작성할 생각을 할지도 모른다. 즉 건강보험은 업무관리 차원에서 정부와 독자적으로 운영될 것이다, 대중이 그 공정성에 대하여 신뢰할 수 있도록 하기 위하여 보건 관계 통계자료의 작성을 포함한 대부분의 규제권과 감사권을 독립기구로 이양할 것이다, 이런 내용을 발표할지도 모른다.

선택과 다양성, 이것이 불평등을 완화하는 것이 아니라 심화하는 데 기여할까? 아마 공공 서비스 분야에서 이보다 더 심한 논쟁거리는 없을 것이다. 그러나 이 문제에 관한 증거는 오히려 명백하다. 부유층 사람들은 공식적으로는 선택의 여지가 전혀 없는 상황에서도 선택권을 행사하는 방법을 찾아낼 것이다. 물질적이든 상징적이든 자본을 갖지 못한 바닥층 사람들은 그렇지 못하다. 진정한 선택과 목소리를 도입하기 위한 조치는 반드시 이런 사람들의 생존기회를 가로막는 장애물을 제거하는 데 보탬이 되는 것이어야 한다.

다음 장에서 나는 불평등 문제를 다룰 것이다. 그러나 먼저 사회민주주의자들이 시장을 어떻게 보아야 할 것인가 하는 문제부터 살펴볼 것이다.

▶ 2007년 1월 9일 뉴캐슬 대학교로부터 명예 박사학위를 받기 직전의 고든 브라운. 이 대학은 세계의 빈곤을 격퇴하는 데 앞장선 사람들에게 명예학위를 수여해 왔다.

우리는 더 평등한 세상을 만들 수 있다

Chapter 5

사회문제	신노동당	보수당
실업자	취업하게 만든다	그냥 둔다
빈자	더 많은 소득을 제공한다	그냥 둔다
범죄자	범죄의 원인을 찾는다	그냥 둔다
환자	NHS에 더 많은 돈을 준다	그냥 둔다
복지혜택으로 사는 사람들	생활개선을 위한 지원을 제공한다	그냥 둔다
납세자 부담	1,000억 파운드	0 파운드

농담을 재미있게 하기 위해 약간 과장하여 작성해 보았지만 독자들은 전체적인 감을 잡았을 것이다. 우측 열은 데이비드 캠런 이전의 보수당에만 해당하는 것이다. 그러나 보수당이 과연 얼마나 변화할 수 있을

까? 그리고 우측 열의 정책으로 가면 좌측 열의 정책에 비해 이 나라가 치러야 할 비용은 더 커질 것이다. 왜냐하면 그것이 더 파괴적인 사회경제적 결과를 초래할 것이기 때문이다.

사회민주주의자들은 왜 시장친화적이어야 하는가?

좌파는 항상 시장에 대하여 회의적이다. 이것은 좌파의 역사에서 형성된 하나의 감정이다. 좌파의 기원이 자본주의에 대한 비판과 결부되어 있기 때문이다. 혁명적 좌파는 자본주의 자체를 끝장내고자 하였으며, 그런 계획을 대대적으로 시도하였다. 제2차 세계대전이 끝난 지 얼마 안 가서 지구상 인구의 2/3 정도가 공산당이 지배하는 사회에서 살게 되었다. 실제로 시장 메커니즘이 얼마나 제거되었는지는 국가에 따라 다르다. 예를 들어 일부 공산국가는 상당한 수준의 사적 토지소유를 허용하였지만, 가장 큰 공산국가인 소련과 중국은 거의 전적으로 산업과 농업을 국유화하였다.

이것은 위대한 실험이지만 실패한 실험이다. 시장보다 국가가 더 나쁜 인민의 적인 것으로 드러났다. 더욱이 명령경제는 사람들이 국가의 명령을 우회하는 방법을 아는 경우에만 제대로 작동하였다. 소련과 중국에서는 "부탁"이 돈 자리를 대신하였는데, 그것은 돈을 쓸 곳이 거의 없었기 때문이다.[1] 그날그날의 일과를 수행하려면 공무원과의 접촉이 중요하였다. 비공식적으로 작동하는 가격 신호 덕분에 체제가 살아남을 정도의 유연성은 있었지만, 그런 방식으로 일을 처리하는 것은 매우 성가신 일이었다. 국제경제가 세계화되고 또 경제거래가 빨라지고 복잡해짐에 따라 전체 건물이 그만 붕괴되고 말았다.

그리고 서방에서는 경제적 세계화가 케인즈주의의 종말을 가져왔다. 이는 곧 "제1의 길"의 종말을 뜻하는 것으로서 사회민주주의에 큰 영향을 미쳤다. 케인즈 자신은 자유주의자였지만 그의 이론은 제2차 세계대전 이후 사회민주주의의 기초가 되었다. 케인즈의 경제이론은 혼합경제 안에서 국가가 수행하는 역할이 무엇인지를 분명하게 제시하는 것이기 때문이다. 케인즈가 말하는 국가의 역할이란 간단히 말하면 완전고용과 1930년대 대재난의 재발 방지를 위한 수요 관리이다. 수요 관리는 국가가 경제를 직접적으로 통제할 수 있는 경우에만 작동될 수 있다. 이 조건이 무너지면 수요 관리도 무너진다.

과거 우파 진영 일부에서도 좌파 못지않게 시장에 반대하였다. 급진우파는 시장을 사회의 기초가 되는 도덕적 전통을 갉아먹는 것으로 여겼다. 이데올로기 면에서 사회민주주의의 반대편인 기독교민주주의자들 역시 시장에 대하여 마땅치 않게 생각하였다. 이 사람들은 항상 인민에 대한 보호를 중시하는데, 인민에 대한 보호는 국가보다는 종교단체나 자발적 단체에 의해 제공된다고 여긴다. 이런 전통이 오늘날의 동정적 보수주의가 나올 수 있는 토양이 되었다.

우파가 시장을 사랑하게 된 것은 하나의 중요한 전환이다. 그리고 1980년대에 이르러 세계적으로 좌파가 퇴조를 보임에 따라 우파가 최종 승리를 거두는 것처럼 보였다. 명목상 공산국가로 남아 있는 국가들은 시장을 도입하거나 아니면 쿠바나 북한처럼 고립되고, 또 구시대에 동결된 상태에서 벗어나지 못하고 있다. 사회민주주의자들은 과거와 다른 접근방법을 찾기 시작하였다.

지금도 시장은 맑스가 열거한 결과물 중 일부를 만들어내고 있다. 즉 적절한 조절이 없으면 시장은 반복적인 호황과 불황을 낳고, 규제가 없으면 독점을 낳으며, 대대적인 개입이 없으면 받아들일 수 없을 정도로 심각한 빈부격차를 낳는다. 그리고 시장 메커니즘이 작동하지 않는 분야도 있다. (9장에서 소개할 스턴 보고서는 기후변화를 사상 최대의 시장실패 사례라고 한다.)

그러나 오늘날의 사회민주주의는 시장친화적이어야 한다. 시장은 착한 종인 동시에 나쁜 주인이라는 말은 좀 따분한 말이지만 옳은 말이다. 좌파는 이 점에서 국가 역시 시장과 같다는 사실을 잊지 말아야 할 것이다.

왜 시장친화적이어야 하는가? 첫째, 시장 혹은 자본주의적 기업은 경제적 효율성의 열쇠이며, 또 그렇기 때문에 번영의 열쇠이기도 한 것이다. 시장은 하루에도 몇 백만 번씩 가격정보를 생산자와 소비자에게 보낸다. 이 모든 것들을 중앙에서 계획할 수 있고 또 그렇게 함으로써 사람들의 필요에 더 잘 부응할 수 있다는 생각, 즉 공산주의자들의 생각은 잔인한 거짓말로 판명되었다. 심지어 민주사회의 국유화된 산업도 비효율적인 경향을 보인다.

둘째, 시장은 본래부터 자유로운 소비와 연결된 것이다. 경쟁적인 시장에서 무엇을 생산할 것인가 하는 결정은 생산자가 하는 것이 아니라 소비자가 한다. 다른 사람들이 자기 제품을 사주지 않는다면 어떠한 자본가라도 성공할 수 없다. 생산자들이 광고를 통하여 소비자의 입맛을 형성하려고 애쓰지만 소비자가 그 제품을 살지 말지는 별개의 문제이다.

셋째, 시장의 기업들은 법을 만들지 않고 군대를 보유하지도 않는다. 물론 대기업이 자기네에게 유리하도록 정부의 정책결정에 영향을 주는 것은 가능하지만, 대기업이 국가처럼 전쟁을 시작한다는 것은 불가능하다.

넷째, 원칙적으로 시장에서의 경쟁은 가격을 끌어내리는 동시에 새로운 아이디어에 대한 실험의 기회를 제공한다. 시장은 수천만 번의 "실험"을 할 수 있는 "진화환경"을 제공한다. 소비자들에 의해 거부당하는 사람은 망한다. 그러나 새로 도전할 기회는 늘 있다.

다섯째, 시장이 만들어내는 결과는 자본주의 자체를 움직이는 동기와 사뭇 다르다. 좌파는 아담 스미스의 보이지 않는 손에 대한 불신을 오랫동안 거두지 않고 있는데, 보이지 않는 손이 작동하는 경우가 분명히 많이 있다. 달리 말하면, 기업은 살아남기 위하여 이윤을 추구해야만 하지만, 그와 같은 겉보기에 반사회적인 이윤동기의 결과는 대중의 이익에 기여하는 것이 될 수 있다. 심지어 이타적 동기에 따라 활동하는 공적 기업들보다 더 크게 기여할 수도 있다. 그렇기 때문에 앞의 장에서 다룬 것을 반복하는 것이지만, 이윤을 목표로 하는 사기업에게 공공재 공급을 맡겨서는 안 된다는 식의 간단한 말 한마디로 자본주의(혹은 민영화)를 비판하는 것은 옳지 못하다.

지금까지는 시장 일반에 대해서 살펴보았는데, 이제는 시장의 종류에 대하여 살펴볼 차례이다. 시장의 종류는 생산시장, 자본시장 그리고 노동시장으로 3분할 수 있다. 이 3개 시장은 다소 다른 원칙을 준수한다. 먼저 이 책 여기저기서 많이 언급한 노동시장부터 시작하자. 경제학자의 눈으로 보면 노동은 그저 생산의 한 "요소"일 뿐이다. 그러나 노동은 사람들의 삶, 희망, 열망과 연결되어 있는 것이다. 노동시장에도 경쟁이 있다. 일자리를 놓고 다투는 노동자들 간의 경쟁, 최상의 노동자를 고용하려는 업체 간의 경쟁이 그것이다. 노동시장에 대한 규제가 완전히 철폐되어야 한다고 믿는 사람은 열렬한 대처리즘 추종자밖에 없을 것이다. 사회민주주의자들의 입장에서 볼 때 노동자의 권리를 더 중시해야 하는 분야가 많다. 그러나 근본적인 문제는 사회적 보호와 일자리 창출 이 양자 간의 적절한 균형을 찾는 것이다.

유연안전성(flexicurity) 더하기 품위유지가 가능한 최저임금, 이것이 최선의 방법이다. 이것은 노동자들에게 이익이 된다. 왜냐하면 소극적으로 실업수당을 받는 것보다 일자리가 늘어나는 것이 더 좋은 것이기 때문이다. 그러나 아래에서 다시 다룰 것이지만 유연안전성만으로는 충분치 않다. 우리는 일자리를 잃는 충격, 특히 나이든 노동자들의 그런 충격을 최소화하기 위하여 모든 가능한 방법을 찾아야 한다. 그러나 일자리를 옮기는 것이 항상 나쁜 것은 아니다. 오늘날 젊은 세대 중에서 평생 한 직장을 갖는다는 생각을 가진 사람은 극히 일부이다. 여기서 정책의 초점은 직장이동이 그 당사자에게 가능한 한 불리하지 않도록 만드는 데 맞춰져야 한다.

지금 든 이 예만 보아도 시장과 규제 사이의 관계가 얼마나 복잡한 관계인지 짐작할 수 있을 것이다. 시장친화적이라는 말을 그저 "시장을 좋아하는 것"과 같은 뜻으로 이해하면 안 된다. 유연안전성은 일자리 창출에 방해가 되지 않는다는 의미에서 시장친화적이다. 이는 또한 노동자 재훈련이라는 차원에서 기업에 유리한 것이기도 하다. 이와 동시에 유연안전성은 자본주의의 부작용을 완화하고 자본주의의를 인간화하는 데 목표를 둔 것이다.

기업의 책임은 현실적인 것이 되어야 한다

생산시장과 자본시장의 경우 시장과 규제의 관계는 더욱 복잡해진다. 생산시장과 자본시장이 더 잘 작동하는 환경을 만드는 것이 중도좌파에게 이익이 되는 경우가 많다. 반독점법을 시행하는 것이 그런 경우의 한 예이다. 시장이라는 조건 하에서라면 경쟁은 언제나 소비자에게 이익이 된다.

오늘날 중도좌파는 경제개입의 방법으로서 공급 측면의 조치에 의존하는 경향을 보인다. 앞에서 논의한 바 있지만, 교육에 주된 강조점을 두는 것은—비록 경제적 목적 외에 다른 많은 목적이 개입되어 있는 것이기는 하지만—분명히 옳다. 그러나 나는 이것만으로는 이제 더 이상 충분치 않다고 생각한다. 나는 지금 전통적인 경제개입으로 돌아가자거나 아니면 전국 1등 기업을 지키자고 제안하는 것이 아니다. 확신을 주는 국가와 나란히 가는 책임성 있는 자본주의, 시민의 필요에 부응하는 자본주의 모델을 만들자고 제안하는 것이다. 흔히 그렇듯이 이런 발상은 한편으로 자본주의를 키우면서 다른 한편으로 자본주의의 부정적 영향을 줄인다는 것을 뜻한다.

기업은 부(富)의 생산자이지만 기업 혼자의 힘으로 부를 생산할 수 있는 것은 결코 아니다. 기업은 국가나 시민사회가 생산하는 모든 종류의 사회적 재화, 예컨대 교육을 받고 적응성을 갖춘 노동력, 기업 관련 법규, 범죄로부터의 보호 등과 같은 사회적 재화에 의존하고 있다. 1980년대와 90년대에, 부분적으로는 공산주의 몰락에 따른 자본주의 승리감에 힘입어 기업 영웅에 대한 숭배풍조가 생겼다. 대기업의 CEO는 미래를 꿰뚫어 보는 통찰력을 가진 사람으로 여겨졌다. 이 사람들은 과거 미지의 땅을 탐험한 허풍쟁이 모험가들처럼 행동하였으며, 마치 자신들은 전체 사회에 대하여 아무 것도 빚진 것이 없는 듯이 행동하였다. 실업계 인사들과 좋은 사이를 유지하는 것(좌파는 1990년대 중반에야 겨우 이런 일을 배우기 시작하였다)은 곧 실업계 지도자들이 제 마음대로 그린 자화상을 그대로 인정하는 것으로 비춰졌다. 그것이 얼마나 과장된 자화상인지는 관계없이. 신노동당 역시 이런 경향에 물들지 않았다는 면죄부를 가지고 있는 것은 결코 아니다.

이 모든 상황이 지금은 달라졌다. 2-3년 전에 이코노미스트지가 "실업계 영웅의 죽음"이란 제목으로 1면 머릿기사를 실은 적이 있는데, 이 표현은 참 적절한 것이었다. 한때 영웅이었던 사람들이 엄청난 계산착오를 하여 영광의 자리에서 단번에 추락하였다. 특히 닷컴 거품이 빠지는 시기에 그런 사례가 많았다. 이 시점에 이르러 대기업은 기업활동의 자유 자체를 위협할 정도로 스스로 자기 활동에 장애물이 되었다. 설문조사 결과를 보면 장기간에 걸쳐 대중의 태도에 큰 변화가 있었음을 알 수 있다. 1960년대에는 인구의 60%가 "대기업의 이윤이 그 서비스를 이용하는 모든 사람들에게 좋은 것이다"라는 문항에 동의를 표하였다. 2003년에 이르러 이 비율은 27%로 떨어졌다.[2] 오히려 응답자의 61%가 "대기업은 기업활동이 환경에 미치는 장기적 영향과 사회적 충격에 대하여 무관심하다"는 문항에 동의하였다.

기업에 대한 사회적 · 문화적 평가는 변하고 있다. 정부는 이 변화를 올바른 방향으로 이끌어야 한다. 사회적 의무와 환경 관련 의무를 게을리하는 기업은 소비자와 비정부기구(NGO)의 위협을 더 크게 받을 것이다. 이 의무는 소비자 자신들에게도 적용되는 것이기 때문에, 즉 소비자들의 생활방식 변화를 요구하는 것이기 때문에 기업의 역할은 더욱 중요해진다. 앞으로 몇 년간, 그리고 그 이후까지 기후변화 문제가 정치적 의제를 지배할 것 같다. 기업은 이산화탄소 배출량을 줄이고 지구온난화에 대처하기 위한 신기술의 개발에 핵심적인 역할을 하게 될 것이다. 이러한 변화가 예컨대 보험업계에 미칠 영향은 엄청나다. 보험회사들은 이에 대처하기 위하여 정부와 긴밀하게 협력해야 할 것이다.

물론 기업들은 자기네 활동에 녹색 칠을 하기 위하여 이런저런 조치들을 취할 것이며, 벌써 그렇게 하기도 한다. 그러나 도전에 강력하게 응전할 새로운 세대의 실업계 지도자들이 필요하다. 지금 이런 사람들이 나타나고 있다. 2007년 1월 영국 최대의 소매업체인 테스코(Tesco) 사의 CEO 테리 리는 기후변화의 사회적 · 경제적 결과가 "엄중하고 가혹하다"는 사실을 인정한다고 말했다.[3] 그는 수퍼마켓 체인의 운영방식에 큰 변화를 줄 것이라고 선언하였다. 테스코 사는 연간 200만 톤의 이산화탄소를 만들어낸다. 이 회사는 자사의 모든 판매제품에 이산화탄소 관련 정보를 기록한 딱지를 붙이겠다고 약속했다. 그렇게 함으로써 고객들은 7만 종에 달하는 이 회사 판매제품에 얼마의 이산화탄소 비용이 포함되는지를 알 수 있게 된다. 이 회사는 앞으로 5년 내에 자사 제품의 물류과정에서 발생하는 이산화탄소의 양을 절반으로 줄이겠다고 약속했다. 항공편으로 영국으로 들어오는 모든 식제품(食製品)에 이같은 딱지가 붙을 것이다.

여기저기서 다른 수퍼마켓 체인도 비슷한 일을 하고 있다. 영국 아스다(Asda) 사의 모회사인 미국의 월마트(Walmart)도 여기에 앞장서고 있다. 2005년에 이 회사는 전적으로 재활용 에너지만 사용하겠다, 쓰레기 배출을 제로로 하겠다, 그리고 이산화탄소 배출을 대폭 줄이겠다고 약속했다. 아스다도 이런 방침에 따르고 있고, 세인스베리(Sainsbury) 사, 마크스 엔 스펜서(Marks and Spencer) 사 등도 이와 유사한 조치를 발표하였으며, 일부 기업은 이보다 더 과감한 조치를 취하기도 하였다. 그렇다면 왜 이런 일이 일어나는지를 인식하는 것이 중요하다. 부분적으로는 기업 지도자들의 각성 덕분이라 할 수 있다. 그러나 환경문제에 대한 대중의 의식 수준이 높아지고 있고 또 기호도 그 방향으로 바뀌고 있기 때문에 기업의 입장에서도 그렇게 하는 것이 더 유리하다고 판단했을 것이다. 정부의 개입과 NGO의 압력도 여기에 힘을 보탰을 것이다. 정부는 2006년에 4

대 수퍼마켓 회사에게 현재보다 더 적극적인 조치를 취해달라고 요청하였다. 2006년에 도입된 마크스 엔 스펜서 사의 "환경약속" 계획은 그린피스(Green Peace)와 세계야생동물기금(World Wildlife Fund)의 인증을 받았다.

식품산업에도 이와 유사한 압력(그리고 기회)이 들어갔다. 지금은 법에 의해 의무화되었지만, 제품 딱지에 염분과 열량을 표시하라는 압력은 식품산업이 겪어야 할 많은 변화 중 하나에 불과한 것이다. 흡연율은 담배광고 규제(몇몇 국가에서는 아예 금지되었다)와 건강 경고문 부착 의무화에 힘입어 많이 떨어졌다. 식료품은 건강에 큰 영향을 주는 것이므로 사람들의 다이어트 풍조가 바뀌지 않는 한 다음 차례는 식료품 분야가 될 것이다.

현대 자본주의의 첨병이라 할 수 있는 자본시장은 어떠한가? 좌파 사람들이 "사회적 통제를 벗어난 자본"에 대해서 말할 때 그 자본의 진짜 의미는 바로 자본시장이다. 지금 우리는 가장 세계화된 자본주의를 보고 있다. 막대한 규모의 전자화폐가 전 세계를 휩쓸고 있으며, 지구 어느 편에 있어도 즉시 거래가 가능하다. 영국 재계의 일급 자본거래 담당자는 몇 백만 파운드의 연봉을 받는다. 또 이와 연관된 일자리가 많이 생기고 있는데, 정부는 이런 일들에 대하여 그냥 내버려 두고 구경만 해야 하는가? 나는 그렇게 생각하지 않는다. 아래에서 다시 다룰 것이지만 무엇보다도 기업 지도자들은 부와 시민의 의무가 함께 온다는 사실을 받아들여야 한다.

또한 정부는 소비자와 NGO의 힘까지 빌려서 오늘날 첨단기법을 자랑하는 난폭한 자본에 대해서도 철저히 감시해야 한다. 예를 들어 미국의 엔론(Enron) 사는 실제 제품은 전혀 생산하지 않는 금융 회사인데, 이 회사가 관여하는 사업은 2001년 캘리포니아 정전(停電) 사태처럼 시민들의 일상생활에 여러 모로 영향을 주는 것들이다. 이 일을 계기로 미국에서는 규제가 더 강화되었는데, 영국에서도 그렇게 해야 할 날이 멀지 않았다.

정부는 금융규제 전담부서(Financial Services Authority)를 신설할 때 파생상품 펀드와 헤지 펀드(hedge fund)의 역할에 대한 면밀한 감시가 필요하다는 점을 고려했어야 했다. 미국의 투자가 워런 버핏은 파생상품 펀드를 "금융 대량살상무기"라 묘사한 바 있는데, 이 말은 지금 유명한 말이 되었다. 전 세계가 알고 있듯이 이라크에서 대량살상무기(WMD)는 발견되지 않았으며, 금융 대량살상무기 역시 발견되지 않았다. 그러나 미국과 영국의 연금관리 기금들이 이미 헤지 펀드에 투자하기 시작했는데, 헤지 펀드에서 무슨 사고가 터질지 아무도 모르기 때문에 이런 일은 매우 걱정스러운 일이다. 이미 미국의 헤지 펀드들은 몇 차례 작은 규모의 내부 사고를 겪었다.

1998년 LTCM(Long Term Capital Management, 미국에 기반을 둔 세계적인 헤지 펀드 회사[역자 주])의 붕괴는 어느 면에서 학습경험이라 할 수도 있지만 그후에 올 사태에 대한 일종의 경고였다. 예를 들어 최근 미국의 헤지 펀드인 애머런드 어드바이저(Amaranth Advisers) 사는 단 한 사람 딜러의 실수로 며칠 만에 60억 달러를 잃었다. 헤지 펀드들은 전통적인 투자회사들에 비해 국내적 · 국제적 규제를 훨씬 덜 받고 있으며, 보유자본의 전체 규모가 계속 늘어나고 있다. LTCM이 무너지자 약 3,000억 달러가 미국에 기반을 둔 다른 헤지 펀드로 몰려갔다. 2006년 현재 그 총액은 1조 파운드로 늘어났다. 런던은 뉴욕에 이어 두 번째로 큰 헤지 펀드 중심지가 되었다. 헤지 펀드들의 자본 총액은 전체 투자자본 총액의 일부에 지나지 않지만 런던 자본시장의 경우 지난 8년 동안 헤지 자본의 규모가 5배로 늘어났다.[4]

헤지 펀드에 감시의 눈초리를 보낸다는 것은 금융자본에 대한 좌파의 전통적 적대 태도를 채택한다는 것을 뜻하는 것이 아니다. 헤지 펀드에 대해서도 우리는 열린 마음을 가져야 한다. 헤지 펀드가 자본시장의 구조적 위험요인이 아니라 그 반대의 효과를 갖는 것이라는 주장도 가능하다. 즉 헤지 펀드는 투자자들을 위한 포트폴리오를 다양하게 해주며, 이렇게 함으로써 그렇지 않았으면 존재할 수 없었던 투자재원을 만들어낸다. 또한 헤지 펀드는 시장의 구조적 위험을 줄여주는 소방수 역할을 할 수도 있다.[5] LTCM 붕괴 이후 자본시장에는 분명히 학습과정 같은 것이 있었다. 1995년 당시 LTCM의 차입자금 대 자기자본의 비율은 무려 28 : 1이었지만, 2006년 현재 영국 헤지 펀드들의 평균 비율은 2.4 : 1 정도이다.

세금 : 더 많이 내야 할까?

공공 서비스 분야에 계속 투자해야 한다는 사실을 감안하여 노동당은 세금, 특히 가장 큰 세원(稅源)인 소득세의 인상을 검토해야 할까? 아마 좌파 사람들은 "예스"라고 대답할 것이다. 시민들은 자신들이 내는 돈이 더 투명하게 사용된다면 더 많은 세금도 내고자 할 것이다. 또한 시민들은 원래의 목적에 맞게 엄격히 유지되기만 한다면 목적세도 지지할 것이다.[6] 나는 환경세를 포함한 특정 분야 목적세에 분명히 찬성한다. 기후변화를 통제하는 일이 매우 중요하기 때문에 앞으로 몇 년간은 녹색세를 더욱 강조해야 할 것이다. 예를 들어 현재 논의중인 도로세는 런던 시에서 그랬듯이 곧바로 대중교통 개선 비용으로 사용되어야 할 것이다.

그러나 세금 일반에 대해서 얘기할 때는 세율에 초점을 맞출 것이 아니라 세금 징수액과 그것이 효과적으로 사용되는지 여부에 초점을 맞추어야 한다. 세금 징수액은 유관 기구들의 회계 관행이나 기타 요소에 따라 크게 달라진다. 세금은 사람들의 행동에 영향을 준다. 환경세의 경우도 그렇지만 우리는 아주 많은 경우에 세금이 사람들의 행동에 영향을 주기를 기대한다. 세금 징수액이 GDP에서 차지하는 비율이 높아지고 있는데, 이는 세율인상(국민보험료 인상과 같은)이 아니라 전반적인 경제성장과 일자리 창출에서의 성공 덕분이다.

이미 시행하고 있는 빈곤층 세액공제제도는 일자리를 가진 빈민의 소득을 높이고 일자리를 갖지 않은 빈민의 취업을 도움으로써 경제성장과 사회정의 두 가지 모두에 보탬이 되고 있는데, 앞으로 우리는 바로 이와 같은 정책을 많이 찾아내야 한다. 지금 이 나라가 직면하고 있는 매우 큰 어려움 가운데 하나로서, 학교 성적이 바닥 30%에 드는 어린이들은 읽기와 기타 실무 기술 면에서 심각한 문제를 보이고 있다. 이런 상황을 예로 생각해 보자. 이 상황을 개선하기 위해서는 인간자본을 위한 예산을 늘려야 하며, 사회적 분열을 완화해야 하며, 생존기회를 높여야 하며, 또 일자리 창출을 지원해야 한다. 이 모든 조치는 공공 서비스 지출을 늘리는 데 기여할 것이며, 이와 동시에 훨씬 더 중대한 사회적 효과를 낳을 것이다.

공공 서비스를 개선하는 일, 특히 교육과 의료 분야를 개선하는 일은 그 자체가 엄청난 경제적 승수(乘數)효과를 발휘할 수 있다. 경제실적을 감안한 적절한 재정조치가 공공 서비스를 위한 재원 마련에 큰 도움이 되듯이, 거꾸로 공공 서비스를 잘 활용하면 그것이 경제실적 향상에도 큰 도움이 된다. 공공 서비스가 얼마나 효율적으로 운영되느냐, 그리고 얼마나 목표 달성에 접근하느냐 이것이 전반적 복지는 말할 것도 없고 경제성장에도 크나큰 영향을 미친다.

많은 사람들이 최저임금 이상의 봉급을 받는 일자리를 갖는다는 것은 복지에 있어서 결정적으로 중요한 요소이다. 다른 요인들이 동일하다고 가정할 때, 노동인력의 80%가 일자리를 갖는다는 것은 그로 인한 세수 증대와 복지지출 감소를 계상하면 연간 200조 파운드의 공공 서비스 예산절감 효과를 낳는다. 장애인 취업을 늘리면 당사자에게 좋은 일이라는 것은 물론이고 그만큼 복지지출도 줄어든다. 60세 이상 노동자를 계속 일하게 하거나 재취업하도록 만들기 위한 정책도 이와 똑같은 효과를 거둘 것이다. 예를 들어 핀란드의 경우, 이런 식의 정책혁신에 힘입어 노인 중 일자리를 가진 사람의 비율이 64%로 높아졌다. 영국의 경우는 현재 33%에 불과하다.

여성에 대한 정책은 공공 서비스의 경제적 활력뿐만 아니라 그 효과에도 매우 큰 영향을 줄 것이다. 현재 많은 여성 노동자들이 파트타임 노동에 종사하고 있는데, 그것은 본인들이 원해서 그렇기도 하지만 기회가 없어서 그런 경우도 많다. 말단직에서 관리직으로 이동하는 것을 가능케 해주는 제도가 있다면 그것은 매우 중요한 역할을 할 수 있을 것이다. 현재 그런 제도는 국가가 아니라 기업이 자체적으로 개발한 것이 대부분이다. 일정한 급여를 받지 못하는 일자리를 가진 여성들은 나중에 충분한 연금혜택을 받지 못하고 또 연금에 대한 의존도가 커지는 경향이 있다. 이것은 어느 누구에게도 좋지 못한 상황이다.

자, 그럼 이 모든 것들을 감안하여 고든 브라운이 이끄는 노동당은 세금인상을 고려해야 할까? 현재 예상 밖의 상황이 벌어지고 있는 것은 아니므로, 그것이 세수(稅收) 증대를 위한 세율인상이라면 나의 대답은 "아니다"이다. 이때 "아니다"라는 말은 크게 말해야 된다. 왜냐하면 보수당이 브라운에게 사람들의 주머니 돈을 빨아들이는 데 급급하고 있다는 공격을 가해올 것이기 때문이다.

현재 가장 큰 변화로 떠오르고 있는 녹색세 인상은 자유민주당 측이 제안한 바와 같이 가능한 한 전체 세수 증감을 초래하지 않는 것이어야 한다. 환경세를 올릴 때는 반드시 다른 세금을 그만큼 내려야 한다. 특히 빈곤층을 지원하고 빈곤층 취업을 위한 인센티브를 가지고 있는 기업들에 대한 세금을 내려야 한다. 환경세 문제가 중요한 문제로 떠오름에 따라 다른 어려운 문제가 발생하고 있다. 이런 문제를 해결하기 위해서는 전반적인 세제를 조심스럽게 조정하는 작업과 단호한 결의가 필요하다. 예를 들어 현재 지속 가능한 에너지원 개발을 위한 투자는 낮은 수준에 머물러 있다. 그런데 시민들의 환경의식을 더욱 일깨워 주기 위한 세금 유인이나 제재정책이 시행된다면 일단 세수의 순증을 기대할 수 있다. 그러나 반면에 이런 세수는 사람들이 행동을 바꿀 것이기 때문에 시간이 지나면 줄어들 수밖에 없는 것이다. 배터리나 핵에너지에 의존하는 공해 없는 전기자동차 같은 새로운 기술혁신이 일어난다면 환경문제에도 근본적인 변화가 생길 것이고 또 세수 창출에도 큰 변화가 생길 것이다.

2006년 11월 재정연구소(Institute of Fiscal Studies)가 발간한 보고서에 의하면, 정부가 녹색세로 거둔 돈이 국민소득에서 차지하는 비율과 그 절대 금액은 실질 가치로 1997년 노동당 집권 당시에 비해 더 줄어들었다.[7] 1997년의 녹색세의 세수는 국민소득의 3.4%였으나 2005년의 경우 2.9%로 떨어졌다. 이런 현상은 이 기간에 이산화탄소 배출량이 오히려 늘었기 때문에 녹색세가 사람들의 행동을 변화시키는 효과를 발휘해서 나타난 현상이 아니다. 이런 현상은 주유소 봉쇄에 나선 집단들의 압력에 굴복하여 연차적 연료세 인상계획을 1999년에 철폐하였기 때문에 나타난 현상으로 설명할 수 있다. 이 시점 이후 연료에 부과되는 리터당 세금이 17% 인하되었다. 2001년에 항공여객세를 50% 인하한 것도 여기에 추가로 작용하였다(항공여객세는 곧바로 인상되었지만). 그런 한편으로, 기후변화세가 도입되었고, 쓰레기매립세 대폭 인상과 다른 종류의 여러 녹색세 조정작업도 있었다.

사회경제 정책의 여러 조각들을 조화롭게 잘 꿰어 맞추느냐 못 맞추느냐에 따라서 앞으로 공공 지출의 형태가 크게 달라질 것이다. 나는 국민소득 대비 조세비율이 어느 정도 수준이어야 하는가 하는 문제를 따지는 것이 너무 지나치게 규범론적인 것이라고 생각하지는 않는다. 급속하게 변화하는 세계, 그 변화의 결과를 예측할 수 없는 세계에 살고 있는 우리로서는 세금제도의 유연성을 키우는 것이 가장 중요한 일이 될 것이다.

새로운 평등주의를 향하여

아직도 영국 사회는 보건 관련 통계들에서 잘 나타나듯이 너무나 심한 불평등, 극빈층의 기회를 가로막는 너무나 많은 장애물, 손상을 입거나 일찍 죽어가는 너무나 많은 목숨이 존재하는 사회이다. 어떤 사람들은 "재분배가 충분치 못하다!"고 부르짖는다. 일이 그렇게 단순하다면 얼마나 좋을까? 재분배는 당연히 있어야 한다. 그러나 그것 말고 훨씬 더 많은 것들도 있어야 한다.

탈산업사회에서 사회정의를 추구하기 위한 방법으로는 다음과 같은 것들을 꼽을 수 있다 : 빈곤, 특히 아동 빈곤과의 싸움 ; 공정하고 평등한 교육기회 ; 일할 수 있는 사람들을 위한 일자리 ; 고객이 권한을 갖는 복지제도 ; 이러한 것들이 방해받지 않도록 하기 위한 소득 및 부의 재분배.[8]

1997년 이래 영국의 평균소득은 실질적으로 늘어나고 있다. 즉 2005년 말에 이르기까지 연평균 2.4%로 증가하였다. 런던의 증가율이 가장 높았다. 그러나 집값의 차이를 감안하면 구매력 면에서 런던과 여타 지역 간의 차이는 크지 않다. 실제로 연금생활자와 결손가정에 대한 재분배가 상당히 이루어졌다. 그리고 현재 빈곤상태에 있는 노인의 비율이 전체 인구 중 빈곤층이 차지하는 비율보다 낮다.

1997년 시점에서 빈곤층의 수는 주택비용을 감안할 경우 1,380만 명, 주택비용을 감안하지 않을 경우 1,020만 명이었다.[9] 이 수치는 현재 1,140만, 920만으로 각각 떨어졌다. 비율로 보면 1997년 당시 빈곤선(소득 중앙값의 60%) 이하 소득자가 1/4 가까이 되었으나 지금은 1/5 정도 된다.

정부는 2005년까지 아동 빈곤을 1/4 정도 줄이겠다고 선언하였지만 목표 달성에 실패했다. 비록 70만 명의 어린이를 빈곤에서 건져내 빈곤 아동 전체 숫자 면에서 1980년대 이래 최저 수준을 기록하였지만, 이 수치는 주택비용 반영 전 수치로 보면 목표치에 10만 명 미달 수치이고, 주택비용 반영 후 수치로 보면 40만 명 미달 수치이다. 아동 빈곤 감소의 주된 요인은 더 많은 사람들의 취업에 도움이 된 세액공제 정책이다.

새로운 평등주의를 실현하기 위해서는 기존의 정책을 크게 바꾸어야 할 것이다. 아동 빈곤문제는 다른 많은 문제들의 뿌리라 할 수 있고, 그렇기 때문에 우리는 아동 빈곤을 줄이는 데 새로운 활력을 불어넣는 것을 빈곤문제 전체의 선도 분야로 삼아야 할 것이다. 달리 말하면 아동 빈곤 퇴치정책은 빈곤과의 전쟁을 위한 "삼각편대의 첨병"이라 할 수 있다. 정부는 2010–2011년까지 빈곤 아동의 수를 1998–1999년 수치의 절반으로 줄이겠다는 목표를 세운 바 있는데, 만일 기존의 정책들을 그대로 유지한다면 목표 연도인 2010–2011년에 가도 빈곤 아동의 수는 현재 수준과 큰 차이가 없을 것이다.[10] 영국의 다른 형태의 빈곤과 마찬가지로 아동 빈곤도 상대적인 척도이다. 빈곤 가정에게 돌아가는 세액공제를 통한 수입과 기타 복지수당 같은 것들은 소득 수준이 늘어나면 그만큼 차감될 것이다.

2010-2011년 목표치 달성을 위해 우리는 몇 가지 정책 패키지를 생각해 볼 수 있다. 아동세액공제와 아동수당 둘 다 혹은 둘 중 하나를 크게 늘릴 수 있을 것이다. 이렇게 하면 식구가 많은 가족과 맞벌이 가족에게 추가적인 혜택이 갈 것이다. 도널드 허쉬는 셋 이상의 자녀를 가진 가족에 대한 아동수당을 올리는 한편으로, 현행 아동세액공제에서 아동 부분을 더욱 강조하는 방향으로 정책을 바꾸는 것이 최선의 방안이 될 것이라 주장한다.[11] 이렇게 하면, 다른 조건들이 동일하다면, 적어도 주택비용 반영 전 소득 면에서만은 2010-2011년 목표치를 달성할 수 있을 것이다.

최근 이 문제에 대한 가장 철저한 토론이 "2006년 하커 보고서"로 출간되었는데, 이 보고서에 대해서 정부는 대체로 환영한다는 뜻을 밝혔다.[12] 이 보고서는 아주 많은 세부 조목들을 열거하고 있다. 정부의 입장이 그렇다면 다른 기관이나 아동 빈곤 관련 기구에 영향을 주는 프로그램도 역시 그런 방향의 신호를 보내야 한다. "일자리센터 플러스"(Jobcentre Plus) 같은 기관은 실업자나 경제적으로 적극적이지 않은 사람들을 일자리로 돌려보내는 임무를 가진 기관이므로 당연히 중요한 역할을 맡아야 한다. 나홀로 부모를 위한 정책도 있지만 "복지에서 노동으로" 계획에 참여하고 있는 부모들은 여기에 해당하지 않는다. 우리는 구직자들을 생각할 때 그 가족과 따로 생각할 것이 아니라 가족과 함께 생각해야 한다. 그래야만

이 그 가족의 필요에 따른 유연한 맞춤형 지원책을 마련할 수 있게 된다. 더욱이 많은 빈곤 아동들이 "복지에서 노동으로" 계획에 참여하지 않은 부모들(아마도 저임금 직장에 다니고 있기 때문)과 함께 살고 있다. 저임금 노동자의 배우자를 취업시킨다면 아동 빈곤 감축에 결정적 도움이 될 것이다.

아동 빈곤 퇴치를 위해 이미 설정된 목표를 달성하는 데 정확히 얼마의 비용이 들지는 측정하기 어렵다. 경제상태라든가 다른 분야에서 시행되고 있는 정책들이 어떠한가에 따라 달라질 것이기 때문이다. 허쉬는 이 비용을 43억 파운드로 추정하였는데, 이 수치는 총비용이지 순비용이 아니다. 순비용은 다른 분야(예컨대 조기교육, 보육 개선 등등)의 정책이 아동 빈곤문제에 도움을 주는 방향으로 수정된다면 이보다 훨씬 더 낮아질 수 있다.

정부는 2020년까지 아동 빈곤을 완전히 퇴치하겠다는 목표를 세웠지만 그 구체적 내용은 제시하지 않고 있다. 유럽에서는 덴마크, 노르웨이, 핀란드 3개국이 아동 빈곤율 5%를 달성하였다. 이 수치는 사실상 한 사회가 도달할 수 있는 상한선이라 할 수 있으므로 완전 퇴치를 의미하는 것으로 해석할 수 있다. 그러나 영국의 경우 2020년까지 10% 이하로 떨어뜨리기만 해도 매우 훌륭한 성과라 할 수 있다. 2020년 목표는 2010-2011년까지 일어날 여러 가지 변동사항을 감안하여 설정한 것이 아니라 현재 시점을 기준으로 설정한 것으로 이해해야 한다. 2010-2011년까지의 상황을 지켜보다가 상황이 여의치 않으면 목표 달성을 위해 지금보다 더 근본적인 정책 변화를 시도해야 할지도 모른다. 마이크 브류어는 가계소득을 물가지수와 연동하는 방식의 활용이나 아동세액공제와 아동수당 대폭 인상 등을 포함하는 복합적인 정책 패키지를 통하여 아동 빈곤 5% 목표의 달성이 가능함을 보여주고 있다.[13] 그러나 이 문제는 이보다 훨씬 더 넓은 시각에서 접근해야 할 문제이다. 달리 말하면, 이 문제는 빈곤과 불평등 일반을 완화하는 다른 많은 수단들에 따라 크게 달라질 수 있는 문제이다.

〈상자 1〉 **신평등주의**

1. 사회정의뿐만 아니라 경제적 역동성에도 관심을 갖는다. 이 양자가 비록 충돌하는 부분이 있기는 하지만 긴밀하게 서로 조화시킬 수 있다는 점을 알고 있다.
2. 전통적인 재분배장치는 약간의 수정은 필요하지만 제자리를 그대로 지켜야 한다. 예를 들어 누진세는 아직도 매우 중요하다. 다만 경제적 필요와 일자리 창출을 동시에 충족할 수 있는 방향으로 수정되어야 한다.
3. 일부 정책은 장기 빈곤층과 진짜로 배제된 사람들을 위한 방향으로 추진되어야 한다. 그러나 변화, 특히 노동시장의 변화에 특별한 관심을 가져야 한다.
4. 부자집단에게 유리한 정책도 그것이 복지제도에 대한 지지기반을 강화하는 효과를 갖는 것이라면 매우 중요한 것이다.
5. 성(性) 격차를 감안한 정책은 여성의 경제적 지위 향상뿐만 아니라 열악한 처지에 있는 남성의 지위 향상을 위해서도 매우 중요하다.
6. 노동시장 활성화에 강조점을 둔다.
7. 고소득층에게 높은 수준의 사회적 · 경제적 시민정신을 요구한다.
8. 아동 빈곤 감축을 무대 가운데 자리에 둔다.

전통 좌파 사람들은 빈곤과 불평등을 줄이는 것이 쉬운 일이라 생각하는 것 같다. 부자들에게 돈을 빼앗아 가난한 사람들에게 나누어 주면 된다, 이런 식이다. 그러나 어떻게 정의하든 부자는 극소수에 불과하다. 만일 부자들에게 세금을 더 많이 거둔다면 그것은 재분배 몫을 아주 조금 늘리는 것에 불과하며, 따라서 그런 이유 말고 다른 이유를 들어서 더 거두어야 한다. 이런 방법은 오늘날 영국사회를 이토록이나 불평등하게 만든 뿌리 깊은 구조적 문제들을 완화하는 데 사실상 아무런 역할도 하지 못한다. 그런 문제들을 완화하는 데 도움이 되는 16개 정책 분야를 제시하면 다음과 같다. 나는 여기에 부자에 관한 항목을 포함시켰지만 그것은 단 한 항목에 불과하다.

1. 앞에서 언급한 바와 같이 아동 빈곤 감축을 추진동력으로 삼아야 한다.

2. 전통적 재분배 장치는 제자리를 지켜야 한다. 단, 일자리 창출을 위해 약간 수정되어야 한다. 누진세는 여전히 불평등 완화를 위한 주된 수단의 하나이다. 세전 소득이 세후 소득보다 훨씬 더 불평등하기 때문이다. 모든 재정정책은 그 본래의 목적은 물론이고 재분배에 어떠한 영향을 미치는가 하는 견지에서 평가되어야 한다. 예를 들어 도시지역의 혼잡세와 주차세를 누진세율로 부과하는 방안이 있다. 가난한 사람들은 차를 갖고 있지 않으므로 문제될 것이 없다. 이런 방안을 통해 얻는 수입은 대중교통 개선에 사용될 수 있을 것이다. 그리고 대형승용차 소유자에게 더 많이 부과할 수도 있다.

이런 방안은 런던의 경우 이미 시행되고 있지만 전국적으로 시행될 수 있는 방안이기도 하다.

3. (영국판 뉴딜 정책이나 복지에서 노동으로 정책 같은) 적극적인 노동시장 정책은 실업문제 극복에 있어서 매우 중요하다. 그러나 기술변화의 속도가 빨라지고 국제적 경쟁이 치열해짐에 따라 일자리를 잃기 전 단계에서부터 노동자들을 돕는 정책을 개발할 필요가 있다. 귄터 슈미트가 말했듯이, 현재의 정책은 먼저 사람을 물에 빠트려 놓고 헤엄을 칠 줄 아는지 살펴본 다음 정말로 헤엄을 칠 줄 모르면 그때 가서 도와주는 것과 같은 것이다. 물에 빠지기 전에 수영을 가르치는 것이 훨씬 더 좋은 방법이다.[14]

취약한 산업 분야에 종사하는 노동자들을 위한 방안으로서 일정 기간 낮은 임금에 동의하는 대신 직장 내 훈련을 받게 하는 방안 같은 것도 생각해 볼 수 있다. 이런 방안은 통상 사용자, 노조, 정부가 합의해야 가능한 방안인데, 이미 유럽 몇 개 국가에서 시행하고 있다.

여러 해 근무해 온 직장에서 일자리를 잃는다는 것은 매우 끔찍한 경험일 것이다. 오스트리아의 경우 그런 식으로 일자리를 잃는 노동자들을 지원하기 위한 노동재단들이 설립되어 있다. 이런 재단은 노사 협력에 기초해서 설립된다. 한 회사가 부득이 많은 노동자들을 해고해야 할 때 회사에 남는 노동자들이 연대의 표시로 이 재단에 돈을 기부한다. 회사는 이보다 더 많은 돈을 기부한다. 일자리를 잃은 사람들은 자신들이 받는 실업수당의 절반을 기부한다. 국가는 이들의 재훈련과 구직을 지원한다. 미국에서도 이와 대체로 비슷한 방안을 시도하고 있다.[15]

4. 고용보험이나 임금보험의 가능성에 대해서도 생각해 볼 필요가 있다. 2001년에 미국 경제학자 로리 클레처와 로버트 리탄 두 사람은 직장에서 밀려난 노동자들을 지원하기 위한 수단으로서 임금보험을 제안하는 내용의 논문을 쓴 바 있다.[16] 정치지도자들이 경제적 세계화의 이점에 대하여 노동자들을 설득하는 작업은 만일 세계화 과정에서 일자리를 잃는 노동자들이 나온다면 매우 어려운 작업이 될 것이다. 실업수당과 달리 임금보험은 직장에서 방출된 노동자가 새 일자리에 취직하는 경우에만 적용된다.

국제적 경쟁으로 말미암아 일자리를 잃고 나서 다시 일자리를 찾은 노동자의 2/3 정도는 전 직장에서의 임금보다 낮은 임금을 받게 된다. 이런 경우 임금보험이 최장 2년간 그 차액의 상당 부분을 채워주게 된다. 이미 미국에서는 이런 제도가 시도되고 있다. 그 내용은 이런 것이다. 노동자는 무역경쟁으로 일자리를 잃었다는 사실을 입증해야 하며, 50세 이상이어야 하며, 새 직장에서의 임금이 연간 5만 달러 미만이어야 하며, 일자리를 잃은 지 6개월 이내에 재취업한 상태여야 한다. 임금보험은 새 일자리를 찾는 데 인센티브가 될 수 불평등은 높은 수준에서 출발하여 지금은 떨어지고 있다.

– 지니계수(100=매우 불평등)

극빈계층은 최근의 성장으로부터 혜택을 보지 못하고 있다.

– 소득성장률, %, 퍼센타일

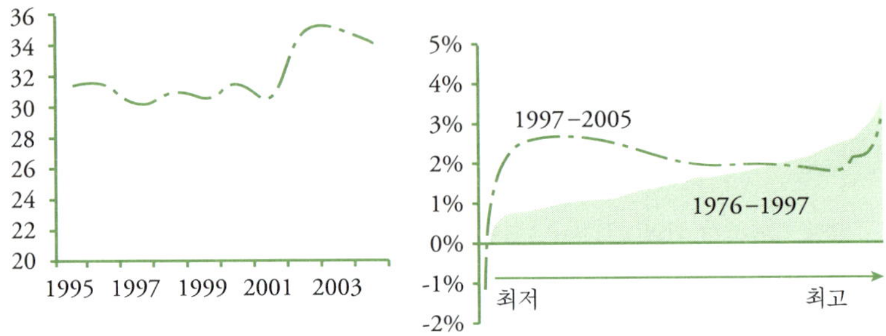

그림 5.1 : 성장이 빈곤계층에 이익을 주었지만 극빈계층에는 별 이익을 주지 못하고 있다.

있고 또 해고의 충격을 완화해 줄 수 있을 것이다. 이와 비슷한 내용의 EU판 임금보험이 "세계화 기금"이라는 형태로 이미 시행되고 있다.

5. 나이차별을 없애고 더 많은 노인 일자리를 창출하는 것은 빈곤과 불평등 문제 해결에 크게 기여할 수 있을 것이다. 평균적으로 보아 1997년 이후 노인들의 생활 수준이 높아졌지만, 아직 17% 정도가 빈곤선 아래 소득으로 살아가고 있다. 우리는 60 : 60을 목표로 설정해야 할 것이다. 즉 60세 이상 노인의 60% 이상이 전일제(全日制)건 시간제(時間制)건 일자리를 갖게끔 해야 한다.

6. 빈자들 가운데 일부는 거의 고착된 빈곤 속에 살고 있는데, 어떤 전략으로든 이 사람들에게 접근하는 것은 대단히 어렵

다. 이런 사람들은 복합적인 어려움에 시달리는 경우가 많다. 즉 기술이 없고, 마약문제를 가지고 있을 수도 있고, 범죄에 빠지기 쉽고, 지속성 있는 인간관계를 갖기도 어렵다. 1997년 이후 지금까지의 경험에 비추어 보면 수당이나 세액공제 같은 전통적인 정책은 이런 상황을 개선하는 데 별로 도움이 되지 않는다. 이 사람들의 복지혜택 신청률이 낮다는 점도 그 부분적인 요인이다. 그러나 우리는 다양한 추가조치를 시도할 수 있다. 그 중 한 가지는 매우 어린 아동을 대상으로 하는 개입이다. 연구에 의하면 2-3세 아동 시기의 경험은 나중에 고치기가 매우 어려운 일정한 행동 패턴을 형성한다.

중독성향 역시 어린 시기에 줄일 수 있다. 한번 중독적 행동을 가지게 되면 그것에 대항하는 능력이 더욱 떨어지는 일종의 악순환 구조가 만들어지는 경향이 있다. 여기에 대처하기 위한 정책은 대상집단에 대한 상담, 후원집단의 제공, 특정의 의학적 처치 등을 포함하는 것이어야 한다.

또 다른 중요한 문제는 주택문제이다. 노숙자를 줄이기 위한 노력에서 커다란 진보가 있었다는 것은 사실이다. 길거리에서 생활했을지도 모르는 약 5만 명의 사람들이 지금은 호스텔이나 임시 주택에서 살고 있다. 그러나 이런 사람들은 아직 영구 주택을 갖지는 못하고 있다. 또한 앞에서 언급하였지만 친구네 집 마루에서 살거나 친척집에 얹혀사는 "숨겨진 홈리스"들이 매우 많다. 흔히 이런 상황은 마약 섭취나 범죄 같은 문제를 낳는다.

홈리스뿐만 아니라 아주 비좁은 공간에서 살고 있는 노동자들을 위한 값싼 집도 충분히 제공하지 못하고 있는 상황이다. 이런 상황은 경제에도 결코 좋지 않다. 노동자들이 집세나 집값이 너무 비싸 직장에 출퇴근하기가 어려운 사정이라면 생산성과 성장률 역시 떨어질 것이다. 정부는 기존의 공영주택 보수를 위해 수백만 파운드를 투자하였지만, 현 시점에서 유일한 해결책은 바닥층 사람들을 위한 사회적 주택을 더 많이 제공하는 것이다.

최근에 정부는 도시 재개발을 위한 새로운 기구의 설립방안을 발표하였다. 이 방안은 상업적 회사, 자원봉사단체, 지방자치단체 등을 건축 및 투자에 참여시키려는 새로운 방안이다. 또한 이 방안은 쓸모없는 땅을 택지로 업그레이드한다는 내용을 담고 있다. 그리고 새로 설립될 기구는 모든 사업에서 엄격한 환경기준을 준수할 것이라고 한다. 현 시점에서 이런 방안이 어떤 변화를 가져올지 점친다는 것은 시기상조이다.

7. 자산형성 제도에 대하여 좀더 전향적으로 생각할 필요가 있다.[17] 연구에 의하면 비록 소액이라도 자본을 가진다는 것이 생활에 큰 변화를 줄 수 있다고 한다. 소득 수준, 계급, 성별 등의 요인과 전혀 관계없이 나이 23세 시점에서 자산을 가지고 있는 사람은 그렇지 못한 사람에 비해 10년 뒤 수입이 더 많다. 현재 정부가 운영하고 있는 아동신탁기금은 모든 신생

아에게 250파운드를 지급하고 있다. 빈곤층 신생아에게는 그 두 배를 지급한다. 그리고 7세에 이르기까지 역시 빈곤층 자녀에게 더 많이 주는 방식으로 이 돈을 계속 지급한다. 아동의 나이가 18세에 도달할 때까지는 아동 본인과 그 부모가 이 돈에 손댈 수 없다. 이 돈을 어디에 투자하느냐에 따라서 (정부는 투자조언을 제공한다), 그리고 그동안 경제사정이 어떠한가에 따라서 달라지겠지만 이 돈은 꽤 큰 돈으로 불어날 수 있다. 조사결과에 의하면 빈곤층 부모들이 이 제도를 더 적극적으로 지지하고 있으며, 장기간 돈을 묶어두는 것에 대해서도 더 지지하고 있다.

8. 빈곤은 어떤 사람들에게는 풍토병 같은 것이다. 그러나 빈곤 상태로 들어가거나 거기서 빠져나오고 하는 것이 우리가 생각하는 것보다 훨씬 더 잦다. 빈곤의 기간이 어느 정도인가, 빈곤 시기에 겪은 일들이 무엇인가, 빈곤에 빠진 연령대가 언제인가 등의 요인에 의해 사정이 달라진다. 우리는 많은 경우에 빈곤이 마치 전기(傳記) 같다는 사실을 깨달아야 한다. 사람들은 이혼이나 관계 단절, 부모 집을 떠나는 것, 질병, 그리고 당연히 실업 등과 같은 인생 역정에서 겪게 되는 어떤 사건이나 사연을 계기로 빈곤으로 떨어진다. 취직-결혼-출산의 진행과정이 과거에 비해 불안정하고 예측하기 어렵게 되었으므로 우리는 빈곤의 전기적 특성을 매우 심각한 것으로 받아들여야 한다. 그래서 우리는 정책의 초점을 특정 시점에

빈곤한 사람들에만 맞추어서는 안 된다.

우리는 빈곤선 위에 있는 사람들에게도 초점을 맞추어야 한다. 이상과 같은 요인들이 사람들을 빈곤선 아래로 떨어뜨릴 수도 있고, 또 일단 빈곤에서 탈출한 사람들을 다시 빈곤으로 떨어뜨릴 수도 있기 때문이다. 그리고 저임금 일자리를 가진 사람들에게 적합한 정책도 중요하다. 사람들을 계속 직장에 머물러 있게끔 하는 개입은 그 어떤 것이라 할지라도 중요하다. 자격요건을 갖추지 못한 사람이라 하더라도 저임금 일자리에서 5년 이상 근속한 사람들은 2년 미만 근속한 사람들에 비해 저임금 일자리에서 빠져나와 더 나은 일자리로 옮겨갈 가능성이 80% 정도 높다.

나홀로 부모 노동자들은 다른 부류의 노동자들보다 이직률이 높다. 현재 정부는 이런 사람들을 직장에 더 머물게 하고 경력을 더 쌓게 하기 위한 정책을 검토하고 있다. 이 정책의 내용 중에 상담원을 둔다는 내용이 있다. 이 상담원이 하는 역할은 새로 일자리를 얻는 사람들이 겪게 되는 여러 가지 공통의 어려움들, 조기 이직의 원인이 되는 그런 어려움들에 대하여 조언을 해주는 것이다. 그리고 직장에 머무는 것을 장려하기 위한 재정적 인센티브 방안도 포함되어 있다.[18]

9. 빈곤에 빠지거나 그것으로부터 벗어나는 경우가 매우 잦으므로 사람들이 자기 인생의 그러한 변화에 잘 대응할 수 있게끔 하고, 또 가능하면 그것을 적극적으로 활용할 수 있게

끔 하기 위한 정책도 생각해 보아야 할 것이다. 노동당의 정책결정자들은 임시노동시장(transitional labour market, TLM)에 관한 새로운 이론에 주목해야 한다.[19] 오늘날 많은 여성들이 노동시장의 일원으로 되어 있기 때문에 노동과 가정 간의 상호관계가 매우 복잡해지고 있다. 노동과 생활 사이의 바람직한 균형을 유지하는 것은 정책 기획자들의 주된 임무 가운데 하나이다. 그러나 노동시장 정책이 적극적 복지와 결합되어야 한다면 우리는 이보다 한 걸음 더 나아가야 한다. 노동과 비노동 간의 관계는 과거에 비해 훨씬 더 복잡해졌다. 즉 그 경계가 매우 모호해졌으며, 또 고무줄 잣대처럼 되었다. 일자리를 잃는 것, 빈곤에 빠지는 것, 이혼당하는 것, 장애인이 되는 것 등 인생 역정에서 겪는 이런 변화에 굴복하지 않고 오히려 그것들을 적극적으로 활용한다는 것은 매우 중요하다. 정책에 대하여 생각할 때 우리는 현재 여기라는 차원이 아니라 한 사람의 일생이라는 차원에서 생각해야 한다. 노동시장에 관한 한 이 말의 의미는 고용이라는 용어를 과거와는 아주 다른 방식으로 이해해야 한다는 것이다. 즉 고용이란 용어는 "장기적 고용 가능성"의 현 상태 혹은 현재적 표현을 가리키는 것으로 이해해야 한다.[20] 남녀 모두에게 가장 이상적인 것은 이런저런 사정으로 인한 일시 실업, 경력의 단절, 시간제 근무 등이 포함되는 것이라 할지라도 평생 주 30시간 근무일 것이다.

10. 지난 몇 년간 남녀 임금격차가 상당히 줄기는 했지만, 여전히 여성의 경제적 지위 향상은 전반적 불평등 완화를 위해 결정적으로 중요하다. 여성과 일 위원회(Women and Work Commission)의 조사에 의하면, 2005년 현재 전일제로 일하는 남녀 노동자의 임금격차는 시간급(時間給) 기준으로 17%이다.[21] 여성의 고용형태도 남성의 경우와 많이 다르다. 과거 많은 여성들이 직장에서의 승진을 통하여 자신과 가족을 업그레이드 한다는 식의 야심을 전혀 갖지 않았지만 지금은 젊은 여성 대다수가 그런 야심을 가지고 있다. 그렇지만 여성들이 여전히 노동시장에서 밀려나는 경향을 낳는 몇 가지 요인들이 있으며, 그런 요인 모두가 정책적 개입에 의해 완화될 수 있는 것들이다. 그 중 한 가지 요인은 출산문제이다. 여성 노동자가 출산휴가 때문에 승진기회에서 불이익을 받는 일은 과거에 비해 크게 줄었다. 이것은 관련 법과 사용자에 대한 도덕적 압력이 효과를 본 덕분이지만, 그런 압력은 계속 유지되어야 한다.

수퍼마켓 계산원 같은 각종 저임금 서비스 직종에 근무하는 사람은 남성보다 여성이 더 많다. 이런 여성들은 가족 중에 2차 소득자인 경우가 많기 때문에 반드시 빈곤계층이라고 할 수는 없지만 승진의 기회가 매우 적다. 국가는 세금 인센티브 같은 방법을 동원하여 이런 상황을 바로잡도록 사용자를 격려해야 한다. 미국의 일부 대기업들은 여성의 관리직

승진을 가능케 해주는 제도를 도입함으로써 이 분야에서 선두주자 노릇을 하고 있다.

11. 많은 여성 노인들이 국가연금으로 생활하고 있으며, 대개 비공식이지만 다른 사람을 돌보는 일을 하는 경우도 많다. 이런 사람들은 저축을 할 여력이 거의 없기 때문에 매우 취약한 처지에 놓여 있다. 연금 대출을 신청하는 사람의 2/3가 여성이다. 본인 납부 의무를 다하여 은퇴 이후 기초국가연금 전액을 받을 자격을 갖춘 사람은 남성의 경우 85%이지만 여성의 경우는 24%에 불과하다. 정부는 새로운 납부원칙을 도입한 바 있지만 그것이 가까운 장래에 도움이 될 것 같지는 않다. 더욱이 현행 연금제도는 여전히 매우 복잡해서 많은 수혜 대상자들을 곤란하게 만들고 있다.

12. 이제 생활방식의 변화가—불평등의 반영이 아니라—불평등에 영향을 미치기 시작하였다. 특히 보건 분야가 그러한데, 다른 분야도 마찬가지이다(더 상세한 논의는 6장에서 다룰 것이다). 이런 문제의 해법은 경제적인 것이 아니라 행동에서 찾아야 한다. 예를 들어 특별보호가 필요한 아동에게 운동과 함께 적절한 영양식을 제공해 주면 그 아동의 태도와 성적을 개선하는 데 크게 도움이 된다는 사실이 밝혀진 바 있다.[22] 침착성 부족, 분노, 주의력 산만, 이 모든 것들이 7개월 프로그램으로 개선되었다.

13. 교육은 불이익을 극복하는 한 가지 방법이다. 그러나 대학을 포함한 각급 학교 교육은 불이익을 유지하거나 더 굳히는 수단이 되기도 한다. 빈곤층 학부모들에게 학교 선택권을 더 많이 주는 정책이 반드시 나와야 한다. 빈곤을 나타내는 한 가지 지표는 무료 학교급식 대상자 자격인데, 우수한 국립학교 학생들 가운데 이 자격을 가진 학생은 3%에 불과하다. 이는 소위 "중간계급 포획"의 정도가 어느 정도인지를 보여주는 것일 뿐만 아니라, 종래의 제도가 평등을 낳지 못한다는 사실을 아주 쉽게 보여주는 것이다. 전국 평균은 17%이다.

정부는 이러한 상황을 뒤집기 위하여 최근에 몇 가지 정책 혁신안을 내놓았다. 2007년 1월에 발표한 새 학교법은 해당 학교 부근에 집을 살 수 있는 집안의 자녀만 입학하는 것을 막기 위하여 추첨에 의한 입학방식을 제안하고 있다. 이미 도시지역의 일부 학교들은 빈곤층 자녀들도 입학할 수 있도록 하기 위하여 신입생 "무작위 할당"방식을 운용하고 있다. 새 학교법은 강제성을 띠고 있으며, 2008학년도부터 모든 국립학교 신입생에게 적용된다.

14. 노동당은 사립학교에 대해서는 대체로 방치해 왔다. 정책의 전반적 목적은 국가영역을 효율적으로 개선하여 국가영역과 민간영역의 격차를 좁히는 것이었다. 고든 브라운은 국립학교 학생 1인당 예산을 사립학교 수준에 이를 때까지 인상하

고자 한다고 말한 바 있다. 이것은 전적으로 칭찬할 만한 것이지만 하룻밤 사이에 달성할 수는 없는 것이다. 사립학교도 사회적 책임성을 보여줄 의무가 있다는 판단에서 그런 방향의 정책적 노력이 있었다. 이에 따라 일부 사립학교가 장학금 제도 확대 같은 제스처를 취했다는 점에서 그런 정책은 어느 정도 효과를 발휘한 것으로 볼 수 있다. 그러나 추가적인 정책혁신이 뒤따르지 않는다면 사립학교들은 이미 앞서 있는 위치를 계속 유지하는 수단들을 확실히 찾을 수 있을 것이다.

영국의 사립학교 제도는 대부분의 사립학교가 종교단체 학교인 다른 국가들의 제도와 크게 다르다. 영국의 사립학교 제도는, 아주 드러내 놓고, 이미 잘 사는 사람들의 자녀들에게 교육상 이점을 제공하기 위한 것이다. 그리고 그런 목적은 잘 달성되고 있다. 전체 학생 가운데 사립학교가 차지하는 비중은 7%에 불과하지만 케임브리지 대학 학생의 48%, 옥스포드 대학 학생의 45%가 사립학교 출신이다. 명문 사립학교들은 아주 우수한 교육을 제공하고 있으며, 이 학교들이 만들어내는 불평등을 줄여야 한다는 데는 전혀 의문의 여지가 없다. 그러나 우리가 할 수 있었던 것은 이 학교들에 대한 입학기회를 개방하는 것밖에 없었다.

지금까지 정부는 자선사업가인 피터 램플이 선도하고 있는 방식을 지지하지 않았지만, 나는 이제 정부가 여기에 더 많은 관심을 가져야 한다고 생각한다.[23] 리버풀에 있는 벨베더 학교는 사립학교이다. 램플은 이 학교에 충분한 자금을 지원하여 모든 학생들에게 입학 기회를 줄 수 있도록 하였다. 달리 말하면 일정한 입학자격을 갖춘 학생이라면 그 집안의 재정 형편과 무관하게 입학할 수 있게 한 것이다. 지금까지 이 방식은 다양한 계층의 학생들을 받아들이는 등 큰 성공을 거두고 있다. 램플은 이 방식을 다른 학교들로 확대하기 위한 국가 지원을 요청하였으나 지금까지 이루어진 것은 아무 것도 없다. 2006년 5월에 보수당의 교육상 내정자인 데이비드 윌렛이 보수당 집권시 이를 지원할 것이라고 말한 바 있다.

15. 대학 입학에서도 이와 유사한 방식이, 좀 놀랍지만, 미국의 텍사스에서 처음 도입되고 프랑스에서 채택되었다. 1997년 텍사스 주정부는 고등학교 졸업 당시 성적이 반에서 상위 10% 안에 드는 학생들은 모두 대학 입학을 보장받는다는 내용의 제도를 도입하였다. 이 결과 빈곤층 학생들과 소수인종 학생들의 대학 입학이 꾸준히 늘고 있다. 지금까지 나타난 증거로 보면 이런 방식으로 입학한 학생들이 종전 방식으로 입학한 학생들 못지않게 공부를 잘한다. 이 방식은 영국보다 프랑스가 더 받아들이기 쉽다. 프랑스의 고등교육은 집중화 · 표준화되어 있기 때문이다. 그러나 영국도 도시나 지역 수준에서 지방정부와 대학들이 이와 유사한 방식을 도입하는 데 합의하는 것은 가능하다.

16. 마지막으로 부자들에 대해서는 어떻게 해야 할까? 기업 최고

경영자들의 봉급이 그 고용자들의 봉급보다 더 많아지고 있는 사실에 대해서 어떻게 해야 할까? 봉급이나 보너스로 몇 백만 파운드를 벌어들이는 재계의 거물들은? 노동당은 피터 만델슨이 말했듯이 "더러운 부를 쌓아가고 있는 사람들에 대해서 열중쉬어" 해야 할까? 단연코 아니다! 노동당이 경제적 성공의 기관차인 기업가들에 대해서 더 이상 적대적이어서는 안 된다. 그러나 부자가 된다는 것은 그에 따른 사회적 의무를 동반하는 것이며, 우리는 부자들이 사회적 의무를 받아들이도록 강요하고 권장하기 위해서 모든 노력을 다해야 한다. 부자들의 사회적 의무란 자신들의 부를 키워준 사회에 무언가 되돌려 주어야 할 의무, 세금회피를 도모하지 않고 전액 납부할 의무, 자기 회사 안에서 사회적 책임과 환경 관련 책임을 다할 의무 등을 말한다.

제2차 세계대전 이후 수십 년간 최고 경영자들의 소득 수준은 큰 변동이 없었지만, 1980년대 들어서면서 속도를 내기 시작하여 그 이후 지금까지 계속 치솟고 있다. 이렇게 된 주된 원인은 자사주(自社株) 구입권(share option) 제도와 풍부한 연금혜택에서 찾을 수 있다. 이러한 변화는 이 사람들이 관행처럼 여기는 좀 치사한 방법에 힘입어 더욱 빨라졌다. 예를 들어 몇몇 국가에서 고위 관리직 인사들이 내부 정보를 이용하거나 자사주 구입 시기를 가지고 장난치는 등의 방법으로 자기들 급여를 불법적으로 활용하였다는 혐의로 기소된 바 있다.

공식적인 빈곤선이라는 것이 없듯이 공식적 부유선이라는 것도 없다. 그저 편한 대로 상위 0.05% 소득자를 “부자”라 부르자. 이 사람들에게도 나머지 모든 사람들에게 적용되는 원칙인 “의무 없는 권리 없다”는 원칙을 그대로 적용해야 한다. 영국 재계와 기업의 고소득자들은 시민의 의무에 맞게 살고 있는가? 세금도 시민의 의무의 하나이다.

노동당은 다른 나라들에서 이미 시행하고 있는 부자세의 도입을 검토해야 한다. 재산은 소득보다 더 불평등하게 분포되어 있으며, 극소수 사람들에게 편중되어 있다. 경제학자 에드워드 울프는 미국에 대한 책을 쓰면서 스위스에서 시행중인 것과 비슷한 제도를 제안한 바 있다.[24] 즉 재산에 대하여 매년 세금을 부과하고, 그 세율은 가파르게 올라가는 누진세율로 하자는 것이다. 이는 일정한 수준, 예컨대 100만 파운드 이하의 재산에 대해서는 과세하지 않고 그 이상 재산에 대하여 누진과세하는 방식이다. 이런 제도를 영국에서 시행한다면 1%의 세수 증대가 이루어질 것이다. 이 수치는 연간 10만 파운드 이상 소득자들에 부과하는 소득세를 50% 인상했을 때 나오는 세수 증대보다 더 큰 수치이다. 울프의 주장에 의하면, 개인소득세와 통합하여 운용할 수 있기 때문에 부자세 관리는 쉬울 것이라 한다. 그의 계산에 의하면 부자세는 경제 전반이라는 차원에서 보면 중립적인 것이다. 영국에서 이 제도를 시행한다면 부자세로 징수하는 돈은 재무성의 금고로 넣지 않고 특수 목적, 예를 들면 빈곤층 자녀들의 고등교육 진학을 돕는 목적으로만 사용하도록 해야 한다. 자선사업 용도로 국한하는 것도 한 가지 방법이다. 자선단체에 상당한 돈을 기부하는 사람들에게는 그만큼 세금을 덜어주면 된다.

국내 수준이든 국제 수준이든 탈세를 줄이고 또 널리 퍼져 있는 조세 회피를 가능케 해주는 허점을 없애는 것이 매우 중요하다. 상속세의 경우 보수당은 철폐 운운하고 있지만 더 누진적인 것으로 바꾸는 전략이 필요하다. 현재 상속 재산의 6%만이 과세 대상이 되고 있는데, 더 가파른 누진세율을 적용하는 것이 (그리고 여기서도 빠져나갈 허점을 없애는 것이) 더 공정할 뿐만 아니라 세수 증대에도 기여할 것이다.[25]

분명히 자선행위는 고소득자들의 의무 가운데 하나이다. 왜냐하면 자신들의 기회를 실현하는 데 도움을 준 이 사회에 무언가 환원해야 하기 때문이다. 미국의 경우 실제로 고소득자들이 자기네 소득에 대한 자발적 세금을 내고 있으며, 그런 의무를 받아들이는 고소득자의 수가 아주 많다. 몇몇 저명인사들은 특히 인생 말년이 되었을 때 평생 동안 번 돈을 거의 다 내놓고 있다. 이 나라에는 그런 자선문화가 없으며, 세제상의 유인제도가 도입되어 있지만 그 정도 만큼의 탈세도 이루어지고 있다. 우리는 부자들의 도덕적 문화를 바꾸기 위해 모든 노력을 다해야 하며, 자기를 위해 일하는 사람들에게 해가 갈 정도로 자기 자신만을 위하는 사람들로 하여금 수치심을 느끼게끔 하는 방법을 찾아야 할 것이다.

2006년 9월의 일로서, 독일 최대의 전자제품 제조사인 지멘스의 최고 경영자들의 봉급이 30% 인상되었다. 당시 이 회사는 한창 구조조정이 진행중이었고 많은 노동자들이 일자리를 잃을 처지에 놓여 있었다. 지난 몇 년 동안 대부분의 직원들은 노동시간 단축 합의를 통하여 임금삭감을 받아들였다. 그런 상황이었기 때문에 분노의 분위기가 확산되었다. 결국 지멘스의 최고 경영자들은 자신들의 봉급 인상분을 회사를 떠날 위기에 처한 노동자들을 위해 사용하겠다고 발표하였다. 이코노미스트지가 이 사건을 다루었는데, 영국에서는 그런 일이 일어날 수 없다는 논평을 덧붙였다. 영국에서라면 외국과의 경쟁이 치열해지고 있는 상황에서 회사를 안정적으로 유지했다는 공로로 고위 경영자들이 분노가 아닌 칭찬의 대상이 되었을 것이다.[26] 정말로 그렇다면 바꾸어야 할 것은 바로 우리의 기업문화이다. 기업 지도자가 그 기업 노동자들과의 연대의식을 전혀 갖지 않는 사회란 도대체 어떤 사회일까?

기업의 최고 경영자들이 매우 높은 수준이 봉급을 받는 것은 이 사람들이 피고용인들에 비해 훨씬 더 큰 위험 부담을 안고 있기 때문에 당연한 것이 아니냐는 얘기도 종종 나온다. 그러나 보통 그 반대의 경우가 진실이다. 왜냐하면 노동자들은 잘못 되면 실업수당 신세를 져야 하기 때문이다. "우리는 … 우리가 부자나 강력한 기득 이익계층을 위한 당이 아니라 일하는 사람들의 당이라는 사실을 보여주어야만 한다." 누가 이런 말을 했던가? 토니 블레어도 고든 브라운도 아니다. 바로 캠런이다. 노동당은 이 점을 명심해야 할 것이다.

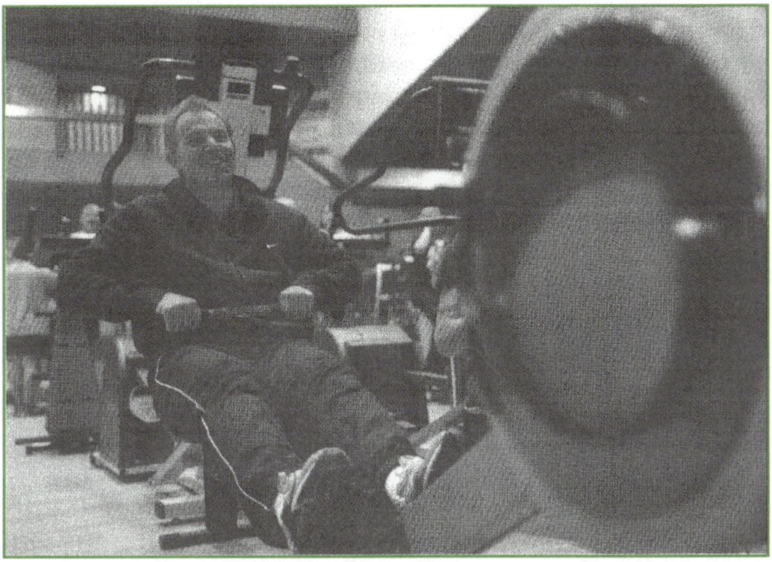

▶ 사회적으로 운동하는 것을 장려하기 위한 목적으로 2006년 4월 25일 런던 도심에 있는 YMCA를 방문하여 노젓기 운동을 하는 토니 블레어.

생활양식 바꾸기
- 새로운 의제

Chapter 6

팽커스트 부인이 케어 하디 노동당 초대 당수에게 한 조언 : 여성에게 투표권을, 남성에게 순결을, 모든 사람에게 금지를.

필리스 딜러 : 건강이란 내 친구들이 쓰러질 때까지 항상 마시는 것.

한 남자가 진찰받기 위해 의사를 찾았다. 의사가 진찰하고 나서 말했다 : "90대까지 살 겁니다!" 환자의 말 : "그런데 선생님, 나는 90대인데요." 그러자 의사 왈 : "내가 그렇게 말했잖아요."

절제운동은 이미 오래 전에 잊혀졌으며, 팽커스트 부인의 생각이 오늘날 많은 사람들에게 감흥을 불러일으킬 것 같지는 않다. 그러나 절제가 중용을 뜻하는 것이라면 그것은 확실히 필요한 것이다. 떠들썩하게 술을 마시는 것은 영국의 중요한 건강문제가 되고 있는데, 그것이 특별히 비난

받지는 않는다. 술은 좋은 점이 있는 약물이며, 적당히 마시면 확실히 긍정적인 효과가 있는 것이다. 우리의 일상생활 습관이 우리의 건강에 의사보다도 훨씬 더 큰 영향을 미치는 것 같다.

데이비드 캠런은 복지에 대하여 하고 싶은 말이 적지 않을 것이다. 노동당은 복지 의제를 신보수당에게 넘겨주지 말아야 하며, 오히려 보수당이 할 수 있는 정도보다 더 엄격한 방식으로 복지 의제를 개발해야 한다. 이는 곧 복지라는 아이디어에 대하여 더 면밀하게 검토해야 한다는 것을 뜻한다. 지금까지 이 문제에 대한 노동당의 생각은 관례적인 수준에 머물러 있다. 애초에 복지국가라는 개념은 주로 안전망(safety net)으로 정의되었다. 복지란 사람들의 삶에서 무언가 잘못되었을 때 사태를 수습하는 데 도움을 주는 것으로 여겨졌다. 예를 들어 일자리를 잃는다거나, 빈곤에 빠진다거나, 병에 걸린다거나, 은퇴 나이를 넘긴다거나 등등의 일이 생겼을 때 복지제도가 나서서 도와주는 것이다.

이런 형태의 사회적 보호는 말할 것도 없이 대단히 중요하며, 복지국가가 그 존속기간 내내 인기가 있었던 것도 바로 이 때문이다. 그러나 이런 경우의 복지는 매우 좁은 의미로, 또한 소극적인 방식으로 정의된 복지이다. 생활양식이 더욱 개방된 사회에서, 생활양식의 선택이 정치적 의미뿐만 아니라 경제적 의미도 갖게 된 오늘날의 사회에서 살고 있는 우리로서는 더 적극적으로 복지를 정의해야 한다. 나는 이 장에서 그러한 적극적 개념이 직접적으로 적용되어야 할 4개 분야에 초점을 맞출 것이다. 다만 앞의 2개 분야에 대해서는 간단하게 다루는 데 그칠 것이다. 4개 분야란 장애, 고령, 건강, 기후변화이다. 이 4개 분야는 완전히 별개의 분야가 아닌가? 그렇게 말할 수도 있지만 사실은 그게 아니다. 4개 분야 사이에는 공통점이 있다. 즉 이 문제들에 대처하기 위해서는 정책이 단순한 안전망 수준이 아니라 개입적인 것이어야 한다는 점, 그리고 4개 분야 모두에서 긍정적인 결과가 나오려면 생활양식의 변화가 이루어져야 한다는 점이다.

나는 이 장의 제목을 의도적으로 모호하게 만들었다. 많은 사람들의 생활양식은 급속하게 변하고 있다. 그러나 생활양식의 변화는 중요한 정치적 목적의 하나이기도 하다. 나는 이 장에서 기후변화에 꽤 많은 지면을 할애하고 있는데, 생활양식의 변화는 바로 이 기후변화에 대한 한 가지 기본적인 대책이다.

소극적 복지에서 적극적 복지로

경제학자들 사이에서 행복에 관한 논쟁이 활기를 띠고 있는데, 나는 이런 현상이 오늘날 생활양식의 중요성을 보여주는 징표라고 생각한다.[1] 행복이란 단순히 부정적인 것들이 존재하지 않음을 뜻하는 것이 아니라 긍정적인 것들이 존재함을 뜻하는 것이다. 따라서 이것은 웰빙(well-being)의 또 다른 표현이다. 그러나 약간의 중요한 차이도 있다. 어떤 사람들은 행복감이 두뇌의 이러저러한 상태와 연관된 것이라는 점에서 행복이 무엇인가를 정확하게 정의할 수 있다고 여긴다. 그럴지도 모른다. 그러나 내가 보기에 행복이란 이보다 복잡한 개념이며, 더욱이 만족스러운 삶의 유일한 척도, 심지어 가장 중요한 척도도 아니라고 본다. 이 점은 앨런 베네트의 다음과 같은 말에 잘 압축되어 있다 : "나는 행복하지 않다, 그러나 행복하지 않다는 사실에 대해서 불행해 하지도 않는다."[2]

나는 행복이라는 말 대신 "적극적 복지"(positive welfare)라는 표현을 제안한다.[3] 복지라는 말은 좋은 삶의 요건인 개인의 자율성과 자존심이라는 차원에서 다시 정의되어야 한다. 이러한 요건을 개발한다면 개인들은 변화에 적응할 수 있고, 또 인생의 여러 분야에서 주어진 기회를 최대한 활용할 수 있게 될 것이다. 이러한 목표는 모호한 것처럼 보일 수도 있지만 그렇지 않다. 자율성—독자적으로 결정을 내리고 그 결정에 따라 행동하는 능력—은 예를 들어 구직시장을 포함한 인생의 여러 분야에서 결정적으로 중요한 것이다.

자존심 부족이 빈곤, 범죄, 나쁜 건강상태 등과 같은 많은 사회문제와 결부된다는 사실은 이미 밝혀진 사실이다. 자존심 부족은 행동의 자율성과 생활환경 개선능력을 저하시킬 뿐만 아니라 실제로 자해(自害)나 타인에 대한 공격을 낳기도 한다. 중독과 관련된 여러 형태의 행동들, 예컨대 불규칙적인 식사, 자기 신체 훼손, 마약섭취, 알콜중독 등과 같은 행동들은 자존심 부족이나 불안정한 자아의식과 연결되어 있다. 이러한 문제들은 근무일수 감소, 치료비용, 형사처벌, 수명감축, 복지비 지출 등의 결과를 낳고, 이로 인하여 이 나라 전체가 지불해야 할 비용은 정신적 피해는 계산하지 않더라도 수십조 파운드가 될 것이다.

윌리엄 베버리지는 영국 복지국가의 지적 건설자이다. 그가 말한 5개의 "부정적인 것들"을 우리는 긍정적인 것들로 바꿔야 한다. 베버리지의 죽여 없애야 할 다섯 "거인"은 결핍, 질병, 무지, 비참, 게으름이다. 결핍의 자리에는 개인적 자율성, 즉 기회를 만들고 그것을 활용하는 능력을 갖다놓아야 한다. 질병의 회피나 치료에만 집중하지 않고 삶의 목표로서 적극적 건강 모델을 세워야 한다. 무지 대신에 우리는 적극적 덕목으로서 교육을 강조해야 하며, 또 그것을 삶의 지속적인 부분으로 만들어야 한다.

확실히 어느 누구도 비참 속에서 살아서는 안 된다. 그러나 이보다 적극적으로, 모든 사람들이 경제성장과 기술진보가 가져다 주는 번영을 공유할 수 있는 사회를 건설해야 한다고 말해야 한다. 끝으로 게으름은 미덕일 수도 있는 것이다. 버트란드 러셀이 지적하였듯이 여유를 즐기고 심지어 한낮의 꿈을 즐기는 것이라면 그렇다는 얘기이다. 러셀이 적은 것을 옮기면 이렇다 : "나폴리를 여행한 사람이 햇볕 아래 누워 있는 12명의 거지에게 가서 그 중에서 가장 게으른 거지에게 1리라를 주었다는 얘기는 우리 모두가 알고 있는 얘기이다. 여행자가 다가가자 11명의 거지가 벌떡 일어나 돈을 달라고 구걸했는데 이 여행자는 그냥 누워 있는 12번째 거지에게 돈을 주었다는 얘기 말이다."[4] 그러나 비자발적인 게으름, 즉 실업은 빈곤뿐만 아니라 자존심 상실과 불행의 주요 원인 가운데 하나이다.

적극적인 가치로서 우리는 게으름 자리에 일하고자 하는 능력과 의지, 작업환경에서 주도적인 역할을 하는 능력과 의지를 갖다놓아야 한다. 또한 우리는 베버리지의 머리에는 스쳐 지나가지도 않은

〈상자 2〉 전통적 복지국가

1. 정책은 사후(事後)적인 것이다. 즉 일이 잘못된 다음에 이를 수습하기 위한 것이다. 본질적으로 복지국가는 안전망 개념에 기반을 둔 집단적 보험제도이다.
2. 교육 분야는 별개로 하고, 그리고 이보다 정도는 덜하지만 의료 분야도 별개로 하고 보았을 때 복지국가는 무언가 생산을 하는 것으로 여겨지지 않는다. 이러한 경향은 부분적으로는 생활양식은 문제가 되지 않는다는 생각에서 나온 것이다. 즉 사람들의 행동과 기타 구조들(성 역할 같은)은 그저 습관에 의해 좌우된다고 생각한다.
3. 복지국가는 무엇보다도 특히 계급 간 화해를 통하여 결속을 강화한다는 의도에 따라 설계된 것이다. 사회문제란 곧 육체노동계급과 기타 노동계급 간의 분열에 따른 계급갈등의 문제이다.
4. 복지국가는 주로 권리의 확대를 통하여 발전한다. T. H. 마샬이 매우 정확하게 3개의 연속적인 권리 계단을 구별하였다 : 법적 권리(언론의 자유 같은), 정치적 권리(보통선거권 같은), 경제적 권리(실업보험 같은).
5. 생산자의 이익이 고객의 이익보다 우선하는 경향이 있다. 고객은 대개 "제공받는 것"을 취하기만 하면 된다. "의사가 가장 잘 알고 있다"는 식의 사고가 거의 모든 영역을 지배한다. 시민들은 서비스의 수령자로서 대체로 수동적인 존재로 간주된다.
6. 정책은 사람들의 생활에서 일어나는 "지금 여기에서의" 문제에 초점을 맞춘 것이다. 사람들의 한 평생은 대체로 안정되어 있고 예측 가능한 것으로 간주된다. 연금제도가 바로 이런 가정에 따라 만들어진 것이지만 다른 정책도 대부분 그런 것이다.
7. 교육은 중심 자리를 차지하지만 대개 초중등 교육에만 국한된 것으로, 그리고 교육기회를 제한된 사람들에게 초중등 교육을 제공한다는 발상에 국한된 것으로 이해한다.

또 다른 가치를 추가해야 한다. 기후변화가 그것이다. 흔히 기후변화에 대항하는 싸움은 순전히 소극적인 방식으로만 고려되었다. 즉 기후변화가 초래할 유해효과를 제한하는 것 정도로. 그러나 적극적인 가치도 포함시켜야 한다. 자연에 대한 우리 인간의 관계는 어떤 것이어야 하는가? 우리가 가장 원하는 삶은 어떤 삶인가?

나는 이제 전통적 의미에서의 복지국가의 종말이 임박했다고 생각한다. 물론 안전망은 지금도 필요하다. 그러나 안전망 개념도 과거와는 달리 더 적극적인 차원에서 보아야 할 것이다. 지금 복지국가는 "사회적 투자국가"(social investment state)로 되고 있다.[5] 앞에서 내가 말한 "확신을 주는 국가"라는 개념 외에 이 개념도 추가적으로 필요한가? 나는 그렇다고 말하고 싶다. 이 두 개념은 상호보완적인 것이기 때문이다. "사회적 투자"란 경제적 역동성과 사회정의를 공생하게 만드는 수단들에 관한 것이다. "확신을 주는"이라는 말은 이 쌍둥이 목표의 달성에 필요한 다양한 기구들을 조정하는 국가의 책임에 관한 것이다.

두 가지 예 : 장애와 고령

적극적인 복지정책은 개입주의적인 것, 달리 말하면 사후적인 치유가 아니라 사전예방적인 것이어야 한다. 개입주의란 일이 잘못된 다음에 보험대책을 제공해 주는 선에서 그치지 않고 사회문제의 근원을 찾아 그것과 씨름하는 자세를 뜻한다. 장애의 경우를 예로 생각해 보자. 장애인을 흔히 "핸디캡을 가진 사람"(the handicapped)으로 부르는데, 이런 식의 꼬리표는 그 사람이 불가피하게 무능하다는 의미를 함축하는 것이다. 장애인은 정상적인 사회생활에서 소외된 방관자 신세로 떨어질 수 있다. "저 사람도 차를 마실까?" 하는 인식이 널리 퍼져 있다면 그것은 잘못된 것이다.

많은 경우에 그런 꼬리표가, 그리고 그 꼬리표와 더불어 나타나는 사람들의 태도가 장애인들로 하여금 자신들의 가치를 더욱 평가절하하게 만든다. 많은 장애인들이 현재보다 더 적극적이고 만족스러운 삶을 영위하는 것은 얼마든지 가능하며, 또 우리는 그런 가능성을 최대한 키우는 것을 목표로 삼아야 한다. 일하기를 원하는 장애인은 일할 수 있어야 한다. 현재 장애인으로 분류된 사람들 가운데는 육체적 장애가 아닌 정신적 장애를 가진 사람들이 꽤 많다. 이런 사람들에게 치료의 기회를 더 많이 제공해 주면 이 사람들을 다시 자기 두 발로 서게 하는 데 큰 도움이 될 것이다.

용어의 정의를 넓게 잡으면 현재 영국에는 1,100만 명의 성인 및 아동 장애인이 있다. 정부의 "전략단"(Strategy Unit)이 작성한 상세한 보고서는 이 사람들의 삶의 질을 높이는 방법, 그리고 이 사람들을 노동현장에 서게 하는 방법을 아주 많이 제시하고 있다. 그런 방법 중에 하나는 이런 것이다. 즉 이 사람들 개개인에게 독립적인 예산지원을 해주고 또 그 돈은 본인 마음대로 쓸 수 있게 함으로써 이 사람들의 독립적인 삶을 달성하는 데 도움을 주는 방법 같은 것이다. 아동기 및 청소년기에 있는 장애인들에게 더 많은 지원을 해 주는 것은 이 아이들의 잠재력을 개발하는 데 도움이 될 것이다. 이와 같은 발상에서 장애인들을 일자리로 보내 거기서 경력을 쌓아가

게 만드는 데 도움이 되는 다양한 지원책을 고려할 수 있을 것이다.[6]

적극적 복지를 전면에 내세우는 것이 "부드러운" 의제의 함정, 즉 국고가 감당할 수 없는 요구를 하는 그런 함정에 빠지는 것일까? 아니, 그렇지 않다. 여기서도 장애가 좋은 예가 된다. 현재 많은 장애인들이 일자리를 원하고 있지만 일자리를 구하지 못하고 국가의 수당이나 기타 지원에 의존하고 있다. 이런 사람들을 일자리로 보낸다면 그것은 당사자들의 자기 실현뿐만 아니라 국가 경제에도 긍정적인 결과를 초래할 것이다.

이제 "고령화 사회"에 대하여 논의할 차례이다. 이것은 정말 잘못 붙여진 이름이다. 실제로 일어나고 있는 일은 노인들의 생활양식이 젊은이들의 생활양식과 통합되고 있다는 것이다. 사실 노인들이 점점 더 젊어지고 있으며, 노인들만의 세계에 갇혀 사는 일이 더욱 더 줄어들고 있다. 지금까지 노동당은 주로 연금문제에만 매달려 이러한 변화의 중요성에 대해서는 눈을 뜨지 못하고 있다. 우리는 "연금생활자"라는 용어를 버려야 한다. 정부는 무슨 발표를 할 때 이 말을 거리낌 없이 사용하지만, 사실 이 말은 공동체의 나머지 사람들로부터 무언가 제공받아야만 하는, 본질적으로 의존적인 사람이라는 뜻을 가진 말이다. 그런 부정적인 의미를 가진 말이기 때문에 버려야 한다고 말한 것이다.

나는 고정된 은퇴 나이를 없애야 한다고 생각한다. 사람들이 유급노동을 그만두는 시기에 유연성을 두어야 한다. 노인도 능력과 헌신성이라는 측면에서 자격이 있는 한 다른 사람들과 마찬가지로 일할 권리를 갖도록 해야 한다. "연금"이라는 용어 자체가 궁극적으로는 없어져야 한다. 연금은 미래를 위한 여러 형태의 투자 가운데 하나로 되어야 한다. 오늘날 연령차별은 과거 성차별이 그러했듯이 (정도의 차이는 있지만 지금도 성차별은 문제이다) 큰 사회문제 가운데 하나이다. 나이든 여성은 이 두 가지 차별 모두에 시달린다. 젊은 사람들이 직장에서 밀려나지만 않는다면 더 많은 노인들이 일을 하는 것이 매우 중요하다. 연령차별은 젊은이들에게도 도움이 되지 않는다. 일자리를 갖지 않은 노인들이 일하고 싶다고 말하고 있으므로 거기에 필요한 인센티브를 주고 또 적절한 물질적 조건을 갖추어 주어야 한다.

확실히 고령화는 우리 사회에 많은 문제를 안겨주고 있다. 그러나 고령화 자체가 그런 문제의 해결책 가운데 하나이다. 단지 나이가 몇 살에 이르렀다는 이유만으로 그 사람이 일하기에 적합하지 않다고 생각하는 것은 잘못이다. 더 많은 노인을 일자리에 앉히는 것이 젊은 세대의 일자리를 빼앗는 것도 아니다. 진실은 정확히 그 반대이다. 노인들에게 더 많은 취업기회를 제공하는 것은, 그리고 나이가 일 잘하는 데 방해가 되지 않는다는 사실을 확실히 하는 것은 모든 사람들에게 이익이 된다. 연령차별을 정당화하는 것은 그런 생각을 가진 젊은이들에게만 나쁜 영향을 주는 것이 아니라, 다른 경우에도 그렇듯이 차별의 대상이 되는 사람들에게도 자존심 손상과 궁극적으로는 실제의 능력 손상이라는 피해를 준다.

우리는 과거 한때 많은 질병과 장애를 본질적으로 나이와 관련된 것으로 알았지만 지금은 그보다는 생활양식과 더 관련이 있다는 사실을 알고 있다. 예를 들어 여성은 평균적으로 남성보다 오래 산다. 이 차이는 유전적인 요인에서 나온 것일 수도 있지만, 적어도 부분적으로는 생활양식의 차이에 나온 것이다. 평균적으로 남성은 담배를 더 많이 피우며, 운전을 더 부주의하게 하며, 먹는 것에 대해 신경을 덜 쓰며, 병원에도 덜 간다.

새로운 스캔 기술의 발달에 힘입어 지금 우리는 불과 10년 전과 비교하더라도 노화와 두뇌에 대하여 더 많은 것을 알고 있다. 나이가 들어감에 따라 두뇌세포가 죽는다는 것은 틀린 것으로 드러났다. 식습관과 생활양식이 동일하다면 20세 청년과 70세 노인 사이에 정신적 능력의 차이는 거의 없다. 첨단 진단장비로 촬영한 결과를 보면 건강한 80대 노인의 두뇌는 40대 중년의 두뇌 못지않게 활동적이다.[7]

영국의 경우 66세 이상 노인의 7%만이 은퇴자 주택이나 호스텔에 살고 있다. 절대 다수 노인은 공동체 안에서 살고 있고 또 그러기를 원하고 있다. 육체적인 건강과 좋은 음식, 그리고 정신적 활동은 수명연장에도 크게 도움이 될 뿐만 아니라 노인들의 자존심과 자신감에도 긍정적인 영향을 준다. 새로운 용어가 필요하다. "고참시민"(senior citizen)이라는 말은 "연금생활자"라는 말보다 훨씬 좋다. 그러나 이 말에도 무언가 배려가 필요한 사람이라는 좋지 못한 의미가 함축되어 있다.

노화와 생활양식의 상관관계에 대한 10년에 걸친 연구가 있는데, 이 연구는 중요한 사실들을 많이 보여주고 있다. 이 연구는 유럽 9개국의 남녀 2,000여 명을 대상으로 한 것이다. 식생활, 생활양식, 건강 등에 관한 기초자료 측정을 1998년부터 1999년까지 정기적으로 실시하였다. 품질 낮은 식사, 흡연, 육체적 활동 부족 등이 사망위험을 크게 높이는 것으로 나타났다. 한 가지 매우 중요한 발견은 이런 것이다. 즉 다른 연구들에서도 뒷받침되고 있듯이 건강한 생활양식이 노화에 미치는 영향은 의사들이 말하는 "압축 누적 사망률"과 거의 일치한다는 것이다. 쉬운 말로 하면, 허약해지거나 병들거나 아니면 둘 다거나, 사망의 원인이 무엇이건 간에 사람이 죽어가는 시간이 짧아진다는 것이다. 이것은 당사자의 고통을 줄인다는 점에서 매우 중요할 뿐만 아니라, 사망 직전 몇 년간 막대한 의료비용이 발생한다는 점에서도 매우 중요하다.

노인들이, 특히 허약한 노인들이 가족 내 혹은 집단 내에서의 비공식적 간병 비용은 말할 것도 없고 항상 국민건강보험의 자원 가운데 큰 부분을 소비한다. 이런 농담이 있다. 건강에 별로 신경 쓰지 않는 사람이 신경 쓰는 사람에게 하는 말, "언젠가는 너희 건강 신경 쓰는 놈들도 병원에 누워 아무 병도 없이 죽어가는 바보 같은 꼴을 보이게 될 것이다." 그러나 이것은 그렇게 바보 같은 일이 아니다. 사람은 다 무슨 병으로든 죽는다. 그러나 많은 노인들을 허약하게 만드는 만성질환을 치유할 수 있다면 허약한 노인들의 숫자는 크게 줄어들 것이다.

생활양식과 건강

보건 분야는 개입주의적 정책이 필요한 또 다른 중요한 분야이다. 개인적 자유의 영역을 부당하게 침범하지 않고 개입정책을 개발할 수 있을까? 그렇다. 왜냐하면 자유란 앞에서 내가 제안한 바와 같이 항상 실질적인 자유 혹은 행동의 자율성이라는 차원에서 정의되어야 하는 것이기 때문이다. 예를 들어 비만은, 특히 아동의 비만은 그 이후의 건강상태에 큰 영향을 미친다. 그렇다고 비만의 원인에 대하여, 즉 탄수화물과 설탕이 지나치게 많이 들어 있는 음식, 어린이들을 대상으로 그런 음식을 먹도록 부추기는 광고, 그리고 운동을 시키지 않는 것 등에 대하여 엄벌을 가한다는 것은 옳지 않다. 성인 비만의 경우에도 처벌의 조건을 엄격히 제한한다면 모를까, 이와 동일한 논리가 그대로 적용된다.

정책을 어떻게 만드느냐에 따라서 사람들의 행동이 달라질 수 있다는 사실을 우리는 알고 있다. 많은 예가 있다. 안전벨트 착용, 흡연율 저하, 하이브리드 자동차 시장 형성 등이 그런 예이다. 제조업자를 규제하기 위한 법적인 개입이 필요한 경우도 아주 많다. 예를 들어 흡연의 경우 이미 그런 사례가 있으며, 식품산업에도 그런 일이 곧 일어날 것이다. 최근 뉴욕 시 보건당국은 모든 술집과 식당에 대하여 트랜스 지방의 사용을 금지하였다. 트랜스 지방은 심장질환과 관련이 있는 것으로 간주되며, 비만과의 관련은 확실하다.

핀란드의 사례는 여러 정책들을 잘 조합하여 시행하면 사람들의 습관도 바꿀 수 있다는 사실을 잘 보여준다. 1960년대에 핀란드는 선진국들 중에서 남성 심장병 발병률이 매우 높은 편이었다. 특히 동부에 위치한 노스 카렐리아 지방의 경우 더욱 심했다. 이 지역의 주된 산업은 낙농업이었다. 붉은 살코기와 함께 전지 우유, 치즈와 버터 등 고지방 유제품들이 이 지역 사람들이 늘 먹는 음식이었다. 그리고 다른 지역에 비해 이 지역의 흡연율도 높았다. 핀란드 정부는 현지에서 건강에 관한 토론회도 자주 개최하고 또 건강식품을 권장하는 프로그램도 시행하였다. 핀란드는 최초로 공공 장소에서의 흡연을 금지한 국가이다. 이런 캠페인을 주도한 사람들은 식품제조업자들을 설득하여 저지방 제품을 개발토록 하였고 제품의 염분 함량을 줄이도록 하였다. 1990년대에 이르러 심장병 발병률이 75% 줄었으며, 고혈압, 비만, 당뇨 등의 경우에도 비슷한 결과가 나왔다.

적극적 복지라는 의제는 국민건강보험에 대한 논쟁, 특히 그 장래에 대한 논쟁의 확대를 의미한다. 앞에서 내가 건강보험에 대해서 다룰 때는 주로 건강보험이 어떻게 조직되어 있는가 하는 문제에 초점을 맞추었다. 사람들은 이 문제에서도 이미 걱정거리가 많다고 생각할 수도 있을 것이다. 그러나 머지않은 장래에 더 심각한 문제들이 제기될 것이다. 건강보험은 과거나 현재나 전통적 복지국가의 핵심적 구성 부분이다. 특히 건강보험은 병에 걸리거나 이러저러한 처치를 받아야 할 사람들을 치료하는 일에 관여한다. 어떤 사람이 지적하였듯이 건강보험은 국민질병보험(National Sickness Service. 건강보험, 즉 National Health Service에서 “Health”를 그 반의어인 “Sickness”로 바꿔치기한 일종의 말장난이다[역자 주])이라고 이름을 바꾸는 것이 더 적절한지도 모른다.

베버리지는 치료받기 위해 건강보험을 방문하는 횟수가 시간이 지날수록 줄어들 것이며, 이에 따라 비용이 절감되거나 아니면 적어도 비용 수준이 안정화될 것이라고 추정한 바 있다. 실제에 있어서는 비용이 늘어나고 있는데, 그 요인은 매우 비싼 새로운 치료법의 증가, 임금인상과 환자의 기대상승 등이다. 그러나 그 주된 이유는 심각한 전염병이 거의 없어져서 다른 건강의 조건들이 더 중요해졌다는 데 있다. 이 다른 조건들이란 거의 전부가 어떤 식으로든 생활양식과 관련된 것들이다.

건강보험의 문제점은 지나치게 병원에만 초점을 맞춘다는 것, 예방에는 무관심하고 사후 치료만 지나치게 강조한다는 것이라는 주장이 나온 바 있다.[8] 정부는 예방 쪽으로 강조점을 옮기기 위한 계획을 가지고 있으나 아직 큰 진전을 보이지 못하고 있다. 데이비드 보일과 그 동료들은 "국민 병 없음 보험" (National Wellness Service. 앞의 국민질병보험의 "Sickness"를 그 반의어이면서 "Health"의 동의어인 "Wellness"로 바꿔치기한, 이 역시 일종의 말장난이다[역자 주]) 으로의 진전을 가로막는 5개의 문제를 다음과 같이 지적하고 있다 : [9]

1. 건강보험에 몸담고 있는 전문가들이 지나치게 큰 영향력을 가지고 있으며, 과거와는 많이 달라진 오늘날 환자들의 필요를 제대로 파악하지 못하고 있다. 병이 나야만 의사를 찾아간다는 사실, 이런 사실은 사람들에게 스스로 자기 건강에 책임진다는 자세보다는 병이 났을 때 병원 가면 된다는 식의 자세를 조장한다. 입원하는 사람들이 많다는 것은 곧 보건정책의 실패를 보여주는 것이라 할 수 있다. 환자 자신 혹은 1차 진료기관에 의해서 문제가 조기에 발견되거나 보고되는 경우는 많지 않다.

2. 생활양식의 변화는 기존 의료체계의 대처능력을 뛰어넘고 있다. 이런 상황은 건강에 나쁜 생활양식의 장기적 효과가 이미 나타나고 있기 때문에 앞으로 더욱 악화될 것 같다. 이런 상황을 바로잡기 위한 중요한 시도가 있었지만 병원의 식단이 정말로 어이없게도 바로 그런 문제를 드러내는 경우가 많아 건강보험이 바로잡아야 할 나쁜 상황을 더욱 악화시키는 데 기여하고 있다.

3. 현재 입원하는 환자의 약 80%가 만성병 환자이다. 원래 건강보험은 이와는 전혀 다른 상황에 대처하기 위해 만들어진 것이다. 날마다 수천 명의 환자들이 입원하는데, 이 사람들은 병이 심한 것도 아니고 병원이 제공하는 특별한 서비스가 필요한 것도 아니다. 단지 보살핌을 받을 곳이 따로 없기 때문에 입원하는 사람들이다.

4. 교통수단의 발달로 인하여 이웃사람들과의 망 관계가 과거처럼 도움이 되지는 못한다. 교제망이 없는 사람은 흡연자 못지않게 높은 건강위험에 노출된다. 현재의 조직상태로 보아 건강보험이 이런 종류의 어려움을 덜어주기 위해 할 수 있는 일은 별로 없다. 가장 해로운 습관은 중독이다. 병원은 환자의 건강을 심각하게 해칠 수 있는 신경성 무식욕증 같은 아주 특별한 중독증을 치료할 수 있다. 그러나 일반적인 중

〈상자 3〉 탈산업복지사회

1. 정책은 예방적 복지와 인간자본에 대한 투자에 기반을 둔다. 안전망은 여전히 제자리를 지킬 것이지만, 이를 더 생산적인 정책과 통합시켜야 한다. 정책의 방향은 적극적인 삶의 가치이다.
2. 생활양식의 변화는 복지체계의 핵심 관심사이다. 적극적인 결과를 확보하기 위하여 인센티브와 제재를 활용한다. 이런 것들은 전통적인 민주적 장치를 통하여 만들어야 하며, 또 실질적인 자유에 적합한 것이어야 한다.
3. 복지체계는 연대를 강화하도록 설계한다. 그러나 무엇보다도 문화적 다양성 및 생활양식의 다양성과 사회 전체의 결속을 조화시키는 데 도움이 되도록 설계한다. 사회문제란 곧 이 조화를 만드는 문제이며, 소수인종 집단의 완전한 참여를 보장하는 문제이다.
4. 권리는 복지체계의 사실상 모든 분야에서의 의무 혹은 책임성과 함께 간다. 그러나 권리를 일단 그것이 안정된 다음에는 당연히 주어진 것으로 취급하지 말아야 한다. 권리는 개혁의 대상이 될 수도 있다. 또한 권리는 직접적인 위협(언론의 자유 같은)의 대상이 될 수 있다.
5. 복지체계의 고객들은 정보 획득, 개인화된 서비스, 선택 등과 같은 일련의 장치들을 통하여 권한위임을 받는다.
6. 정책은 사람들의 인생 역정에서 과도적인 문제들에 초점을 맞춘다. 이런 문제들은 대부분 예측이 불가능한 문제들이지만 적극적인 결정의 형태를 띠는 것들도 많다. 정책은 인간의 능력에 대한 투자를 지향하며, 가능한 한 장기적 시각을 갖추도록 한다.
7. 평생교육과 함께 계속교육 및 고등교육은 경제적 · 사회적으로 더욱 중요해지고 있다.

독증은 치료할 수 없다. 예를 들어 일중독에서 오는 스트레스 같은 것이 그런 것이다.

5. 이러한 문제들에서 진전을 이룬다는 것은 매우 어렵다. 새로운 방향을 설정하지 않는다면 건강보험은 다가오는 새로운

긴장에 제대로 대처하기 어려울 것이다. 의료보험의 근본적인 개편에 도움이 되는 중요한 변화가 일어나고 있다. 그 중 한 가지는 무상 의료의 사용이 늘고 있다는 것이다. 무상 의료의 대부분이 치유보다 예방 위주로 이루어지며, 또한 그 대부분이 환자의 생활양식까지 살피는 전반적 처치를 강조한다. 사실상 이 모든 것들이 건강보험 밖에서 이루어지는데, 이는 곧 더 많은 사람들이 자신의 건강을 스스로 돌보는 의무를 받아들이고 있다는 사실을 뜻한다. 불행히도 이런 무상 의료는 현재 매우 계급편향적이다. 즉 가난한 사람들이 건강에 좋지 않은 생활양식을 가지고 있을 뿐만 아니라, 그런 무상 의료도 훨씬 덜 이용하고 있다.

만성병을 피하거나 그것을 관리하는 데 있어서는 의료전문가보다도 환자 자신의 역할이 더 중요하다. 지금까지 보건 분야에서 노동당이 다른 사람들의 책임은 그토록 강조하면서 시민 개개인의 책임을 강조하지 않았다는 것은 놀랄 일이다. 아마 이러한 사정은 건강보험이 현재 처해 있는 정치적 입장의 한 표현인 듯하다. 자신의 건강에 대하여 더 큰 책임을 지는 것이 적극적 시민정신의 근본적인 부분이 되어야 한다. 그러나 이 책임은 정부의 올바른 대응과 결합되어야 한다.

현재 건강보험은 환자가 아닌 병에 초점을 맞추고 있다. 그렇기 때문에 환자는 수동적이어야 하고, 또 무엇이 되었건 관계없이 자기가 받는 보살핌에 대하여 감사해야 할 처지에 놓인다. 이런 상황은 환자 자신의 적극적인 생활관리가 아주 중요한 만성병의 경우에 병을 효과적으로 치료하는 데는 좋지 않은 상황이다. 환자 자신의 능력과 의료진의 능력을 결합하기 위한 프로그램이 몇 개 있다. 예를 들어 전문가 환자 프로그램이라는 것이 있는데, 이것은 지역의 1차 진료소와 협력하여 만성병을 가진 자원봉사자들을 훈련하는 것이다. 이 프로그램은 간호 인력 수요를 줄이는 데 큰 성과를 거두었다. 이와 유사한 프로그램이 미국 미시간에서도 시도되었는데, 당뇨병 환자의 입원기간을 45% 줄이는 성과를 거두었다.[10]

정부는 자주 보건 분야를 포함한 공공 서비스의 개인화에 대하여 언급하였지만 그에 따른 새로운 구상을 내놓지는 않고 있다. 현재의 추세는 오히려 거꾸로 가고 있는 것 같다. 일반의들이 환자와 만나는 시간은 1회 평균 10분이다. 그렇기 때문에 환자가 어느 특정의 일반의와 인간적인 관계를 맺는다는 것은 어렵다. 종합병원의 경우 환자가 같은 전문의를 두 번 이상 만나는 일은 거의 없다.

전통적인 건강관리 분야에 더 많은 돈을 투자한다면 그런 문제가 좀 줄어들 수 있을 것이다. 그러나 그래도 문제는 계속 커질 것이다. "국민 병 없음 보험"이 어떤 모습을 보이게 될지에 대하여, 그리고 그것이 현재 건강보험이 안고 있는 절박한 문제들을 얼마나 완화시킬 수 있을지에 대하여 더 깊이 생각해 보아야 할 것이다. 과거 보건 분야에서의 돌파구는 건강보험 그 자체가 아닌 공중보건 분야에서의 향상에서 나온 것이 대부분이다. 이런 양상은 지금도 마찬가지인 것 같다.

기후변화, 생활양식 변화

생활양식 변화는 환경 의제의 핵심을 이룬다. 이 문제를 지구적으로 생각한다면, 반드시 그렇게 생각해야 하지만, 생활양식 변화는 매우 광범한 영향을 미치는 변화이다. 영국의 경우 세금 인센티브와 징벌적 벌금제를 조합한 어떤 조치를 고안하는 작업은 브라운 정부에게 큰 시험거리가 될 것이다. 노동당은 기후변화 의제를 꽉 움켜잡아야 하며, 가능한 한 이 문제에 관한 초당적 합의를 이끌어 내야 한다.

기후변화에 대한 진지하고 상세한 보고서가 나왔다는 것은 반가운 일이다. 이 보고서는 고든 브라운 주관 하에 주류 경제학자들에 의해 작성된 스턴 보고서이다. 니콜라스 스턴은 흠잡을 데 없는 명성을 가진 학자이지 결코 허풍쟁이가 아니다. 기후변화에 대항하는 조치를 꺼리게 만드는 주된 요인은 경제적 고려이다. 그러나 그런 조치를 취하지 않을 경우에 입게 되는 경제적 손실은 더 크다. 스턴은 바로 이 점을 강조하기 때문에 그의 주장은 엄청난 위력을 가진다.

대기 중 이산화탄소, 메탄, 일산화질소, 기타 유해 가스 등 온실효과를 만드는 가스의 총량이 늘어난 것이 인간 활동의 결과라는 사실은 이제 확실해졌다. 산업혁명 이전의 대기 중 온실 가스 밀도는 280ppm이었지만 지금은 430ppm이다. 이 결과 지구의 온도가 섭씨 0.5도 이상 높아졌다. 이미 대기 중에 있는 온실 가스 총량을 감안하면 앞으로 40년 후면 다시 최소한 0.5도 높아진다. 만일 아무런 조치도 취하지 않는다면 온실 가스 총량은 2100년 시점에 이르면 300% 증가할 것이다. 기후변화에 관한 연구 모델로 보면 이런 변화는 온도 5% 증가의 위험성이 50%에 달하게 된다는 것을 뜻한다. 그 결과는 대재난이 될 것이다.[11]

온난화는 개발도상국들에게 가장 혹독한 영향을 미칠 것이다. 그런 영향을 차단하기 위한 준비가 주요 개발계획에 포함되어야 한다. 혹독한 영향 가운데 물 문제가 있다. 빙하와 극지방 얼음이 녹는다면 저지대의 홍수위험이 커질 것이며, 곧이어 물 공급량이 크게 줄어들 것이다. 이런 변화로부터 직접적인 영향을 받게 될 인구는 약 10억 정도인데, 지역으로 보면 인도 아대륙(亞大陸), 중국 일부, 라틴아메리카가 여기에 해당된다. 적도지방, 특히 아프리카 적도지방에서는 곡물 생산량이 줄어들 것이다.

주로 북반구에 몰려 있는 선진국들의 경우 온난화로부터 처음에는 약간의 이득을 볼 것이다. 그러나 온난화가 계속 진행됨에 따라 초기의 이득을 훨씬 능가하는 손해를 보게 된다. 온도 2% 상승은 유럽의 물 공급량 20% 감소를 초래할 것이다. 기후변화는 세계 도처에서 더욱 파괴적이고 극단적인 기상이변을 낳을 것이다.

이 책을 집필하는 동안 유엔의 "기후변화에 관한 정부 간 패널"(IPCC)이 당시까지 나온 증거들을 조사하여 방대한 분량의 새로운 보고서를 막 발표하려고 하였다. 그 내용의 일부가 이미 공개되었는데, 현재 관측되고 있는 온난화 추세가 온실 가스가 아닌 자연적 요인에 의한 것일 가능성은 5% 이하라고 한다. 현재의 추세가 그대로 지속된다면 2100년 시점에 이르러 온도가 무려 5.8도 올라갈 것이며, 지금 당장 모든 가스 배출이 중단된다 하더라도 10년마다 0.1도씩 올라갈 것이라 한다.

온도상승에 추가적 영향을 줄 피드백 효과도 있다. 예를 들어 숲, 해양, 토양의 이산화탄소 흡수능력이 줄어들 위험이다. 이러한 피드백 효과는 지금 벌써 나타나고 있는지 모른다. 2001년 이후 대기 중 이산화탄소 수준이 예상 밖으로 크게 높아진 적이 있다. IPCC는 금년 안에 무게 있는 보고서 세 편을 발표할 예정이다. 그 중 한 편과 관련하여 IPCC 의장인 라젠드라 파차우리(Rajendra Pachauri)는 다음과 같이 말했다 : "이 보고서보다 더 믿을 만하고 또 공인된 과학적 보고서는 없을 것이다. 그렇기 때문에 나는 이 보고서가 각국 정부와 사람들에게 충격을 주어 더 진지한 행동을 하게 만들기를 바란다."[12]

장차 온난화로 말미암아 개별 국가들과 전 세계가 부담해야 할 경제적 비용은 온난화 억지를 위한 조치를 취하지 않음으로써 얻는 편익보다 훨씬 더 커질 것이다. 스턴 보고서에 의하면, 기후변화의 경제적 역작용은 몇 년 전에 생각했던 것보다 훨씬 더 심각하다. 그대로 방치한다면 얼마 안 가서 비용이 편익을 능가할 것이다. 가까운 장래에 세계 금융체계에 악영향을 줄 수 있을 것이다. 예를 들어 기상이변이 더 자주 발생하면 곧바로 보험업계가 직접적인 타격을 받게 되며, 그 결과 금융시장 전체가 영향을 받을 것이다.

기후변화를 가져온 것은 바로 경제성장이다. 그러나 스턴에 의하면 기후변화를 억지하는 것은 "경제성장과 더불어 가능한 것이며, 이와 충돌하지 않는다."[13] 이것은 매우 중요한 결론인데, 나는 이 결론이 옳다고 믿는다. 대기오염은 GDP 수준과 밀접한 관련이 있다. 선진국들이 전체 오염의 70%를 배출하였지만, 현 시점부터 개발도상국들의 배출량이 계속 늘 것이다. 개도국들은 매우 빠른 경제성장을 기록하고 있고 또 세계 제조업의 대부분을 책임지고 있기 때문이다. 그러나 기술의 발전이 이러한 등식을 바꾸고 있다. 선진국과 개도국 모두 적절한 정책 선택을 통하여 경제성장을 유지하면서도 이산화탄소 배출량을 줄이는 것이 가능해졌다. 그냥 내버려 둔다는 입장을 고수한다면 오히려 경제성장이 어려워질 것이다.

무임승차 문제

스턴 보고서는 정책 프로그램에 초점을 맞춘 것이 아니다. 그러나 우리가 직면하고 있는 문제는 만만치 않은 것들이다. 한 가지 큰 문제는 무임승차(無賃乘車, free-riding) 문제이다. 우선 세대 간의 무임승차 문제가 있다. 즉 현 세대가 다음 세대에 무임승차하는 문제이다. 정부나 보통 시민들은 문제 해결을 뒷날의 일로 미루고 싶은 유혹을 받는다. 기후변화로 인한 최악의 사태는 아직 한참 뒤의 일인데 왜 우리가 그렇게 걱정해야 하는가?

그리고 일부 국가가 다른 국가에 무임승차할 수도 있다. 예를 들어 선진국에 사는 사람들은 후진국들에게 간단히 이렇게 말할 수 있다 : "너희가 문제를 만들었으니 너희가 해결해라." 사실 이런 태도는 이제 흔한 것이 되었다. 선진국 중 어느 한두 국가는 필요한 조치를 다른 국가들이 취하도록 만들면 되지 않느냐 하는 자세를 보이고 있다. 이런 자세는 세계 최대 오염국인 미국 부시 행정부의 기본 자세이다. 개별 시민들도 특히 기후변화 관련 법령에 따른 처벌이 약한 경우 이런 자세를 취할 수 있다 : "다른 사람들한테 기름 잡아먹는 자동차를 포기하라고 해. 나는 그렇게 하고 싶지 않아."

마지막으로, 움직일 수 없는 과학적 증거가 있음에도 불구하고 여전히 회의주의가 있다. 특히 기후변화에 맞서 싸우는 것이 경제적 번영에 방해가 된다고 믿는 사람들 사이에 회의주의가 가시지 않고 있다. "기업경쟁력연구소" (Competitive Enterprise Institute)라는 단체는 자기네 웹사이트에 다음과 같은 내용을 올려놓았다 : "그 사람들은 이산화탄소를 오염이라 부르지만 우리는 생명이라 부른다." 이어서 지구 온난화의 위험과 관련하여, 그 위험은 우리가 피하고 싶은 미래의 상황에 관한 것이므로 그 위험이 실제적이라는 사실을 100% 확실하게 증명하는 것은 불가능하다고 주장한다.

무임승차의 가능성을 어떻게 줄일 수 있을까? 다양한 방법이 있지만 가장 좋은 것은 이런 것이다. 즉 각국의 정치지도자들이 무언가 효과적인 조치를 취하지 않을 경우 어느 누구도 위험하고 재난적인 결과에서 예외가 될 수 없다는 사실을 깨달아서 전 세계 모든 국가가 참여하는 국제조약을 체결하는 것이다. 그러나 지금까지 교토 의정서의 경험에서 나타나듯이, 미국을 포함한 일부 국가들이 서명을 거부하고 있어 그 정도까지 진도가 나가지는 못했다. 이미 서명한 국가들은 서명하지 않은 국가들에게 계속 압력을 가해야 한다. 이런 일은 더 많은 증거가 축적될수록, 그리고 지구 온난화의 징후가 더욱 뚜렷해질수록 쉬운 일이 될 것이다. 우리는 교토협약 정도에 만족할 수 없으므로 가능하면 빠른 속도로 전 지구적 합의의 길로 나아가야 한다.

이런 일을 주도하는 것은 개별 국가, 특히 국가군(國家群)의 임무이다. 이 일을 하기 위해서는 중장기적으로 편익이 비용보다 훨씬 더 크다는 사실에 주목해야 한다. 이와 관련하여 EU는 매우 중요한 역할을 수행할 수 있으며, 이미 교토협약의 발효에 필요한 서명국 수를 확보하기 위한 노력에서 지도력을 보여준 바 있다. 원칙 면에서 선봉에 서는 사람은 실제 게임에서도 앞서 나갈 수 있다. 즉 기술혁신으로부터 나오는 경제적 이익과 공중보건 증진 같은 사회적 이익이라는 차원에서도 유리한 고지를 선점하게 된다. 배출량을 줄인다는 것은 불안정한 지역에 대한 에너지 의존도를 줄이는 것이 되므로 에너지 안보 면에서도 이득이 될 것이다.

미국의 경우 연방정부는 기후변화 관련 정책에 계속 거리를 유지하고 있지만 일부 주정부는 그런 정책에 큰 관심을 보이고 있다. 예를 들어 캘리포니아 주정부는 그 성과 면에서 아직 부족한 점이 있지만 오래 전부터 환경정책의 선봉역할을 해왔다. 캘리포니아는 일찍이 1980년대에 자동차 제조사들에게 모든 자동차에 배기가스 정화장치(catalytic converter)를 의무적으로 부착하도록 하는 내용의 법을 도입하여 이 분야를 선도하였다. 최근에는 온난화가 캘리포니아에 미칠 영향에 대한 포괄적이고 상세한 연구를 마치고 그 연구를 바탕으로 하여 새로운 조치를 취했다. 와이오밍 주의 지사는 이산화탄소를 제거한 액화탄소를 사용함으로써 석유에 대한 의존을 완전히 벗어난 최초의 주를 만들 것이라고 선언하였다. 뉴욕 시장 마이클 블룸버그는 뉴욕 시를 "환경적으로 지속 가능한" 도시로 전환시키는 데 기초가 될 온실 가스 목록의 작성을 주도하였다.

기후변화와 시민권

국내정치 차원에서 볼 때 기후 관련 정책을 정상화하는 것이 이 시점에서 매우 중요하다. 지금 우리는 처음으로 환경문제를 정부와 시민 간의 계약에 해당하는 권리-의무 관계 속에 포함시켜서 고려해야 할 시점에 와 있다. 여기서 지도적 원칙으로 삼아야 할 것은 환경을 더 이상 공짜 재화로 간주해서는 안 된다는 것이다.

나는 자기 부정이 이러한 변화의 기초가 되어서는 안 된다고 생각한다. 우리는 모든 것을 가질 수 있다고 생각해서는 안 된다. 왜냐하면 다 가질 수 없기 때문이다. 자동차 오염 같은 일부 분야에서는 엄벌 위주의 조치가 필요할지 모르지만 이 경우 정치적으로 문제가 될 수 있다. 이보다는 의식 수준 제고와 함께 가능한 한 세금 인센티브와 세액공제를 시민, 공공기관, 기업 등의 생활양식 변화를 위한 동기부여 요소로 삼아야 한다.

환경정책과 관련하여 적극적인 가치는 어떤 것이어야 할까? 나는 노동당이 환경운동과 약간의 거리를 두어야 한다고 생각한다. 환경문제가 매우 두드러진 문제라는 점에서 내가 이렇게 말하는 것은 좀 이상한 일일지도 모른다. 환경문제를 대중의 의식 속에 심는 데서 환경단체들이 수행한 역할을 감안한다면 그런 생각은, 아무리 좋게 말해도, 감사할 줄 모르는 것이 아닌가? 오히려 우리는 모두 "지구의 친구들"이 되어야 하지 않을까?

사실 기후변화의 위험에 대하여 경계심을 갖게 해준 것은 환경운동이 아니라 과학자들이다. 많은 환경운동 단체들은 매우 다른 사상에 뿌리를 두고 있다. 즉 현대의 산업에 대하여 적대적인 사람들의 저술들에 영향을 받은 단체들이 많다는 것이다. 이 사람들은 산업이 자연의 통일성을 파괴한다고 믿는다. 이는 본질적으로 산업주의에 대한 낭만적이고 보수적인 반동이라 할 수 있다. 이러한 사실은 왜 많은 환경운동가들이 과학기술에 대하여 적대적이거나 아니면 적어도 애매모호한 태도를 취하는지를 잘 설명해 준다.

환경운동이 현대성에 대한 낭만적 비판에서 성장하였기 때문에 항상 환경운동은 한도를 설정한다는 생각, 무언가 줄인다는 생각과 연결되어 있다. 이런 생각은 일상생활에서부터 문명을 거부하는 철학과 맞닿아 있다. 최근 영국의 유명한 환경운동가 한 사람이 "스포츠가 어떤 방법으로 지구를 죽이는가"라는 제목의 글을 썼다.[14] 이 사람은 자동차 경주가 기후변화를 줄이는 것과 정면충돌하는 것이고, 그렇기 때문에 금지되어야 한다고 주장한다. 경기장 건설과 항공여객의 대폭 증가를 동반하는 것이라면 올림픽 경기도 폐지되어야 한다고 한다. 우리는 관중들에게 경기장에 가지 말고 집에서 TV로 스포츠 경기를 보라고 권해야 한다. 이 사람은 또 아주 진지한 태도로 가장 좋은 스포츠, 가장 쉬운 스포츠는 동네 공원에서 프리스비 던지기라고 한다.

나는 자동차 경주 팬이 아니며 자동차 경주에 대하여 특별히 아는 바도 없다. 그렇지만 자동차 스포츠 분야에서 개발된 기술이 보통 사람들이 타는 자동차의 연비를 향상시키는 데 있어서 다른 어느 요인보다 더 크게 기여했다는 것은 엄연한 사실이다. 기술의 발전과정은 그렇게 간단하지 않고 매우 복합적인 것이다.

환경정책의 밑바탕이 되는 가치는 다른 정책의 경우와 크게 다를 바 없는 것이어야 한다. 그 중 하나는 우리 자식들과의, 미래 세대들과의 연대이다. 다른 하나는 평등이다. 가능한 한 기후변화 대책이 가난한 사람들에게 불공평한 부담을 주지 않도록 해야 한다. 이 공식은 국내 수준과 국제 수준 모두에서 적용된다. 후진국들이 선진국들에 비해 기후변화의 파괴적 효과에 더 취약하다. 공중보건의 향상은 또 다른 주요 가치가 되어야 한다. 여기에는 윈-윈 효과가 있기 때문이다. 사람들이 가까운 곳을 여행할 때 자동차를 사용하지 않고 걸어서 다니고 또 그것을 즐긴다면, 이런 일은 모든 측면에서 긍정적인 이득이 되는 일이다.

국내적으로 배출량 감소를 위해 따라야 할 네 가지 기본 전략이 있다. 첫째, 환경을 공짜 재화로 여기지 않도록 하기 위하여 이산화탄소 가격제를 도입할 필요가 있다. 정부는 이 가격을 효과적으로 책정하는 방안을 찾아야 하다. 이 제도는 개인, 기업, 기타 경제 주체들로 하여금 행동의 결과에 대한 책임을 지도록 하는 효과를 거둘 수 있을 것이다. 이런 목표를 달성하는 데는 다른 정책도 있다. 예를 들어 혼잡세 같은 것은 사람들의 행동변화와 함께 환경목적을 위해 사용할 수 있는 세수 증대효과도 기대할 수 있는 것이다.

기업들 간에 이산화탄소 배출량이 거래되고 있듯이 개인 소비자 차원에서도 이산화탄소를 일종의 화폐로 사용하자는 제안이 나온 바 있다. 신용카드를 사용할 때 현금 포인트가 적립되듯이 이산화탄소 포인트가 적립되도록 할 수 있다. 소비자들은 이렇게 적립된 포인트를 정부가 정한 상한선 범위 내에서 연료나 에너지를 살 때 사용할 수 있을 것이다. 사용하지 않은 포인트는 연말에 현금으로 교환할 수 있게 하면 된다.

만일 기후변화의 악영향을 완화하기 위한 시간 여유가 10-20년 정도 있다면 그때 가서 그와 같은 제안을 실행에 옮기면 될 것 아닌가? 이렇게만 될 수 있다면 얼마나 좋을까? 연구에 의하면 결코 그렇지 않다. 대단한 기술발전이 필요한 것이 아니다. 가장 큰 어려움은 실질적이고 정치적인 것이다. 즉 유권자들이 그러한 제안에 찬성할까, 그리고 그것이 효과적이고 공평하게 작동할까 하는 문제이다. 이 두 가지 질문에 대하여 틴달 센터의 연구는 "그렇다"고 답할 수 있는 가능성이 분명히 있다고 한다.[15]

EU의 배출량거래제도(Emission Trading Scheme)는 이 분야의 선구자 구실을 하고 있으며, 다른 국가나 지역에 영향을 주고 있다. 예를 들어 캘리포니아 주가 이미 이와 유사한 제도를 도입하였다. 캘리포니아의 제도는 아직 초기 단계에 불과한 것이며, 항공 분야까지 확대 적용해야 한다는 주장이 있지만 아직은 이 분야에는 적용되지 않고 있다. 이 제도는 투자자의 위험이 명백하고 또 관리 가능한 것이어야 한다는 규칙 같은 것들이 존재하는 한 제대로 작동할 것이다.

유럽 수준에서 해야 할 일이 많다. 몇몇 국가들이 아직도 최악의 오염 산업체에 보조금을 지급하고 있다.[16] 예를 들어 독일은 광산업체들에 많은 보조금을 주고 있다. 수송정책은 효과적으로 조정되지 않고 있다. 그래서 구동유럽 지역의 일부 신입 회원국들은 철도 부문을 줄이는 동시에 자동차 전용도로를 건설하는 데 많은 공적 자금을 쓰고 있다. EU의 배출량거래제도 자체도 철저히 재검토해야 한다. 이 제도는 중공업 회사나 에너지 회사의 이산화탄소 배출량에 상한선을 설정하는 방식이다. 이는 곧 오염시킬 권리를 할당해주는 것인데, 이 할당량은 거래가 가능하다. 그러나 현재 상한선은 전체 EU 차원에서 결정되지 않고 개별 회원국들에 의해 결정되며, 그 평균 수준이 진짜 효과를 거둘 만큼 높지가 않다.

기후변화에 대처하기 위한 두 번째 전략은 기술발전의 속도를 높이기 위한 정책을 도입하는 것이다. 압력이 커지면 커질수록 극적인 기술발전의 가능성도 높아진다. 현재 영국의 연구개발 투자는 다른 선진국들에 비해 크게 뒤지고 있다. 이는 말할 필요도 없이 영국이 이 분야에서 선두로 나서는 데 악영향을 주고 있다. 일본의 토요타는 이제 세계 최대 자동차회사가 되었는데, 미국의 GM 같은 경쟁자들을 누르고 세계 최대 회사로 된 데는 환경친화적인 하이브리드 자동차에 대한 투자가 큰 도움이 되었다. 발전소처럼 초기 비용이 막대하게 들어가는 분야에서 이런 시도를 하기 위해서는 국가의 보조금이나 세금 인센티브가 필요할 것이다.

사전에 충분한 준비가 필요한 기술도 있다. 핵발전소가 그런 예인데, 이것을 사용하는 것이 바람직한 것인가 하는 문제가 있다. 독일의 경우 에너지의 약 1/3을 핵발전소에 의존하고 있지만 비핵화의 길을 걷기로 결정하였다. 핵에너지에 대한 높은 의존도를 내세워 반론을 펼 수 있음에도 불구하고 핵에너지에 대한 반대 목소리는 상당히 높다. 만일 선진국들이 핵발전소를 옹호하거나 신설한다면 후진국들에게 그렇게 하지 말라고 설득하는 것은 매우 어렵거나 불가능해진다. 이 문제를 다루는 국제기구들에서 여러 가지 방안이 논의되고 있지만, 이미 널리 사용되고 있는 핵발전소를 핵확산의 가능성으로부터 차단한다는 것은 매우 어려울 것이다.

핵발전소는 테러에 취약하며, 그래서 적절한 방어를 위한 비용이 든다. 체르노빌 사고를 포함하여 핵발전소 사고로 죽는 사람의 수는 예컨대 광산 사고로 죽는 사람에 비하면 매우 적다. 그러나 핵발전소 사고는 잠재적으로 매우 위험하다. 수천 년 동안 방사능을 방출하는 핵폐기물의 처리문제도 아직 적절한 해결책을 찾지 못한 문제이다.

따라서 결정을 내리는 것은 결코 쉽지 않다. 이 모든 문제들에 대처해야 하기 때문이다. 뿐만 아니라 20년 후를 대비하여 핵에너지에 투자하는 국가는 지금은 알려지지 않은 어떤 새로운 기술혁신으로 인해 낭패를 볼 수 있다. 그러나 모든 장단점을 비교 평가해서 나는 환경의식 수준이 높은 핀란드가 그렇게 했듯이 영국도 기존의 핵발전소를 개보수하는 것이 타당하다고 생각한다. 핀란드의 이웃나라인 스웨덴은 이전에 비핵화로 가겠다고 결정한 바 있으나 지금은 이 문제에 대한 판단을 꺼리고 있다. 스웨덴 정부는 이제 그리 먼 미래가 아닌 2020년까지 이산화탄소 없는 경제로 가겠다는 제안을 발표한 바 있다. 이 나라는 그렇게 할 수 있는 좋은 조건을 갖추고 있다. 1970년대 석유위기에 대하여 다른 나라들에 비해 더 강력한 대응책을 폈기 때문이다. 이미 이 나라 전력 생산량의 대부분이 재생가능 에너지원에서 나오고 있다.

영국의 경우 핵에너지가 없다면 앞으로 수년 이내에 비탄소 에너지원에 큰 구멍이 뚫릴 것이다. 앞으로 몇 년 안에 에너지 안보가 많은 나라들에서 심각한 문제가 될 것이며, 국산 에너지원의 중요성이 더욱 커질 것이다. 그러나 정부가 바뀌어 새 정부가 들어선다고 하더라도 정부는 에너지 분야에서 일어날지도 모르는 새로운 상황에 대비하여 핵에너지 프로그램에 대해서 계속 주의를 기울여야 한다. 핵에너지 프로그램에 유연성 개념을 적용하기는 어렵다. 왜냐하면 거액의 경직성 비용이 미리 투자되어야 하기 때문이다. 그러나 적응성 개념은 적용할 수 있다. 적응성이 높으면 높을수록 핵에너지 의존도의 적정 수준을 찾을 기회도 늘어난다.

셋째, 각 가정이 어떠한 결정을 내리느냐에 따라 영국 전체 배출량의 40% 이상이 영향을 받을 수 있다. 소비 패턴의 바람직한 변화는 어떻게 이끌어낼 수 있을까? 한 가지 방법은 일거양득이라는 의미에서 창조적인 정책을 개발하는 것이다. 예를 들어 공중보건 향상을 위한 캠페인은 환경에도 대단히 유익한 결과를 낳을 수 있다. 가령 사람들에게 걸어다니라고 설득하거나 걷는 것과 함께 대중교통을 이용하라고 설득하는 경우가 그렇다. 그리고 부자들은 연료소모가 많은 대형승용차를 타고 다니는 경향이 있으므로 대형승용차에 대한 세금을 인상하면 재분배 효과를 거둘 수도 있다. 환경세의 영국의 에너지 소비는 효율성이 좋아짐에도 불구하고 조금씩 늘고 있다.

– 1970 = 100

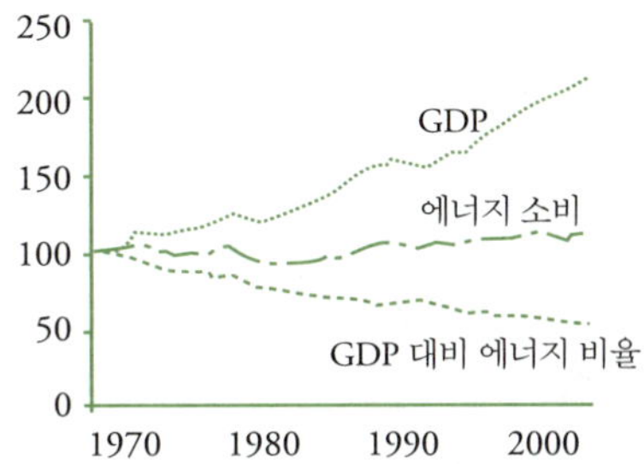

그림 6.1 : 경제성장은 에너지 수요를 증가시키고 있다.

일부를 빈곤층의 세금인하를 위해 사용하는 방법도 생각할 수 있다.

기업들에도 주의를 기울여야 한다. 이것은 적절한 세금감면 제도를 만들기 위해서, 그리고 기업들에게 환경 관련 책임을 분명히 알리고 또 업종 간에 공평한 책임을 지우기 위해서 필요하다. 캘리포니아에서 매우 재미있는 사건이 하나 있는데, 이 사건은 잠재적으로 파급효과가 큰 사건이다. 캘리포니아 주정부가 주요 자동차회사들을 상대로 소송을 제기한 사건으로서, 자동차회사들의 제품이 환경에 피해를 주었다는 것이다. 고소장에 의하면 피고 측은 지난 5년간 2억 8,900만 톤의 이산화탄소를 배출하였다고 한다. 이 오염이 캘리포니아 주 산간지방의 눈덩어리 양을 줄이고, 그리하여 물 공급량을 줄이고, 해수면을 높이고, 도시지역의 오존 오염도를 높이고, 또 산불위험을 높였다고 한다. 이로 인하여 캘리포니아 주가 입은 경제적 손실이 수백만 달러인데 이것을 배상하라는 것이다.

마지막으로, 그러나 앞의 세 가지 못지않게 중요한 것으로서 취약성에 대한 국가적 평가가 시급히 이루어져야 한다. 지구 온난화가 어떤 식으로든 영향을 미친다는 것은 사실이며, 그에 대한 효과적인 조치를 곧바로 취하지 않으면 그 영향은 그만큼 커질 것이기 때문이다. 적응한다는 것은 기후변화를 제한하는 것과 전혀 다른 문제이다. 환경변화가 가져온 위험에 대한 보호와 피해 최소화 같은 즉각적 이익이 되는 노력은 지역 차원에서도 할 수 있다. 시장, 특히 사보험 시장은 위험에 대한 신호를 업계와 정부에 보냄으로써 나름의 중요한 역할을 할 수도 있다.

그러나 국가는 필수불가결한 역할을 가지고 있다. 국가는 위험평가의 근거가 되는 정보의 대부분을 제공해야 하며, 그밖의 다른 책임도 함께 수행해야 한다. 예를 들어 장기화된 열파(熱波) 같은 기후변화의 효과는 명백히 건강문제와 결부된다. 2003년의 열파기간에 유럽에서 얼마나 많은 사람들이 죽었는가를 상기해 보라. 온난화가 건물의 하부구조에 어떤 영향을 주는가 하는 것도 중요한 문제이므로 건설업계에 대한 규제장치도 마련되어야 한다. 홍수위험 지역에 대한 추가적인 예방조치도 필요하다.

지역적인 재해가 발생할 수도 있으므로 비상시를 대비한 적절한 준비가 있어야 한다. 예를 들어 미국 뉴올리언즈 홍수 당시 현지 당국이든 연방정부 당국이든 가릴 것 없이 관계당국은 전혀 준비가 안 되어 있지 않았는가? 늘 그렇듯이 자원을 가장 적게 가진 자가 가장 큰 고통을 겪는다. 대개 이 사람들은 재해에 대처할 개인적 자원을 거의 갖고 있지 않았으며, 인적 피해 보상을 위한 것이든 물적 피해 보상을 위한 것이든 그 어느 형태의 사보험에도 가입하지 못한 사람들이다. 이같은 사실은 개혁을 통하여 복지제도의 틀 안에 환경 관련 조치를 포함시킬 필요가 있다는 점을 보여준다.

다음 장에서 나는 영국 복지체계의 또 다른 딜레마, 영국의 인구구성이 복잡해짐에 따라 생겨난 이 딜레마에 대하여 검토할 것이다. 사실 7장과 8장은 서로 밀접하게 연결되어 있다. 두 장 모두 재형성되고 있는 우리의 국가적 정체성에 관한 것이다.

▶ 2001년 10월 25일 회교도 집회에서 연설을 할 목적으로 서북 런던에 있는 알-코에이 재단에 도착한 토니 블레어가 영국 시아파 회교도 지도자인 사예드 압두 마지드 알-코에이(사진에서 맨 오른쪽), M. A. 자키 바다위 박사(오른쪽에서 두 번째), 뉴욕 알-코에이 재단에서 온 시크 파델 살라니 세 사람의 환영을 받고 있다.

다문화주의
– 포기하기 없기!

Chapter 7

전 미국 부통령 댄 퀘일의 유명한 말 : 나는 최근 라틴아메리카를 여행했는데, 나의 유일한 후회는 이 사람들과 대화를 나눌 수 있을 만큼 학교 다닐 때 라틴어 공부를 열심히 하지 않았다는 것이다.

영국 모 일간지의 보도 : 내무성은 사라예보에서 살해위협을 받았다고 주장하는 크로아티아계 보스니아인에게 망명을 허가하지 않았다. 그가 들은 말은 "장관이 당신에게 가해진 위협이 실현되지 않았다고 합니다"는 것이다.

현대적 통신수단의 영향으로 우리는 매일 다른 문화를 접촉하게 되었으며, 다른 사람들이 왜 그렇게 생각하고 행동하는지 파악하기 위해 고심하게 되었다. 다른 사람들과의 대화는 상호관용을 촉진할 뿐만 아니라 자기 이해에도 도움이 된다. 그런데 관용의 태도를 높이 평가하는 나라에서 그 내무성이 오히려 장벽을 높이고 있다.

2005년 7월 7일 런던에서 일어난 폭탄 테러로 52명이 죽었다. 죽은 사람들은 누구일까? 튀니지아, 아프가니스탄, 방글라데시 등 세계의 외진 지역에서 온 5명의 회교도가 포함되어 있다. 그 중 한 사람은 "철저히 현대적인 회교도"로 알려진 여자이다. 이 여자는 가끔은 가족의 바람에 따라 집안에 있을 때 전통 의상을 입기도 하지만 바바리 체크 무늬 핸드백과 유행중인 의상을 좋아한 사람이었다. 그리고 매주 금요일에는 금요예배에 참가하기 위하여 모스크에 나가기도 하지만 친구들과 함께 런던의 웨스트 엔드에 가서 쇼핑을 하기도 한 사람이다.[1]

폴란드 여성들도 죽었다. 그 중 한 사람은 청소부였고 또 한 사람은 대학 기숙사의 관리인 보조였다. 두 사람 다 런던에 산 지 3년 되었다. 또 다른 사람은 3개월간 영어공부를 할 목적으로 런던에 온 젊은 여자이다. 이밖에 루마니아, 이태리, 나이지리아, 이스라엘, 뉴질랜드, 베트남, 모리셔스, 오스트레일리아, 스리랑카, 그레나다, 인도, 아일랜드, 자메이카 등지에서 온 사람들도 죽었다.

런던은 유럽의 도시들이 빠른 속도로 따라오고 있지만 세계에서 손꼽힐 정도로 다양성을 띤 도시이다. 1997년 이래 EU 각국으로 들어오는 합법적 이민의 수는 연간 100만 명을 훌쩍 넘고 있다. 그리고 불법 이민도 이 수치의 절반 정도 되는 것으로 추정된다. 이 수치는 EU 내부에서 이루어지는 대규모 인구이동을 포함하지 않은 것이다. EU 국가들 상호 간에는 극히 최근에 가입한 국가들의 경우를 제외하면 시민들이 자유로이 이동할 수 있게 되어 있다. 영국은 2004년에 회원국 수가 25개국으로 늘어난 이후 모든 회원국 시민들이 자유롭게 입국할 수 있도록 허용한 몇 안 되는 국가들 중 하나이다. 그때 이후 특히 폴란드, 발트 해 연안국들, 체코 등지로부터 많은 노동자들이 영국으로 왔다. 누가 어느 나라에서 와서 어느 나라에 정착하는지, 혹은 정착하려 하는지 등등의 측면에서 크게 다양한 모습들이 나타나고 있다.

영국에 오는 사람들이 모두 가난하거나 실업자인 것은 결코 아니다. 은행가, 다국적기업의 경영자, 의사와 의료 종사자 등의 사람들도 있다. 타블로이드 신문들은 지금 영국에 가난한 나라들에서 오는 망명 신청자와 이민들이 넘쳐나고 있다는 식의 보도를 하곤 한다. 그러나 망명 신청자는 이민의 아주 작은 부분을 차지할 뿐이다. 이 나라로 들어오는 가장 큰 집단이 미국과 오스트레일리아에서 오는 사람들이다. 모든 종류의 이민 가운데 일시 거주를 목적으로 오는 사람들이 꽤 많다. 영국을 빠져나가는 이민도 매우 많다. 현재 약 550만 명의 영국 사람들이 해외에 살고 있다. 지난 40년 동안 귀국하는 영국인보다 영국을 빠져나가는 영국인의 수가 연간 6만 7,000명 더 많았다. 전 세계 41개국에 만 명 이상의 영국 태생 인구가 살고 있다.

1990년대 중반에는 유럽으로 오는 이민의 대다수가 독일에 집중되었으며, 다른 몇몇 국가들은 여전히 빠져나가는 이민의 수가 더 많은 상태였다. 현재 들어오는 이민이 더 많은 국가는 지중해를 접하고 있는 이태리나 스페인 같은 상대적으로 부유한 국가이다. 북아프리카와 중동국가 대부분이 유럽의 경우와 반대로 해외로 내보낼 수많은 젊은이들을 보유하고 있다.

1995–2005년 기간에 EU 15개국의 인구가 1,200만 명 정도 늘었다. 이 15개국의 출산율이 낮다는 점을 감안하면 이 수치의 2/3 정도가 이민이라 할 수 있다. 어떤 국가에서는 이민의 유입으로 출산율 자체가 높아졌다. 예를 들어 스페인의 경우 여러 해 동안 떨어지던 출산율이 높아지기 시작했다. 유럽, 북미, 오스트레일리아 등지에서 이민문제에 대한 열띤 논쟁이 전개되고 있음에도 불구하고 현재 세계의 이민규모는 21세기 초 몇 년에 비해, 그리고 1950년대에 비해 낮은 수준이다. 이민은 "현 세계화 시대의 잃어버린 고리"로 표현되기도 한다.[2]

이민 유입 : 위험인가 기회인가?

내 서가에는 현재의 추세가 계속된다면 서방이 큰 재난을 겪게 될 것이라고 예언하는 책들이 거의 빠짐없이 수집되어 있다. 이런 책들은 적어도 오스왈드 스펭글러 정도까지는 거슬러 올라가는 우익 전통에 속하는 책들이다. 스펭글러는 이미 오래 전에 서방의 붕괴가 임박했다는 내용의 책을 쓴 사람이다.[3]

미국인 학자 토니 블랭클리의 책 『서방의 마지막 기회』(*The West's Last Chance*)는 헨리 키신저(Henry Kissinger)가 배서할 정도로 유명한 책이다. 이 책은 제2차 세계대전 시기 런던 대공습 때 런던에서 살았던 자기 부모에게 바친 책이다. 그 부모는 "위협받고, 자유를 위해 대신 피 흘리고 이제 말년의 석양을 바라보는, 그런 유럽"을 보았다고 한다.[4] 유럽의 취약성의 근원은 무엇인가? 그것은 "과격 이슬람이 만드는 끔찍한 위험", "반복되는 그런 위험"이다. "이슬람화된 유럽은 1940년대의 나치화된 유럽이 그랬듯이 미국에게 중대한 위협이 될 것이다."[5]

브루스 바워의 책 『유럽이 잠자는 동안』(*While Europe Slept*) 역시 비슷한 내용을 담고 있다. 이 책의 부제는 "과격 회교도들이 어떻게 유럽을 그 내부로부터 파괴하고 있는가?"이다. 바워는 유럽에서 살고 있는 미국인이다. 이 사람은 유럽의 정치 엘리트들이 급속도로 성장중인 회교도 집단거주지에서 무슨 일이 벌어지고 있는지에 대하여 눈을 감고 있다고 주장한다. 회교도 집단거주지에서 벌어지고 있는 일은 "여성은 억압과 학대를 받고, 동성애자는 처형되거나 살해되고, '이단자'는 위협과 비방에 시달리고, 유태인은 악마로 간주되고, (명예살인과 강제결혼 같은) 야만적 전통이 널리 행해지고 있으며, 언론과 종교의 자유는 부인되고 있는 것"이라고 한다.[6] 바워는 결론으로서 현재 유럽이 "바이마르 상황"에 놓여 있다고 한다. 바이마르 상황이란 대부분의 사람들이 위협의 성격을 제대로 파악하지 못하는 상황을 말한다.

그리고 미국 우익의 노장 패트릭 뷰캐넌이 있다. 이 사람은 『서방의 죽음』(*The Death of the West*)이라는 책에서 바워와 비슷한 주장을 펴고 있다. 이 책은 주로 미국에 초점을 맞추고 있고, 이슬람을 별로 중시하지 않고 있다. 이 책에 의하면 1960년대에는 미국인 대다수가 유럽에서부터 시작되는 자기 조상들의 발자취를 추적할 수 있었다. 지금 이 사람들은 소수인종이 될 위험에 처해 있다. 현재 미국인의 1/4 이상이 유럽 출신이 아니다. 이 결과 "수백만의 사람들이 자기 나라에서 이방인이 된 것 같은 느낌을 갖기 시작했다."[7]

영국 사람들은 그렇게 많은 책을 쓰거나 종말론 같은 주장을 펴지는 않고 있다. 그러나 이와 비슷한 진단을 좀더 차분하고 절제된 방식으로 제시하는 책들은 있다. NGO인 "영국이민감시단"(Migration Watch UK)이라는 단체는 일체의 정치적 연결을 부인하지만 특정의 관점을 강조하고 있다. 이 단체는 이민의 이점으로 제시되는 것들 대부분을 부인하면서 이민의 위험성을 강조한다. 이 단체의 웹사이트는 "영국으로 오는 이민의 현재 규모에 대하여 걱정하고 있다"고 적고 있다. 이어서 가까운 장래에 이민 나가는 사람을 뺀 순 이민 유입이 매 10년 단위로 200만 명이 될 것인데, 영국은 이런 사태에 대처해야만 한다고 단언하고, 또 영국 사회가 그 정도 규모의 이민 유입을 흡수할 능력이 있는지에 대하여 심각하게 걱정하지 않을 수 없다고 단언한다. 2005년에 공개된 정부의 자료에 의하면, 이민 유입으로 인한 경제적 이익이 연간 40억 파운드에 달한다고 한다. 그러나 이민감시단은 이 주장을 강하게 부인하면서 이민의 경제적 이익은 제로에 매우 가까운 것, "매달 초콜릿 한 개 값 정도"에 불과한 것이라고 주장한다.[8]

최근에 나온 필립 레그레인의 책은 이와 완전히 반대되는 주장을 펴고 있다. 이민자들이 마음대로 오고 갈 수 있도록 국경을 개방해야 한다는 것이다. 레그레인은 존경받는 경제학자 갈브레이스의 다음과 같은 말을 인용한다 : "이민은 도움을 가장 절실히 원하는 자들을 선택한다. 이 사람들은 가는 국가에게 도움이 되며, 또 떠나온 국가의 빈곤의 평형상태를 깨는 데 도움이 된다. 이처럼 좋은 일에 반대하는 사람들의 외고집은 도대체 어디서 나온 것일까?"[9] 레그레인은 세계화의 "잃어버린 고리"를 되찾으려 한다. 자유이민의 논리는 자유무역의 논리에서 나온다. 가난한 나라들을 돕고자 한다면 더 자유로운 국제이민을 허용하는 것이 최선의 방법이다. 그 사람들을 못 들어오게 하려고 애쓰지 말고 들어오게 하라!

레그레인에 의하면 자유이민은 갈브레이스가 제시한 이유 말고 다른 이유에서도 모든 사람들에게 이익이 되는 것이다. 레그레인은 사실상 모든 형태의 이민이 받아들이는 나라에 경제적 이익을 가져다 준다고 말한다. 이민온 사람들은 열심히 일하고 또 세금을 낸다. 다양성은 창조성과 혁신을 자극한다. 비숙련 이민자들은 토착노동자들이 하기 싫어하는 일을 떠맡으며, 숙련 이민자들은 인력부족 문제를 해결해 준다. 대중의 편견과는 반대로 이민자들은 복지제도로부터 빼가는 돈보다 더 많은 돈을 복지제도에 내놓는다. 평균적으로 이민자들은 토착인구에 비해 더 많은 자녀를 낳으며, 몇몇 국가의 경우 출산율 급감을 어느 정도 상쇄시켜 주기도 한다. 레그레인은 문화적 소수인종이 서방의 핵심적 가치관에 위협이 된다는 주장에 대해서는 간단히 다루는 데 그쳤다.

레그레인은 유럽에 사는 많은 회교도들이 결코 종교적이지 않은 사람들이라 지적한다. 문화적으로 보수적인 견해를 가진 회교도들 대다수는 동화가 아닌 통합을 원한다. 즉 이 사람들은 자신들의 종교적 견해와 관행을 버리지 않은 채로 전체 사회 속에 적극적으로 동참하고자 한다. 사실 유럽에 극단적인 정통 회교도는 많지 않다. 레그레인의 결론은 이렇다 : 우리는 기독교 교회들도 극단적 정통주의에 빠져 있는 경우가 있으며, 유태교 역시 그렇다는 사실을 기억해야 한다. 그리고 우리는 사람들이 가지고 있는 생각에 의거하여 종교를 판단하지 않듯이 회교에 대해서도 그런 식으로 판단하지 말아야 한다.[10]

선진국들이 모든 사람에 대하여 국경을 개방할 가능성은 조금도 없어 보인다. 또 그래서도 안 된다. 비숙련 노동자의 유입은 문제가 된다. 특히 비숙련 일자리가 고갈되고 있는 중이라면 더욱 그렇다. 빈촌지역에 그런 이민들이 들어간다면 그것은 분명히 그 동네의 실업자 수를 늘리고 또 이미 낮은 임금 수준을 더 낮추는 일이 될 것이다. 자녀들이 영어를 하지 못한다면 그로 인한 문제를 해결하기 위한 비용도 적지 않을 것이다. 출신지가 농촌지역이라면 농촌의 작업 리듬이 도시의 경우와 다르며 또 계절에 따라 달라지는 것이기도 하기 때문에 이민자들이 전혀 다른 작업규율에 적응하기가 어려울 수도 있다. 이민에 대해서 많은 사람들이 가지고 있는 걱정들은 모두 타블로이드 신문들에 썰어 담아두어도 될 것 같다. 그러나 대중을 그냥 비합리적인 존재로 간단히 치부해 버리고 그대로 내버려두는 것은 잘못이다. 대규모의 이민이 어느 동네로 들어온다면 그 동네 원주민들의 입장에서 보면 동네의 성격 자체가 크게 바뀌어 버린다. 베스널 그린(Bethnal Green)이라는 동네가 반세기 이전에 비해 지금 얼마나 바뀌었는지를 한번 생각해 보라. 사회과학 분야에서 아주 유명한 책인 마이클 영과 피터 윌모트의 책 『동런던의 가족과 친족관계』는 그 당시에 나온 책인데, 그 동네 노동계급의 삶의 성격을 잘 그려내고 있다.[11]

1950년대에 영과 윌모트가 연구를 수행할 당시 외국에서 온 이민자가 일부 섞여 있었지만 사실상 그 지역 주민 전부가 백인이었다. 훨씬 뒤에 죠프 덴치와 케이트 개브론 두 사람이 같은 지역을 12년에 걸쳐서 연구하였다. 현재 이 지역은 런던의 타워 햄릿 자치구로 되어 있다. 두 사람은 영과 윌모트가 여러 해 전에 연구하였던 이 지역 백인 가족들의 경험을 추적하기 위하여 이 지역에 사는 서로 다른 인종집단 사람들과 1,000번도 넘게 인터뷰하였다.[12]

현재 이 지역에는 젊은이들로 구성된 거대한 방글라데시 촌이 있다. 방글라데시 촌의 인구는 전체 자치구 인구의 1/3에 달한다. 물론 다른 인종집단도 함께 있다. 이 모든 사람들이 잘 공존하고 있다. 그러나 무시 못 할 정도의 긴장도 있으며, 토착 백인들의 원한도 만만치 않다. 토착 백인들은 방글라데시 사람들의 습관과 관습에 대해서 불평한다. 그러나 원한을 갖게 된 주된 동기는 방글라데시 사람들이 주택 입주권을 가지고 있으며 복지제도가 주는 다른 혜택들도 누리고 있다는 데 있다. 두 저자는 이들의 불만 가운데 일부는 복지 수혜자 자격이 어떻게 되어 있는지를 잘못 이해한 데서 나온 것이라 인정한다. 그러나 진짜 다른 불만은 사회적 불의 때문이라고 한다.

1980년대 이후 이 지역에서 주택공급 부족으로 인한 심각한 갈등이 한 차례 있었다. 주택부족에 한몫 했던 것은 자치단체가 대체 주택 건설을 하지 않은 채 자치단체 소유 주택을 그 입주자들에게

팔아버린 정책이다. 그리고 이전에는 이 지역에 확실한 연고가 있는 사람들에게 사회적 주택 입주 우선권을 주었는데, 지금은 필요성이 가장 큰 사람에게 우선권을 주는 것으로 바뀌었다. 백인 주민들은 바로 이 정책이 부당하게 방글라데시 사람들을 우대하는 것이라 생각한다. 이 결과의 하나가 영과 윌코트가 발견한 지역단위의 상부상조 관계와 백인 공동체가 무너지게 된 것이다.

물론 여기에는 더 큰 범위의 사회적 과정이 개재되어 있다. 그러나 백인들은 사회적 불의라는 생각을 가지고 있다. 즉 이 지역은 원래부터 가난한 지역이어서 각자 살아가기도 바쁜 처지인데 그럼에도 불구하고 지역발전을 위해서 자신들이, 그 아버지 세대가, 그리고 할아버지 세대가 기여해 온 바를 인정해 주지 않는 것은 옳지 못하다는 인식이다. 이런 인식은 인종주의에서 나온 것 같지 않다. 응답자 가운데서 방글라데시 사람들 자체가 잘못했다고 보는 사람은 거의 없다. 또한 방글라데시 사람들이 자기네들보다 훨씬 더 가난하다는 사실을 부인하는 사람도 거의 없다. 주택분배 제도에 원한을 가진 사람들 가운데 많은 사람들이 이웃에 사는 방글라데시 사람들과 친하게 지낸다.

백인 노동계급의 수는 꾸준히 줄어들고 있지만 아직도 수백만이 된다. 노동계급이 모여 사는 동네에는 항상 일종의 권위주의와 외국인 혐오증 같은 것이 있다. 그러나 "잊혀진 백인 노동계급"이 근거 있는 원한을 가지고 있다는 덴치와 개브론의 주장은 중요한 주장이다. 만일 그런 원한을 제대로 이해하지 못하고 그저 계급 편견으로 치부한다면 우리는 그런 문제에 대하여 효과적으로 대처할 수 없게 될 것이다.

이민 통제하기

망명 신청자와 경제적 이민에 대한 영국의 정책은 일관성과는 거리가 먼 것이었다. 그리고 바로 이것이 이민에 대한 대중의 우려가 급속도로 커진 원인의 한 가지이다. 다른 나라들의 경우와 마찬가지로 영국 정부도 이민의 성격이 바뀌고 있다는 사실을 잘 파악하지 못했으며, 그래서 처음에는 전통적인 방식으로 이 문제를 다루었다. 찰스 클라크가 내무성 장관이었던 시절인 2005년에 새로 도입한 제도는 아주 세련된 것이다. 당시 클라크는 고집불통의 자세를 조장한 것은 바로 기존 정책의 신뢰성 부족이라 주장하였다.

새 제도에 의하면 소프트웨어 기술자나 의사 같은 고급 숙련 노동자는 일자리 예약이 되어 있지 않아도 영국에 올 수 있다. 간호사나 교사 같은, 이보다 약간 낮은 단계의 숙련 노동자는 해당 분야에 인력이 부족한 경우에 올 수 있다. 오직 숙련 노동자만이 영어시험에 통과하면 영구 거주할 수 있다. 혹사의 우려가 있는 부문에서 일하는 노동자들은 일과 후 귀가를 보증한다는 내용의 재정 보증서를 제출해야 한다. 이민자 가족에게 자동으로 부여되는 입국권리는 종료되었다. 불법 이민을 줄이기 위해 불법 노동자를 고용하는 사용주에게 벌금을 물리게 되어 있다. 난민은 귀국이 안전한지 여부에 관한 결정이 내려지기 전까지 최장 5년간 머물 수 있다. 이러한 제도는 세월이 지나 상황이 바뀔 때까지만 효력을 갖는 것으로 설계된 것이지만, 큰 결함이 나타나지 않는 한 계속 그대로 유지하는 것이 현명하다. 정책을 끊임없이 바꾸면 정책에 대한 대중의 신뢰만 망가질 뿐이며, 또 정책의 집행 책임을 지고 있는 공무원들의 사기를 떨어뜨리게 된다.

고급 숙련 이민을 영국으로 오게 설득하는 일은 결코 쉬운 일이 아니며, 이 일을 성사시키려면 더 많은 노력을 기울여야 할 것이다. 이런 일에서 지금까지 가장 성공적인 나라는 오스트레일리아이다. 즉 해외로 빠져나가는 대졸자의 10배에 달하는 대졸자를 해외로부터 받아들인 것이다. 이에 비하면 영국은 형편없는 수준이다. 실제에 있어서 영국은 고급 숙련 노동자들을 오히려 빼앗기고 있다. 즉 들어오는 사람보다 나가는 사람이 더 많다. 유럽 국가들 가운데 스웨덴과 스위스 두 나라만 "두뇌 흑자"를 올리고 있다. 스웨덴의 경우 1987-2002년 기간에 학사학위 이상의 자격을 갖춘 사람 10만 명이 빠져나간 대신 18만 명이 들어왔다.[13] 들어오는 사람들 가운데 귀국하는 스웨덴 인이 적지 않으며, 나머지 사람들은 보스니아와 같은 말썽지역에서 오는 사람들이다.

신입 EU 회원국들로부터 영국으로 오는 사람들은 이민이 아니라 EU 시민으로서 자유롭게 오는 사람들이다. 그러나 회원국이 25개국으로 늘어난 2004년 이후 10개 신입 회원국 노동자들의 자유로운 입국을 허용한 나라는 영국, 스웨덴, 아일랜드 3개국밖에 없다. 당초 예상보다 훨씬 더 많은 노동자들이 들어왔는데, 특히 실업률이 높은 폴란드 출신자가 많다. 지금까지 약 42만의 동유럽 노동자들이 입국신청을 했다. 이 중 많은 사람들이 이미 영국에 들어와 불법으로 일하고 있다. 고용주들은 대체로 이들을 환영하였고, 이민자 대다수가 곧바로 일자리를 잡았다. 많은 이민이 배관공, 목수, 건물 매매업 종사자 등 숙련 노동자이다. 언론에 오르내리는 수치들은 많이 왜곡되어 있다. 입국했다가 다시 출국하는 사람들의 수치를 포함하지 않은 것들이기 때문이다. 동유럽에서 오는 노동자들 가운데 많은 사람들이 몇 년 후에 귀국할 예정이라고 말하고 있으며, 실제로 돌아간 사람도 많다. 이런 수치를 반영한 2004년 현재 동유럽 출신 이민자의 수는 4만 8,000에 불과하다.[14]

영국은 2007년 1월 1일자로 EU 회원국이 된 루마니아와 불가리아 두 나라 노동자들에 대해서만 종래의 개방정책을 적용하지 않고 있다. 이 두 나라의 비숙련 노동자들은 할당제에 따라 농업과 식품가공 분야에만 허용되며, 숙련 노동자들은 고급기술 이민계획에 의거하여 영국에서 일할 수 있다. 할당제는 12개월에 한 번씩 재검토된다. EU 집행위원회는 이 할당제에 대하여 유감의 뜻을 표하면서 회원국들에게 노동자들이 더 자유롭게 이동할 수 있도록 더 많은 노력을 기울여 줄 것을 촉구하였다. 그런데 영국은 EU 확대를 강하게 밀어붙인 국가들 가운데 하나이다.

다문화주의를 찬양하며

노동당은 다문화주의를 방어해야 한다. 특히 다문화주의의 의미 자체에 대한 더 무식한 공격이 가해지고 있으므로 더욱 그래야 한다. 그러나 우리는 순진한 다문화주의와 세련된 다문화주의를 구분해야 한다. 순진한 다문화주의란 다른 인종집단이나 문화집단에 대하여 그들 스스로가 적합하다고 판단하는 바에 따라 자기네 삶을 영위할 수 있게끔, 그것이 다른 사람들에게 어떠한 영향을 미치는지는 따질 것 없이, 그냥 내버려 두어야 한다는 발상이다. 그리고 각자의 신념과 관행에 도전해서는 안 된다는 것이다. 이런 생각을 가진 사람들은 사회를 다양한 문화공동체들의 단순 합계로 간주하며, 이 사회 안에서 다수인종 혹은 토착인종은 여러 인종집단들 가운데 하나에 불과한 것으로 여긴다.

아마시아 센이라는 사람은 최근 저서에서 이와 다른 용어를 사용하지만 이와 비슷한 방식으로 다문화주의를 구분하고 있다. 센은 그냥 다문화주의와 자기가 이름붙인 "다원적 다문화주의"를 구분한다. 전자는 "두 개의 스타일 혹은 전통이 서로 만나지 않은 채 나란히 공존하는 것"을 가리킨다. 이 버전은 "소위 다문화주의자들로부터 열렬하고 요란한 지지를 받는 것으로 보인다." 다원적 다문화주의란 서로 다른 문화공동체들 간의 적극적인 상호작용을 포함하는 것이다. 예를 들어 원래 인도에는 포르투갈 사람들이 가져오기 전에는 칠리가 없었는데 지금은 인도 요리에 칠리가 아주 많이 사용된다. 이 점에서 "인도 요리가 진짜 다문화 요리라고 주장할 수 있다."[15]

세련된 다문화주의의 기원은 주로 캐나다에서 찾을 수 있다. 이것은 국가적 정체성과 상징물, 법, 기념행사 등의 중요성을 크게 강조한다. 문화공동체들의 분리를 장려하지 않고 이들 상호 간의, 그리고 전체 국민공동체와의 연결을 중시한다. 국내법과 국제법을 모든 종류의 문화적 신념과 관행보다 우선한다. 정치적 경계선을 거부하며, 문화적 경계선을 뛰어넘는 사회적 연대를 강화하는 정책을 좋아한다.

학계에서는 다문화주의에 대한 장기적인 토론이 진행되어 왔고 지금도 계속되고 있다. 그러나 어떠한 지적 입장에 서 있는 사람도 다문화주의가 한 사회의 전반적 가치관과 공통의 정체성을 부인하는 것이라고 주장하지는 않고 있다. 또한 사회를 서로 다른 문화공동체로 쪼개는 것을 옹호하는 사람도 없다. 다문화주의 옹호에서 선두에 서 있는 사람은 캐나다의 철학자 찰스 테일러이다.[16] 테일러는 우리가 소수집단의 동등한 권리에 대해서 논의할 때 여기에는 두 개의 개념이 관여한다고 한다. 하나는 소속된 문화집단이 무엇이고 또 생활양식이 어떠한가에 관계없이 모든 사람이 동등한 존엄성을 갖는다는 개념이다.

다른 하나는 첫 번째 것 못지않게 중요한 것으로서 존경이다. 테일러는 헤겔을 좇아 이 존경이라는 것을 "인정의 정치"(politics of recognition)라 부른다. 테일러에 의하면 다른 사람에게 받아들여진다는 것은 자기가 가치 있는 존재라는 느낌을 갖는 데 있어서 결정적으로 중요하다. 나의 정체성은 다른 사람과의 상호작용 속에서 결정된다. 다문화주의는 분리된 정체성에 관한 것이 아니라 상호인정에 관한 것, 따라서 상호작용에 관한 것이다. 문제가 발생하는 것은 소수집단의 구성원들이 "분리되고 낯선" 존재로 취급받을 때, 정확히 바로 그때이다. 민주사회란 연결되지 않은 문화들을 그저 그러모아

놓은 것이 아니다. 테일러의 표현을 빌리면, “우리가 만들어내고자 애쓰는 자유롭고, 민주적이고, 어느 정도 나누어 가지려 하는 그런 사회는 시민들의 강한 일체감이 있어야만 가능하다.”[17]

그러므로 동등한 존경은 다문화주의의 중요한 구성부분이다. 그러나 이것이 다른 사람의 신념과 관행에 대한 무비판적 수용을 뜻하는 것은 결코 아니다. “이것이 우리가 일을 하는 방식이다”라는 것은 다른 사람들의 원칙을 침해하지 않는 경우에만 받아들일 수 있는 문화적 원칙이지 그렇지 않은 경우라면 받아들일 수 없는 원칙이다. 이 점을 가장 명료하게 보여주는 경우는 이런 경우이다. 그 땅에 살려면 그 땅의 법을 지켜야 한다. 예를 들어 영국 땅에서 회교도들은 다른 시민들과 마찬가지로 법에 의해서 일부다처 결혼, 명예살인(가문의 명예를 더럽혔다는 이유로 여성을 사적으로 죽이는 행위[역자 주]), 여성할례, 언론자유 봉쇄 등을 할 수 없다.

완전히 합법적이지만 공공장소에 어울리지 않는 관행도 있다. 우리는 결론이 어떻게 나든 간에 이런 것들을 비판적 토론의 도마 위에 올려야 한다. 이 토론에서는 서로 다른 원칙들이 충돌하는 회색지대가 있기 때문에 어떤 결론을 내리기가 매우 어려울 것이다. 예를 들어 다른 사람들과의 끊임없는 상호작용이 이루어지는 공적 공간에서 일하는 여성, 이를 테면 교실에서 강의하는 여교사가 얼굴 거의 전체를 가리는 베일을 써도 괜찮을까? 이 질문에 대한 나의 답은 “아니다”이다. 그 이유는 이런 것이다. 얼굴 표정은 의사소통에 매우 중요하다. 사람들은 서로 얼굴을 볼 수 있어야만 개방적이고 자유로운 상호작용을 할 수 있다. 공적인 공간을 보호하는 것이 다른 어느 것보다 우선되어야 한다.

지난 몇 년간 모든 종류의 사람들이 다문화주의를 공격해 왔다. 그러한 집중포화 가운데서 가장 놀랄 만한 공격이 바로 "인종평등위원회" 위원장 트레버 필립스에서 나왔다. 이 사람은 다문화주의를 시대에 뒤떨어진 것, 더 이상 쓸모가 없는 것이라 주장한다.[18] 내가 보기에 이런 견해는 용어의 정확한 의미에 대한 감각에서 뒤떨어진 것이다. 타리크 모두드는 필립스의 연설에 대하여 날카로운 지적을 하고 있다 : "다문화주의가 분리주의를 뜻하는 것이라고 말하는 사람들은 학계나 공공정책 실무자들이 생각하는 그런 다문화주의에 대해서 말하는 것이 아니다."[19]

다문화주의를 어떻게 정의할 수 있을까? 이를 문화적 다양성과 혼동해서는 안 된다. 단지 다른 문화를 가진 사람들이 포함되어 있다고 해서 그 사회를 "다문화주의적" 사회라 부를 수는 없다. 예를 들어 사람들은 "다문화주의적" 런던이라 쉽게 말하지만, 이런 용법은 도움이 되지 않는다. (세련된) 다문화주의란 정책에 의해 뒷받침되는 일련의 이상을 가리키는 것이다. 일련의 이상이란 다음과 같은 것들이다 :

- 사회구성원 모두의 삶을 더 풍요롭게 하기 위한 수단으로서 다양성 존중
- 테일러가 말하는 바와 같은 인정, 즉 살아가는 방식이 자기와 다른 사람을 존중해 주는 것과 반대로 상대방으로부터도 이와 비슷한 존중을 받는 것

- 다양한 문화 간의 상호작용과 이를 통한 상호이해의 증진
- 국민공동체의 한 구성원으로서 이를 하나의 "운명공동체"로 여기고 이 공동체에 대한 공통된 일체감을 받아들이는 것, 즉 모든 사람들에게 영향을 주는 국가의 법과 집단적 결정에 구속되는 것

트레버 필립스는 다문화주의를 잊어버리고 영국적인 것을 강조해야 한다고 주장한다. "영국성의 핵심을 내세워야 한다"고 말한다. 그러나 내가 정의한 다문화주의와 영국적 정체성 사이에 모순되는 것은 전혀 없다.

어떤 사람은 현재 영국이 문화적으로 너무나 잡다해진 상태이기 때문에 하나의 "운명공동체"가 아니라고 말한다. 이런 주장을 펴는 사람은 스코틀랜드 민족주의자들만이 아니다. 표현방식은 전혀 다르지만 전망지 편집자 데이비드 굿하트의 논쟁적인 글에서도 그런 주장이 나온다.[20] 즉 오늘날 영국 사회의 다양성 때문에 우리는 낯선 사람들과 많은 시간을 소비한다고 한다. 이에 따라서 공유와 연대의식이 옅어진다. 시민들의 입장에서 우리와 저들 사이에 공통점이 거의 없다는 생각이 들어도 누진세와 공통의 복지제도를 계속 지지할까? 이보다는 공통의 역사를 가진, 우리와 비슷한 사람들끼리만 나누어 가지고자 할 것이다. 간혹 이런 주장을 뒷받침하는 듯한 증거도 있다. 예를 들어 20년 전의 스칸디나비아 제국처럼 문화적으로 동질적인 사회가 그렇지 않은 사회보다 불평등의 정도가 덜하다고 주장한다.

굿하트의 이 글은 다양한 비판자들의 격렬한 반응을 불러일으켰다. 트레버 필립스는 다른 사람들이 자신의 다문화주의 저주에 대해서 그랬던 것 정도만큼 굿하트의 주장에 대해서 강하게 반발하였다. 필립스의 논평은 이렇다 : "멋진 사람들도 인종주의를 가지고 있다. … 몇몇 아주 멋진 사람들은 이 나라의 진짜 문제점이 너무나 많은 종류의 너무나 많은 이민들이라고 판단한다."[21] 다문화주의에 대한 필립스의 옹호 발언은 정확히 내가 앞에서 정의한 다문화주의 개념에 약간 변태적인 방식으로 기대고 있다. 즉 필립스는 영국의 복지제도를 생각해 보면, 다문화주의는 다양성의 진정한 가치를 보여주며 또 그것이 복지기구들을 해치는 것이 아니라 지원하는 것인지를 보여준다고 지적한다. 국민건강보험은 에이레 노동자들이 세운 병원에서 일하던 한 웨일즈 지방 사람에 의해 처음 시작되었으며, 전 세계 여기저기서 온 간호사와 의사들의 노력으로 굴러가고 있다.

굿하트에게 가해진 비판은 다소 지나친 것도 있다. 굿하트의 주장은 그가 처음 한 것이 아니기 때문이다. 그러나 이 사람이 내린 결론은 명백히 잘못된 것이다. 다문화주의는 지난 10년 동안 학자들이 논쟁을 벌여온 주제이다. 2003년에는 다양한 전공 분야의 학자 100여 명이 이 주제에 대하여 토론하기 위해 브뤼셀에 모였다.[22] 이들은 다양한 사례들을 검토한 다음 실제에 있어서 문화적 및 인종적 다양성이 복지제도를 해치지 않는다고 결론내렸다.

이 발견은 후속 연구에 의해 보강되고 있다. 케이스 밴팅과 윌 킴리카 두 사람은 미국, 영국, 캐나다, 네덜란드, 독일 등을 포함한 각국의 사례를 세밀하게 연구하였다.[23] 이 두 사람은 다양성과 복지에 관한 두 개의 주장을 추려냈다. 하나는 인종적 다양성이 복지국가의 재분배에 대한 지지를 어렵게 만든다는 주장이다. 다른 하나는 이민집단을 인정하거나 포용하기 위해 개발된 다문화주의 정책은 국민적 연대를 해치는 경향이 있다는 주장이다. 그런데 두 저자는 이 두 주장 모두를 반박하였다. 이 사람들은 인종적 다양성이나 다문화주의적 정책이 복지국가를 갉아먹는 어떤 본질적인 경향 같은 것을 가지고 있는 것은 아니라고 결론내렸다.

영국 사회 속의 이슬람

문제가 있기는 하지만 그래도 영국은 문화적 · 인종적 다양성에 효과적으로 대처한 유럽 최고의 성공사례라 할 수 있다. (2000년 이래 노동당은 이민자들의 국적 취득시 의무적 국민의례 참가 등과 같은 캐나다 식 정책을 일부 도입하였다.) 관련 연구들을 보면 공개적인 인종간 싸움이 있었던 도시에서도 높은 수준의 동화가 이루어져 있음을 알 수 있다. 2001년 인구조사 결과를 바탕으로 인종차별 문제를 연구한 루디 심슨은 영국 사회가 인종 간의 분리가 아니라 혼합 쪽으로 가고 있다는 사실을 발견하였다. 심슨은 또 맨체스터 등지에서 백인 가족과 마찬가지로 흑인과 아시아인 가족도 기회가 생겼을 때 도심으로부터 빠져나갔다는 사실을 발견하였다. 잉글랜드와 웨일즈 두 지역에 9,000개 가까운 선거구가 있는데, 이 가운데서 비백인

집단이 인구의 3/4 이상을 차지하는 구는 14개 구에 불과하며, 어느 한 인종집단이 인구의 1/2 이상인 구는 단 하나도 없다.[24]

미국이나 영국에서 다문화주의에 대한 우려는 주로 인종문제로 집중된다. 흑인들은 소득과 사회적 지위 면에서 늘 바닥 수준이다. 『미국의 인종차별』(*American Apartheid*)이라는 책은 1980년대에, 그러니까 남아프리카공화국에 아직도 인종차별 정권이 집권중이던 시기에 남아공과 미국의 인종차별 정도를 비교하면서 미국이 더 심하다는 주장을 편 바 있다.[25] 과거나 현재나 영국의 흑인 인구비율은 미국보다 낮지만, 아프리카와 서인도제도 출신의 후손들이 굳건하게 바닥을 지키고 있다는 점에서는 다를 바가 없다.

이런 문제는 아직도 사라지지 않고 있지만 이슬람 집단에 대한 새로운 걱정 때문에 뒷전으로 밀리고 있다. 현재 영국에는 여러 회교국가에서 온 사람들이 살고 있다. 이 중에서 어떤 사람들은 다른 사람들보다 경제적 성공이라는 기준에서 많이 앞서기도 한다. 예를 들어 말레이시아에서 온 회교도들은 교육 수준과 소득 면에서 토착 백인집단과 거의 비슷한 수준을 보이고 있다.

인종집단들의 생존기회를 향상시키는 데는 정말로 많은 문제가 있다. 그러나 현재 걱정의 초점은 이런 문제가 아니라 종교적 관행 혹은 삶의 방식으로서 이슬람에 맞추어져 있다. 현재 세계 여기저기서 분쟁이 진행중인데, 파키스탄에서 온 사람들이 이런 분쟁과 뒤얽히는 경우가 있다. 영국에 사는 일부 파키스탄 사람들이 과격화된 배후에는 이슬람과 관계 있는 지구 도처의 투쟁들에 대한 이 사람들의 의식이 도사리고 있다.

대부분의 이민자들은 일련의 동화단계를 거친다. 흔히 이민 1세대는 (어디 출신이든 관계없이) 자기네가 이 사회의 진정한 일부라는 의식을 갖지 못한다. 심지어 이 사람들은 영어를 제대로 익히지 못할 수도 있다. 2세대는 영어를 제1언어로 체득하지만 두 문화 사이에서 혼란을 겪는 경우가 아주 많다. 특히 사회적 진출이 어려울 때 더욱 그러하다. 3세대는 선조의 문화적 신념과 습관을 존중하든 않든 관계없이 이런 어려움을 극복해낸다.

그런데 지금은 이런 과정이 적어도 일부 인종집단들의 경우에는 깨졌다. 이 사람들은 어느 점으로 보나 잘 통합되어 있는 것으로 볼 수 있다. 이 사람들의 세계관을 바꾸게 만든 것은 종교적 신념에 따른 열정일 수도 있고, 아니면 세계의 다른 곳에서 진행중인 이슬람 관련 분쟁일 수도 있으며, 둘 다일 수도 있다. 런던 폭탄 테러 이후 많은 사람들은 그런 행동이 이 나라에서 태어나고 이 나라에 잘 통합된 사람에 의해 저질러졌다는 사실에 충격을 받았다. 그러나 성전을 부르짖는 지하드 테러리스트가 주로 이민 2세대로 충원된다는 사실을 생각하면 그리 놀랄 일이 아니다. 사실 서방에서 다시 태어난 회교도들이 지하드 테러리스트의 대다수를 점하고 있다. 이와 관련하여 올리브 로이는 다음과 같이 지적하였다 : "우리가 지금 상대하고 있는 것은 전통적 회교공동체의 반격이 아니라 선조의 문화와 서구화 사이에서 표류하고 있는 세대의 더 일반적인 반란이다."[26]

이슬람에 관한 논쟁의 대부분이 어느 정도 전 지구적 의미를 가지고 있다. 예를 들어 두건(hijab)과 얼굴 가리개(niqab)에 대한 논쟁은 전 세계 수십 개 국가에서 진행되고 있다. 이들 중 일부는 많은 회교도 이민집단을 가진 국가이지만, 일본처럼 최근에 개종한 사람을 제외하면 회교도가 거의 없는 국가도 있다. 많은 국가에서 어머니는 그렇게 하지 않는데 그 딸은 두건과 가리개를 하고 있는 장면을 볼 수 있다. 두건과 가리개를 하는 이유는 종교적 전통 때문이 아니라, 그렇게 하는 것이 치한의 성적인 시선을 피할 수 있기 때문인지 모른다.

두건 논쟁이 지정학과 결부되기도 한다. 예를 들어 터키의 경우 두건문제가 양대 진영 간의 투쟁의 초점이 되고 있다. 한쪽은 터키의 세속적 전통을 중시하는 사람들이고(이들 중 대다수가 터키의 EU 가입에 찬성한다), 다른 한쪽은 종교를 국가 영역으로 가져가고자 하는 더 전통적인 사람들이다(이들은 EU 가입에 반대한다). 이 경우 종교와 문화를 구분하기가 어렵다. 코란에는 얼굴 가리개를 어떻게 해야 한다는 구절이 없기 때문이다. 얼굴 가리개는 단지 옷차림새를 단정하게 만들기 위해 남성이 여성에게 강요한 것일 뿐이다.

2000년 이전에는 인구조사시 종교에 관한 문항이 없었다. 2001년에 실시된 인구조사 결과를 보면 160만 명의 회교도가 영국에 살고 있다. 전체 인구의 70% 이상이 기독교인이라 답했고 2.7%가 회교도라 답했는데, 순위로 보면 회교도가 2위이다. 회교도의 40% 이상이 파키스탄 출신이며, 동아시아 출신 이민의 절반이 회교도이다. 회교도의 연령분포는 비회교도의 경우와 사뭇 다르다. 즉 회교도의 34%가 15세 미만인데, 회교도를 제외한 나머지 전체 인구의 20%가 15세 미만인 것과 대조된다. 이같은 불균형 현상이 앞에서 소개한 몇몇 저자들에게 종말론의 공포 같은 것을 갖도록 한 것이다. 그러나 결과는 오히려 좋게 나타날 것 같다. 즉 이 나라의 출산율에 약간 보탬이 될 것이고, 또 회교 배경을 가진 사람들의 지속적 통합이 이루어질 것이다.

종교집단과 관계된 충돌을 최소화하기 위해서는 근본주의를 억제해야 한다. 근본주의는 종교뿐만 아니라 다른 종류의 신념이나 관행에도 다 있으며, 또 모든 종교에 다 있다. 언론과 행동의 자유에 대한 위협은 극단 회교도 말고 다른 집단들에 의해 가해지기도 한다. 예컨대 낙태 병원을 공격하는 과격 기독교도들이라든가 과학 시설을 공격하는 동물권리 활동가들을 생각해 보라.

그러나 모든 종교가 사회적으로 유익하다는 것은 너무나 자명한 것이다. 모든 세계종교는 타인에 대한 배려, 특히 가장 곤궁한 사람들에 대한 배려라는 원칙을 가지고 있다. 또한 공동체를 중시하는데, 이것은 사회의 결속을 가져오는 힘이기도 하고 동시에 분열을 가져오는 힘이기도 하다. 어떻든 모든 종교는 공동체의 복지증진에 기여한다. 그리고 종교적 관용을 촉진하는 종교집단이 분열과 적대감을 조장하는 종교집단보다 확실히 더 많으며, 신자들의 절대다수가 더 넓은 사회의 일원이 되기를 원하는 한편, 종교적 관용을 중시하는 종교집단을 묵시적으로든 아니면 다른 방식으로든 지지하고 있다.

이제 뚜렷한 정책적 결론을 이끌어낼 수 있다.[27] 전체 사회의 가치관을 받아들이는, 종교집단 상호 간의 이해와 종교집단-세속집단 간의 이해를 증진시키는 그런 종교집단을 국가가 지원하는 것은 대중의 이익이 된다. 제3지대 단체들에게 공적 자금을 제공해 주는 것과 정확히 똑같은 이유로 이런 종교집단에게도 그렇게 해야 한다. 국가는 공립이든 사립이든 모든 종교학교들이 바로 이런 원칙에 따라 운영되도록 하기 위하여 조심스러운 규제를 가해야 한다. 실제에 있어서 종교학교들은 전국 공통의 교과과정을 가르치고 또 학생들에게 그 학교의 종교를 벗어나서 활동할 수 있는 여지를 마련해 주도록 되어 있다. 지금까지의 증거를 보면 종교학교들이 사회적 결속을 방해하기보다는 오히려 촉진하는 경우가 더 많다. 왜냐하면 종교학교들은 의무적으로 자기네 종교와 함께 다른 세계관도 가르쳐야 하기 때문이다.

이런 논리의 연장선을 그으면, 국가는 자유주의적 질서라는 가치에 적응하기를 거부하는 종교집단들의 삶을 고달프게 만들어야 한다. 비록 이들의 지위가 거대 종교에 의해 뒷받침되는 것이라 하더라도. 이 지점에 이르렀을 때 다문화주의는 공격적인 것으로 바뀌어야 한다. 증오를 부추기는 설교를 금지한 정부의 법령이 엄청난 논란을 불러일으켰고, 어떤 사람들은 이를 언론의 자유 자체에 대한 공격이라 주장하였지만 나는 그것이 정당하고도 필요한 것이었다고 믿고 있다. 또한 외국에서 온 종교 지도자들이 그런 식으로 설교할 가능성이 있다는 판단이 선다면 국가는 그 사람들을 철저하게 조사해야 한다는 것 역시 정당하다.

탁월한 시민권 이론가인 사회학자 마샬은 시민권을 진화론적으로 설명한다. 즉 18세기 말에 법적 권리가 처음으로 확립되었고, 뒤를 이어 보통선거권 같은 정치적 권리가, 다시 그 뒤를 이어 복지국가에서 개발된 것과 같은 경제적 권리가 차례로 확립되었다고 한다. 마샬은 일단 만들어진 다음에는 모든 권리가 안정적인 지위를 확보하게 된다고 보는 것 같다. 사실은 모든 권리가 논란의 대상이 되며 공격을 받을 가능성도 있다. 가장 명백한 예가 언론의 자유의 경우이다. 종교집단에 의한 것이건 다른 집단에 의한 것이건 폭력의 위협이 있을 때 언론의 자유를 보호하는 것은 무엇보다도 중요하다. 그러나 우리는 말을 하거나 출판을 할 권리, 그리고 그것이 주어진 상황에서 책임 있는 행동인지 여부, 이 두 가지 사항을 구분해야 한다. 예를 들어 선지자 모하메드를 조롱하는 내용의 만화를 출판한 덴마크의 신문은 그렇게 할 완벽한 권리를 가졌다. 그러나 나는 그것이 책임 있는 행동이라고 생각하지는 않는다. 덴마크 안에서 회교도에 대한 적대감이 높은 상태인데, 이 만화는 이미 형성되어 있는 그런 편견에 영합한 것이다.

다문화주의는 하나의 방향이다. 앞으로도 이 문제를 둘러싼 논란이 그치지 않을 것인데, 그런 논란은 실용적인 방식으로 해소되어야 한다. 그 해법은 국가에 따라서, 그리고 한 국가 내의 집단에 따라서 달라질 것이다. 크리스마스 카드를 없애고 인사 카드로 대신해야 할까? 국가의 개입이 그런 것이라면 그것은 도무지 말도 안 되는 것이다. 그러나 실제에 있어서 전통적 관행은 이미 변하고 있다. 예를 들어 예수탄생 장면을 담은 카드는 10년 전에 비하면 크게 줄었으며, 종교와 무관한 내용의 인터넷 카드가 적어도 젊은 층 사이에서는 전통적 카드를 대신하고 있다.

▶ 2007년 1월 18일 인도의 뉴델리에 있는 간디기념관에서 경의를 표하기 위해 꽃다발을 놓고 있는 고든 브라운. 당시 브라운은 150명의 무역대표단을 인솔하여 인도를 방문중이었다.

섬나라 의식 떨쳐버리기

Chapter 8

제이 리노 : 최고의 랩 가수가 백인이고, 최고의 골프 선수가 흑인이고, 그리고 또 독일이 전쟁으로 가는 것을 원하지 않는다면 이 세상은 더 이상 좋을 게 없는 세상이다.

다시 제이 리노 : CNN에 난건데, 전쟁이 끝나면 이라크를 보통, 고급, 탈황 3개 지역으로 쪼갠다는 계획이 있대.

이런 얘기에 정색하고 논평할 필요는 없고, 다만 이라크 전쟁이 석유 한 가지만을 위한 전쟁은 아니라는 얘기 정도는 할 수 있을 것이다. 그러나 만일 중동에 석유가 없다면 전쟁이 일어났을까?

영국인이라는 것

국민적 정체성, 만일 이것이 무엇인가에 대한 다양한 견해가 있다면 우리는 영국의 국민적 정체성을 어떻게 재정립할 수 있을까? 이 주제에 대한 고든 브라운의 토론은 하나의 시작이지만, 당연히 앞으로 그 알맹이를 더 채워나가야 할 것이다. 과거 공통의 명분을 제공해 주었던 살벌한 적대감이 사라져 버리거나 변질된 상황에서 어떻게 국민적 정체성을 찾을 것인가? 오늘날 대다수의 국가들이 정체성 문제와 씨름하고 있는 것은 정확히 이런 사정 때문이다.

이 주제에 대한 아주 탁월한 연구성과를 낸 역사학자 린다 콜리는 영국적인 것이 다른 민족에 대한 반감, 특히 프랑스에 대한 반감을 통해 형성된 것이라 주장한다. 1689년부터 1815년까지의 기간에 영국은 적어도 일곱 번 이상 프랑스와 전쟁을 치렀다. 제1차 세계대전 직전까지 많은 연구자들이 프랑스가 영국에게 가장 큰 위협이라고 생각하였다. 과거 프랑스는 영국과 제국주의 경쟁을 벌이는 존재였고, 영국보다 더 큰 군대를 가졌고 또 구교 국가였다. 영국이 하나의 실체로 인정받고 또 유서 깊은 국가라는 이미지를 갖게 된 것은, 유럽 내에서 일어난 전쟁이건 아니면 제국의 다른 지역에서 일어난 전쟁이건 가릴 것 없이 전쟁에 의해, 혹은 전쟁 준비상태에 의해 만들어진 단결심 덕분이다.

18-19세기 영국 사람들이 그런 식으로 생각했던 것은 아니다. "국민적 정체성"이라는 용어 자체가 영국이 대부분의 식민지를 잃

어버린 1950년대에 들어서 비로소 처음 등장한 것이다. 국민적 정체성과 민족주의는 종교와 마찬가지로 야누스의 얼굴을 가진 것으로 널리 알려져 있다. 이 두 가지가 없었다면 자유주의 국가가 이룩한 것들 모두가 불가능했을 것이다. 왜냐하면 국민적 정체성이 바로 시민정신과 시민권의 기초이기 때문이다. 그러나 국민적 정체성은 바로 그 본연의 성격 때문에 배타적인 것이고, 나아가서 권위주의로 빠지기 쉬운 것이다. 대개 좌파는 종교와 함께 민족주의에 대해서 회의적이다. 이 사람들은 민족주의를 대내적으로는 사회정의에 반하는 것, 대외적으로는 국제협력에 반하는 것으로 본다.

만일 좌파가 민족주의를 써먹으려 한다면 그 내용을 비쿠 파레크가 제시한 기준들에 맞게 재구성해야 한다.[1] 즉 민족주의는 인종적 · 종교적 차이를 넘어 내가 앞에서 언급한 한계치 가까이까지 상대방을 존중한다는 의미에서 포괄적인 것이어야 한다. 이러한 민족주의는 충성심을 불러일으키고 거기에 동기를 부여하는 일련의 이상들을 갖는 것이어야 한다. 이러한 요건들이 소속감을 주는 공동체, 다른 어느 것도 아닌 바로 그런 공동체를 만들어낸다. 민족공동체가 다른 종류의 공동체와 다른 것은 바로 그런 일체감 때문이다. 민족공동체가 차이를 기반으로 만들어지는 것은 아니다. 그러므로 서로 다른 민족공동체들이 많은 공통성을 갖는다는 것은 조금도 이상하지 않은 일이다.

국민적 정체성을 형성하는 데 있어서 국가는 항상 일정한 역할을 수행한다. 그러나 공통의 정체성을 형성하는 데는 전체 대중의 참여 역시 필요하다. 제2차 세계대전 이후 아프리카 탈식민지 정권들의 경우에 흔히 그렇듯이, 엘리트들이 나서서 정체성을 만들고자 시도하는 경우, 그 결과는 민족국가가 아니라 국가민족으로 나타난다. 이런 경우 민족에 대한 정서적 충성심은 거의 없다.

민족주의라든가 주권 같은 문제에 있어서는 좌파가 많은 문제점을 보였기 때문에 우파가 오랫동안 우위를 점해왔다. 지금까지 영국의 정체성에 대한 우파의 견해는 매우 큰 영향력을 가진 것이었다. 예를 들어 영국과 EU의 관계가 그토록 말썽 많은 관계로 된 것은 바로 이 때문이다. 이노크 파월은 나중에 대처 전 수상과 나아가서 보수당 극우파에게 영향을 준 자신의 아이디어를 선명하게 제시한 바 있다. 그것은 바로 대륙의 이웃들과 분리된 "섬나라" 영국이라는 발상이다. 과거 영국은 여러 세기 동안 대륙을 외면하고 해외 식민지에만 관심을 기울였다. 영국의 정체성은 의회 주권이라는 개념과 단단히 연결되어 있으며, 의회의 독립성이 곧 영국의 독립성인 것으로 여겨졌다. 영국 사회는 개인의 권리를 열망해 왔지만 섬나라로서의 역사에서 나온 강한 "우리 의식"도 가지고 있다.

파월은 영국의 정체성에 대하여 이런 생각을 가졌기 때문에 자연히 스코틀랜드와 웨일즈에 대한 정부의 권한이양에 대하여 반대한다. 권한이양은 곧 의회 주권의 약화를 의미하는 것으로 보기 때문이다. 복지국가는 영국적 개인주의와 공존할 수 없는 것이라는 점에서 영국을 타락시키는 것이다. 파월은 악명 높은 연설 "피의 강물"에서 영국이 가난한 나라로부터 이민을 받아들여서는 안 된다고 역설하고, 이 사람들을 강제송환하거나 아니면 그 공민권을 제한해야 한다고 주장한다.[2] 그리고 미국과의 긴밀한 관계가 필요하다는 데 대해서도 반대한다. 양국은 서로 다른 길을 걷고 있기 때문이다.

이런 발상은 역대 보수당 지도자들의 연설에서 다시 등장한다. 대처 전 수상의 견해는 확실히 파월에 비해 절제된 것이다. 말할 필요도 없는 것이지만, 대처는 미국과의 관계를 중시하였다. 그리고 EU에 대하여 더 우호적이었으며, 영국을 EU와 결속시키는 데서 기본적인 역할을 수행하였다. 그러나 영국의 민족적 특성이 "대륙에 사는 사람들의 특성과 매우 다르다"고 주장하였다.[3]

1998년에 윌리엄 헤이그가 연설에서 이런 주장을 다시 제기하였다. 이 연설은 노동당의 제3의 길에 대한 반격에 해당하는 것이라 하겠는데, 제3의 길 대신 "영국적 길"이라는 것을 제시하고 있다.[4] 이 사람은 단호한 어조로, 그리고 파월 식의 전통에 충실하게도 다음과 같이 주장한다 : 영국의 정체성은 영국이 다른 민족들과 분리되어 있다는 사실, 그리고 의회가 주권을 가진다는 사실과 결부되어 있다 ; 이 나라의 특징인 개인과 기업의 윤리는 여러 세기 동안 지속되어 온 것이다 ; 대륙에 있는 국가들과는 달리, 그러나 미국과는 유사하게 영국은 외부 세력에 의한 침략이나 정복을 걱정하지 않아도 된다 ; EU에 깊숙이 관여하는 것은 우리의 주권을 약화시킬 우려가 있는 일이기 때문에 영국의 정체성에 위협이 된다 ; 영국은 연방국가가 아니며 또 그리 되어서도 안 된다 ; 영국은 지역들로 구성된 나라가 아니라 "이웃"들로 구성된 나라이며, 또 지역적 충성의 합계로 구성된 나라이다. 그러나 헤이그는 영국이 다른 나라 사람들도 함께 살 수 있는 개방되고 유동적인 사회를 가지고 있다는 점을 강조함으로써 파월이나 대처와 차이를 보인다.

1990년대 어느 시점까지 20년이 넘는 세월 동안 국민적 정체성에 대한 그러한 견해는 많은 유권자들의 지지를 받은 것이기도 하다. 그러나 설문조사에서 나타나듯이 지금은 그렇지 않다. 아직 캠런은 그러한 보수적 견해를 대체할 만한 정교한 아이디어를 내놓지 않고 있다. 이러한 변화는 놀랄 일이 아니다. 이제 영국은 태도나 인구구성 면에서 더 사해동포주의적 국가가 되었기 때문이다. 국민적 정체성에 대한 우파의 견해는 앞에서 언급한 기준들을 거의 충족시키지 못한다. 우파의 견해는 역사적으로 볼 때 문제가 많으며, 또 사회가 급속도로 변하고 있기 때문에 그 핵심 내용의 일부가 이미 시대에 뒤떨어진 것이 되었다. 영국의 개인주의가 오랜 전통을 가지고 있다는 사실은 맞다. 적어도 12세기까지 소급할 수 있기 때문이다.[5] 사실 영국의 개인주의는 개인 자유 보호, 확고한 시민법 전통 등을 포함하는 영국적 삶의 긍정적 측면들과 서로 연계되어 있다. 그러나 어떠한 민족도 오로지 개인주의만을 기초로 해서 형성되지는 않는다. 종교적 기원을 갖는 것이건 세속적 기원을 갖는 것이건 연대나 타인 배려의 전통 같은 다른 많은 전통도 있다.

콜리를 위시한 몇몇 사람들은 영국과 유럽의 긴밀한 연결을 강조해 왔다. 섬나라라는 비유는 오해를 불러일으키는 것이거나 틀린 것이다. 과거 가장 빠른 교통 통신 수단은 바로 해로(海路)였다. 우리와 대륙 사이의 바다는 분리가 아니라 연결의 수단이다. 여러 세기 동안 영국의 지배계급, 즉 귀족들은 도버 해협을 경계선으로 여기지 않았다. 왜냐하면 이 사람들의 재산이 영국과 대륙 도처에 널려 있었기 때문이다.

현 시점에서 영국의 정체성에 대한 더 적절하고 근거 있는 해석을 내리는 작업은 다음 몇 가지 이유에서 꼭 필요한 작업이다. 우파의 견해는 방어적이고 고립주의적인 세계관을 키우는 데 기여한 것일 뿐이고, 또 극우파에 의해 더 극단적인 내용으로 바뀐 채 정치적으로 이용되었다. 유니온 잭(영국의 국기 이름역자 주)은 극소수 사람들에 의해 독점되어서는 안 될 뿐만 아니라, 반동적 형태의 민족주의를 은폐하기 위한 수단으로 이용되어서도 안 된다. 국기는 민족공동체의 상징으로서 존중되어야 한다. 아마도 국민적 정체성 문제는 노동당이 우파의 편향된 시각을 공격할 수 있을 정도로 입장을 재정립하지는 못한 분야 가운데 하나인 것 같다. 사실 노동당은 "멋진 영국"(Cool Britannia, 1997년 총선 당시 블레어의 공약역자 주)을 건설하기 위한 노력이 시들해진 이후 이 문제에 대하여 거의 손을 놓고 있었다. 영국과 유럽의 관계는 우리가 우리 자신을 어떻게 생각하느냐에 따라 크게 달라진다. 그리고 우리가 국민적 정체성의 새로운 개념을 찾아낸다면 EU에 대한 우리의 태도도 달라질 것이다. 널리 인정받고 있듯이 세계화 시대에 경제적 성공과 정치적 영향력을 갖추기 위해서는 역동적인 태도가 필요한데, 전향적인 정체성은 바로 이런 태도를 만들어내는 데 크게 기여할 것이다. 마지막으로 새로운 개념의 정체성은 새로 발견한 영국 사회의 다양성을 무언가 창조적인 힘으로 만드는 데 있어서도 핵심적인 역할을 할 수 있을 것이다.

고든 브라운이 상징과 국민의례를 중시한다는 것은 옳은 일이다. 이 두 가지는 국민들을 단결시키는 효과를 가진 것이기 때문이다. 그리고 상징과 국민의례의 근거를 현재와 장래에 우리가 수호해야 할 가치인 자유와 관용의 전통에서 찾으려 하는 것 역시 옳다. 우리는 과거 대영제국의 경험 가운데 긍정적인 것들, 오늘날 우리가 몸담고 살고 있는 이 세계에 매우 적합한 그런 것들을 강조해야 한다. 물론 우리는 그 지저분한 측면, 예를 들어 대영제국이 피지배 인민들 대다수에게 시민권을 주지 않았다는 사실 같은 것들을 잊어서는 안 된다. 그러나 영국은 오랫동안 경제적 · 정치적으로, 그리고 문화적으로 이 세계에 대하여 개방적이었다. 실제로 영국적인 것을 상징하는 것들 가운데 일부는 우리가 사해동포주의적 과거를 가졌다는 사실을 잘 보여주고 있다. 차를 좋아하는 것이 그 한 예이다.

오늘날 어떠한 나라도 과거에 그러했던 것과 같은 방식으로 주권적 지위를 누리지는 못한다. 영국에게 주어진 많은 기회, 그리고 이와 동시에 영국이 대처해야 할 많은 문제, 이런 것들이 영국의 주권을 갉아먹고 있다. 경제발전, 기후변화, 테러리즘, 이민 등등이 그런 것들인데, 다 열거하자면 끝도 없을 것이다. 우리는 달라진 세계에서 주권이 어떤 것이어야 하는지에 대하여 진지하게 검토해야 한다. 어떻게 해서든지 간에 앞서의 문제들을 국내 수준에서 해결할 수 있다는 생각, 그런 생각에 매달리는 것이 주권을 가장 잘 지키는 것일까? 아니면 EU 안에서, 그리고 이 세계에서 다른 나라들과 꾸준히 협력하는 것이 더 좋을까? 정답은 두 번째 것이다. 우리는 EU 회원국이라는 사실이 우리 주권을 해치는 것이 아니라 오히려 보탬이 된다고 생각해야 한다. 그래서 나는 이것을 "주권 플러스"라 부른다. 즉 우리는 EU 회원국이라는 사실 때문에 우리 혼자 따로 사는 경우에 비해 훨씬 더 큰 영향력을 우리의 운명과 세계의 운명에 행사할 수 있게 된다.

미국과의 관계는 어떻게 해야 할까? 우리의 국민적 정체성을 구체화하는 데 있어서 대미관계가 얼마나 중요할까? 나의 견해로는 이런 문제가 무언가를 규정하는 것이어서는 안 된다는 것이다. 만일 그런 것이라면 그것은 아주 일방적일 수밖에 없는 것이다. "특별한 관계"라는 것을 지탱해 왔던 조건들은 이제 빠른 속도로 사라지고 있다. 과거 제국주의 시절 영국은 세계적 강국으로서 미국과 어깨를 나란히 했다. 오늘날 역시 영국은 세계적 규모의 큰 경제를 가지고 있다. 그러나 이제 영국은 60억 인구가 사는 세계에서 6,000만의 인구를 가진 국가일 뿐이다. 미국은 유럽뿐만 아니라 아시아, 중동, 라틴아메리카 쪽으로 눈길을 돌리고 있으며, 영국에 대한 특별한 관심은 훨씬 줄었다. 두 나라 사이에는 언어와 이념상의 공통성이 분명히 있지만 이제 영어는 사실상 세계 언어가 되었고, 특히 세계 도처에서 더 많은 젊은 세대가 영어를 사용하고 있다. 미국 사회와 특히 그 지도층에서 앵글로-색슨의 비중은 날로 낮아지고 있으며, 반면에 인종적 다양성이 심화되고 있다. 우리는 미국과의 긴밀한 관계를 유지하기 위해 계속 노력해야 한다. 그러나 앞으로 노동당은 미국에 어떤 정부가 들어서느냐에 따라서 대미정책의 내용을 결정해야 할 것이다.

영국은 그 명칭을 어떻게 해야 할지도 스스로 결정하지 못하는 나라이다. "영국"(Britain)이 맞는가, "대영국"(Great Britain)이 맞는가? 아니면 "연합왕국"(United Kingdom)인가? 나는 이 책에서 "영국"과 "연합왕국"을 같은 뜻으로 사용해 왔지만 간혹 양자를 구분해야 하는 경우도 있다. 연합왕국은 북아일랜드를 포함하는 것이지만 영국은 그렇지 않다. “대영국”이라는 명칭은 과거 제국주의를 연상케 하는 것이므로 확실히 잊어야 할 명칭이다. 그러나 대영국의 약자인 “GB”는 아직도 널리 애용되고 있으며, 영국 사람이 해외를 여행중일 때 자동차 번호판에도 사용된다. 그리고 간혹 “잉글랜드”라는 말이 영국과 같은 뜻으로 사용되지만, 그런 경우는 현재 잉글랜드 지방에 사는 사람들에게만 국한된 현상이다.

우리 자신을 부르는 용어가 이처럼 애매하고 복잡하다. 우리 자신이 누구인가를 진지하게 규정한 바가 없다는 사실, 이것이 취약성의 근원이라 할 수 있을까? 오히려, 적어도 잠재적으로는 이것이 강점의 근원이라 말할 수 있다. 오늘날 유연성이라는 것이 게임의 이름이 되고 있듯이 복수 정체성도 그러하다. 좁게 교조적으로 정의된 정체성은 핸디캡이 될 수 있다. 영국적이라는 것은 포괄적인 정체성이다. 영국 내 소수인종 집단 구성원들의 80% 이상이 “영국인”이라는 데 행복해 한다. 그리고 전체 인구 중에서 자신을 “잉글랜드인”으로 여기는 사람은 40% 미만이다.

영국은 런던에 통제센터를 두고 있지만 정말로 “이웃사람들”의 나라, “동네들”의 나라인가? 그렇지 않다. 영국은 세 개의 민족으로 구성된 나라이다. 이 나라는 세계경제와 직접적인 관계를 맺고 있는 대도시들을 자랑하는 나라이다. 잉글랜드 지방 내의 지역들은 예외가 전혀 없는 것은 아니지만 독자적인 정체성을 갖지 않고 있다는 것이 사실이다. 그러나 스페인 같은 다른 나라들의 경험에 비추어 보면 지역단위의 정체성은 만들어질 수 있는 것이고 또 유익한 것이다. 지역적 정체성은 내부 투자를 끌어내는 데, 지역성을 방해하는 문제들에 대처하는 데, 그리고 세계경제에서 성공하기 위해 필요한 역동성을 제공하는 데 있어서 매우 중요한 역할을 한다.

2007년은 스코틀랜드가 잉글랜드 및 웨일즈와 통합한 지 300주년이 되는 해이다(아일랜드는 이보다 뒤인 1801년에 통합되었다). 5,000만에 달하는 잉글랜드인이 인구학적으로 압도적인 지배집단이다. 스코틀랜드는 500만을 조금 넘는 수준이며, 웨일즈는 290만, 북아일랜드는 170만 정도이다. 통합 300주년인 2007년은 스코틀랜드에서, 그리고 이보다 정도가 덜하지만 웨일즈에서, 그리고 심지어 잉글랜드에서 분리주의 기운이 고조되는 시기와 겹치고 있다. 여론조사 결과를 보면 5월에 실시될 지방의회 선거에서 스코틀랜드 국민당이 다른 두 개 정당을 앞서고 있다.(이 책의 집필 직후인 5월 3일에 실시된 선거에서 국민당이 전체 의석 129석 중 47석을 차지하여 지방의회 제1당이 되었다.[역자 주]) 일부 보수당원들이 당의 공식 정책은 아니지만 별도의 잉글랜드 의회에 대하여 언급한 적도 있다. "잉글랜드 의회를 위한 캠페인"(Campaign for English Parliament)이라는 단체가 운영하는 웹사이트에 가보면 나름대로 설득력 있고 충분한 검토를 거친 글들이 올라 있다. 스코틀랜드와 웨일즈에는 이미 의회가 있으며, 북아일랜드도 지방의회를 만들기 위한 준비작업을 하고 있다. 현재 이 캠페인은 영국 의회로부터 권한을 이양받는 방식으로 만들어진 스코틀랜드 의회를 모델로 해서 잉글랜드 의회를 만들자는 목표를 추구하고 있다.

300주년 기념일 직전인 2007년 1월 16일에 실시된 BBC 방송의 여론조사 결과를 보면 잉글랜드 사람의 61%, 스코틀랜드 사람의 51%, 그리고 웨일즈 사람의 48%가 잉글랜드 의회 신설에 찬성하였다.[6] 블레어는 마치 브라운이 스코틀랜드 분리에 반대할 때 그랬던 것처럼 강하게 이 운동에 반대하였다. 즉 잉글랜드 의회는 "완전히 실현 가능성이 없는 것이고 또 불필요한 것"이라 한다.[7] 블레어와 브라운 두 사람은 스코틀랜드 국민당을 공격할 때 통합이 왜 좋은 것인가 하는 것보다는 분리주의가 왜 나쁜 것인가를 강조하는 경향을 보여왔다. 이 사람들은 스코틀랜드가 분리될 경우 수백만의 스코틀랜드 사람들이 낯선 신분, 이민통제, 기업 신뢰도 붕괴 등의 위협에 직면하게 될 것이라 주장한다.

두 사람은 스코틀랜드가 단일국가 안에 남는 것이 영국에게 왜 중요한가에 대해서는 분명한 목소리를 내지 않아왔다. 내가 볼 때 이 문제는 매우 중요하다. 영국은 높은 수준의 관용을 자랑하는 사해동포주의적 국가이다. 그런데 만일 영국이 분열된다면 분열된 각 단위에서 민족주의 감정이 고조될 것이라는 점은 거의 확실하기 때문에 사해동포주의는 어렵게 된다. 그리고 의심할 바 없이 세 개로 쪼개진 작은 국가들은 통일된 영국이 가졌던 영향력을 갖지 못하게 될 것이다.

브라운은 세계에 알려진 영국의 이미지를 바꾸어야 한다고 말한다. 우파의 견해는 영국을 주로 과거에 치중해서 정의하는데, 이런 이미지가 많은 다른 나라 사람들이 영국에 대해서 가지고 있는 이미지이다. 영국은 혁신과 새로운 아이디어의 나라가 아니라 왕족, 국왕 근위병, 고대적 전통 등이 뒤섞여 있는 곰팡내 나는 나라로 간주된다. 블레어는 “젊은 나라”를 강조하는 등 이러한 편견을 바로잡기 위해 노력하였다. 그러나 상표만 바꾼다고 해서 상품이 달라지는 것은 아니다. 영국의 이미지를 바꾸기 위해서는 영국이라는 나라 자체를 바꾸어야 한다.

유럽문제

EU는 여전히 보수당에게 어려운 문제이며, 캠런이 최종적으로 어떠한 관점을 채택한다고 하더라도 앞으로도 계속 어려운 문제로 남을 것이다. 사실 이 문제를 놓고서 당이 분열될 위험도 있다. 반면에 노동당의 경우는 창당 이래 지금까지 그런 위험을 조금도 겪지 않고 있다. EU가 처음으로 노동당에게 힘을 실어줄 만한 소재가 될 수 있을까? 최근에 나는 저명한 여성 언론인과 함께 이 문제를 토론하는 패널에 참가한 적이 있다. 이 사람은 EU가 영국에게는 “독성 문제”라고 간단히 치부하면서 콧방귀를 뀌는 태도를 보였다. “독성”이라는 말이 함축하는 의미는 이런 것이다 : 모든 정당들이여, 접근 금지이다. 그때나 지금이나 나는 이런 견해에 동의하지 않는다. EU 회원국들과 협력을 해야만 영국이 기후변화, 에너지 안보, 국제범죄와 이민문제 등에 의미 있는 영향력을 행사할 수 있기 때문이다.

2006년의 노동당 전당대회는 매우 중요한 대회였다. 이 대회는 블레어에 대항하여 브라운을 내세우려는 일종의 쿠데타 같은 것이 조직되는 것처럼 보였던 시기에 개최된 대회였다. 대회에서 많은 이슈들이 토론되었지만 EU문제는 거의 다루어지지 않았다. 당수로서 마지막 전당대회 연설을 한 블레어는 유럽에 대한 자신의 공약을 확고히 했지만, 이것은 거의 지나가는 말에 그친 것이었다. 브라운도 당시로서는 자신의 경력에서 가장 중요한 연설이었을 그런 연설을 하면서 유럽에 대해서는 아예 언급조차 하지 않았다. 이렇게 보면 현재 양대 정당이 모두 EU에서 차지하는 영국의 역할을 가벼이 여기는 데 만족하고 있는 것 같다. 그러나 영국이 EU 회원국이라는 사실은 이 나라의 핵심적 특징 가운데 하나이다.

지난 1년 반 동안 나는 EU의 장래, 특히 유럽의 "사회적 모델", 풀어서 말하면 유럽의 사회적 보호 및 복지체계에 초점을 맞춘 연구 프로젝트에 참가하였다. 이 프로젝트에는 유럽 각지에서 온 동료 학자들도 많이 참가하였다.[8] "정책 네트워크"에서 일하는 동료들과 함께 나는 많은 회원국들을 방문하였으며, 또 많은 EU 지도자들과 그 주변 사람들을 만났다. 이 경험은 영국이 대부분의 회원국들, 글쎄, 아니, 사실상 모든 회원국들과 얼마나 다른가 하는 것을 너무나 생생하게 일깨워 주었다. 영국에서 유럽에 대하여 진지하게 고민하는 사람이 있다면 그 사람은 정책결정의 주류에서 동떨어져 있는 사람이다.

10년 동안 권좌를 지킨 블레어도 이러한 상황을 바꾸는 데는 별로 기여하지 못했다. 블레어가 유럽무대에서 강하고 실질적인 영향을 준 분야는 두 분야이다. 하나는 세계시장에서 유럽의 경쟁력을 높이기 위한 목적으로 2000년에 제안된 "리스본 아젠다"를 성사시키는 데 영국이 매우 중요한 역할을 했다는 것이다. 리스본 아젠다는 그 실행이 어렵다는 사실이 입증되었지만 그 목표에 대한 전반적인 합의는 이루어졌다. 다른 하나는 블레어가 EU의 군사적 능력 강화, 특히 분쟁지역에 신속하게 투입할 수 있는 군대의 창설을 주창한 일이다. 블레어는 EU 헌법에 서명했지만, 프랑스와 네덜란드의 유권자들이 국민투표에서 이를 거부했다는 사실에 대해서 안도의 한숨을 쉬었을 것임에 틀림없다. 블레어는 이 문제에 대한 국민투표를 제안하였는데, 그것은 민주적 이유에서가 아니라 다음 번 총선에서 이 문제가 불거지지 않게 하기 위한 계산에서 나온 것이다. 다른 유럽 국가의 지도자들은 블레어에 대하여 편의성을 위해 원칙을 희생하는 사람이라 생각하였다.

블레어가 행한 연설 가운데 EU에 관한 최고의 연설은 이보다 나중에 나왔다. 2005년 6월 유럽 의회에서 행한 연설이 그것이다. 이 연설은 헌법 부결에 대하여 EU가 어떻게 대처해야 할 것인가 하는 문제에 관한 연설인데, 그의 연설 가운데 유럽 사람들의 심금을 울린 것으로는 유일한 것이었다. 이 연설에서 블레어는 자신을 확고한 친유럽주의자라고 선언하였지만, 유럽식 사회 모델이 살아남고 또 발전하기 위해서는 더 많은 혁신과 변화가 필요하다고 주장하였다. 그리고 사람들이 헌법을 거부하는 주된 이유는 헌법 자체와는 무관한 것이라고 한다. 프랑스와 네덜란드의 국민투표에서 부결된 것은 실업, 고용안정, 생활 수준, 이민 등에 관한 많은 사람들의 불만의 표시라고 한다. 그리고 국내 수준에서 이루어져야 할 부분이 많지만 사회경제적 개혁이 없다면 유럽통합을 진전시킬 기회는 많지 않다고 한다.

그러나 다른 연설에서와 마찬가지로 이 연설에서도 블레어는 EU의 장래가 어떠한 것이어야 하며, 그 안에서 영국의 역할이 어떠한 것이어야 하는가 등의 문제에 대해서는 분명한 언급을 피했다. 노동당의 다른 고위급 인사들의 경우도 마찬가지이다. EU가 어떠한 것이 되어서는 안 된다는 데 대한 노동당 지도부의 생각은 우리 모두가 알고 있다. 즉 회원국들로부터 너무 많은 권한을 가져가는 식의 통합체가 되어서는 안 된다는 것이다. 그러나 과연 블레어는 EU를 하나의 정치적 프로젝트로 생각이나 했을까? 만일 그렇다면 어떤 종류의 프로젝트로 생각한 것일까?

고든 브라운은 블레어가 하지 않은 일 한 가지를 했다. 그것은 바로 『지구적 유럽』(*Global Europe*)이라는 제목의 EU 관련 소책자를 낸 것이다.[9] 그리고 또 재무성이 EU의 문제점과 가능성에 관한 이보다 긴 책자를 발간하였다. 브라운에 의하면 EU의 초점은 바깥쪽이 아니라 안쪽으로 맞추어야 한다. EU는 "세계로 뻗어나가야 하며", 숙련도, 기술 및 교육을 한 단계 격상시켜야 하며, 노동, 자본 및 제품시장의 유연성을 키워야 한다. 이 소책자의 한 가지 웃기는 점은 마치 그런 지적을 지금까지 어느 누구도 하지 않았다는 듯이 기술하고 있다는 것이다. 브라운이 지적한 것들 대부분이 이미 리스본 아젠다 안에 포함되어 있다. 2005년 유럽 의회 연설에서 블레어가 아주 간명하게 정리한 바 있다 : 우리가 해야 할 일은 간단하다. 리스본 아젠다를 이행하기만 하면 된다.

브라운의 소책자는 다른 회원국들로부터 비판적인 대접을 받았다. 예를 들어 프랑스의 저명한 정치평론가 자키 래디라는 사람은

"브라운에 따를 것 같으면 EU는 아무런 존재 의의도 없는 것"이라고 썼다.[10] 이 사람에 의하면, 브라운이 제시한 경제 공식은 EU가 있든 없든 관계없이 모든 국가들에게 적용할 수 있는 것이다. 일반적으로 브라운은 블레어보다 더 EU에 회의적인 사람으로 알려져 있다. EU가 영국의 장래에 필수적인 것이라 믿는 우리 같은 사람들은 브라운이 집권하면 모든 희망을 버려야 할까? 나는 그렇게 생각하지 않는다. 과거 한때는 그랬는지 모르지만, 영국이 유로화 밖에 있다고 해서 그것이 유럽에서 발언권을 갖는 데 장애가 되지는 않는다. 유럽의 엘리트들은 유로화가 단지 부분적인 성공일 뿐이라는 사실을 인정했어야 한다. 유로화는 그 주창자들이 희망했던 대로 경제성장 효과를 내지는 못하고 있다.

이보다 더 중요한 것은 EU가 안고 있는 문제가 많다는 점을 감안할 때 그냥 순진하게 친유럽적이 된다는 것이 이제는 더 이상 가능하지 않게 되었다는 점이다. "비판적 친유럽주의"라는 것이 영국의 유럽 회의주의와 더욱 비슷한 목소리를 낼 수 있게 되었다. 이제 EU가 영국에 주는 이익이 무엇인가에 대한 새로운 설명이 필요하게 되었지만, 그런 설명은 국내정치에서 등장하고 있는 새로운 의제들과 결부되어 있다.[11]

앞에서 내가 말한 주권 플러스를 제공할 수 있으려면 EU는 단순한 경제적 프로젝트만이 아닌 정치적 프로젝트가 되어야 한다. 그러나 어떤 종류의 정치적 프로젝트여야 하는가? 바로 여기에 영국에게 큰 기회가 있다. 유럽에 관한 한 "연방주의"라는 용어는 이제 죽은 용어이다. EU가 하나의 초국가로 될 가능성은 전혀 없기 때문이다. 그러나 EU는 일종의 지역 차원의 UN 혹은 형식적으로 독립적인 국가들의 느슨한 결합 수준은 넘는 것이고 또 그런 것이어야 한다. EU의 성격은 그 경계선을 어디까지로 할 것인가 하는 골치 아픈 문제 등에 대하여 회원국들이 앞으로 몇 년 동안 어떠한 결정을 내릴 것인가에 따라 결정될 것이다. EU의 경계선을 어디에다 그어야 할까? 나의 답은 이런 것이다. EU는, 이미 원칙적인 합의를 본 대로, 터키와 발칸제국이 가입에 필요한 조건들을 충족시킨다면 이들에게 가입기회를 주어야 한다(현재의 상황으로 볼 때 이들의 가입조건은 아주 어려운 조건이다). 그러나 그 이후에는 완전히 멈추어야 한다. 즉 우크라이나, 조지아, 몰도바, 그리고 북아프리카 제국에게 그 무슨 특혜를 주는 한이 있더라도 더 이상 구동유럽 지역으로 정회원국을 확대해서는 안 된다.

메르켈 독일 수상이 아무리 되살리려고 애를 쓴다 하더라도 EU 헌법은 당분간은 포기해야 할 것 같다. 그러나 EU가 주권 플러스를 줄 수 있으려면 헌법의 일부 조항을 법제화할 필요가 있다. 현재 EU의 외상이 둘인데 이를 하나로 줄여야 한다. 또 헌법은 최소 2년 이상 임기를 갖는 집행위원장을 선출할 것을 제안하고 있는데, 이 부분도 실행되어야 할 부분이다. 현재 집행위원장직은 6개월 단위로 순환되고 있는데, 이는 의사결정의 계속성 부족과 타성의 지배를 낳는 특효약이다. 영국의 정치적 상황에서는 어려운 일이겠지만, 집행위의 의사결정 과정에 몇 년 전 니스 협정이 규정한 것보다 더 광범한 종다수제 표결과 더 효과적인 규칙을 도입해야 한다. 만일 고든 브라운이 이런 것들에 찬성하지 않는다면 그 이유를 밝혀야 한다. 왜냐하면 다른 유럽 국가의 지도자들은 그런 것들을 밀어붙일 것이기 때문이다.

외교정책

외교정책은 차기 노동당 지도자의 운명에 결정적으로 중요한 분야이다. 그러나 여기서 상세히 다루기에는 너무나 광범한 분야이다. 토니 블레어는 영국이 미국과 유럽 사이에서 다리 역할을 할 수 있다는 발상을 바탕으로 하여 대부분의 외교전략을 수립하였다. 클린턴 재직 시절에는 그러한 발상이 제대로 먹혀들었으며, 진보적 성향의 두 정상 간의 몇 차례 회담을 통하여 맺어진 개인적 유대관계도 여기에 한몫 하였다. 나는 이런 과정을 아주 가까이서 볼 수 있는 기회를 가졌다.

21세기로 전환할 무렵 15개 EU 회원국 가운데 13개국에서 중도좌파 정당 혹은 정당연합이 집권하고 있었으며, 미국과 캐나다의 경우 역시 그러했다. 예를 들어 클린턴과 캐나다 수상 장 크레티앙이 플로렌스, 베를린, 스톡홀름 등에서 개최된 회의에 참석했을 때 이 사람들은 사실상 모든 유럽 지도자들을 만날 수 있었다. 말하자면 그런 회의 자체가 북아메리카와 유럽 간의 다리였던 셈이다.

나는 프랑스의 조스팽 수상이 다른 지도자들과 확연히 달랐다는 사실을 아주 생생하게 기억한다. 조스팽은 다른 지도자들에 비해 자신이 훨씬 더 좌파 전통에 충실한 사람이라고 생각했기 때문에 다른 지도자들과 함께 어울리는 것을 어색해 했다. 어떤 행사에 참석한 조스팽은 방 한 구석에 외롭게 서서 자기 보좌관들과 대화를 나누곤 했다. 그리고 조스팽은 분명히 클린턴에 대하여 실망하였다. 사실 미국 민주당은 전 세계 대부분의 사회민주당이 소속되어 있는 국제사회당(Socialists International)에 단 한번도 참가한 적이 없다. 왜냐하면 다른 정당들이 미국 민주당은 참가자격이 없다고 생각했기 때문이다.

북아메리카와 유럽에서 중도좌파가 집권하던 시절에는 잘 먹혀들던 것이 그후로는 삐꺽거리게 되었다. 백악관에 공화당 대통령이 들어앉았으며, 많은 유럽 국가들에서 우파가 집권하였다. 워싱턴 주재 대사였던 크리스토퍼 메이어의 증언에 의하면, 조지 부시 당선 직후 블레어의 비서실장 조나단 파월로부터 다음과 같은 훈령을 받았다고 한다 : "그 미국놈들 들어내 버리고 그 자리에 앉아 있으시오."[12] 만일 이것이 사실이라면, 이런 식으로 표현해도 된다면, 아주 나쁜 역작용을 낳은 거친 비유라 할 수 있다.

나는 일관되게 토니 블레어를 지지해 온 사람이고 아직도 탁월한 지도자로 여기고 있다. 그러나 나는 블레어가 왜, 비유를 바꾸면, 자기 계란을 몽땅 부시의 바구니에만 담았는지를 이해할 수가 없다. 블레어는 세계문제를 처리하는 방식으로서 다자주의를 일관되게 지지해 왔으며, 여러 연설에서 그런 입장을 아주 분명히 해왔다. 그러나 부시 행정부는 출범하자마자 몇 가지 중요한 국제협약들에 얽매이지 않겠다고 공공연히 선언하였다. 미국의 새로운 국가안보 독트린을 보면 미국의 이익을 다른 모든 고려사항보다 먼저 고려해야 한다는 점을 드러내놓고 주장하고 있다. 부시의 국가안보 보좌관(후일 국무장관) 콘돌리사 라이스는 "환영(幻影) 같은 국제공동체"를 조롱하였다. 부시주의자들은 UN을 무력화할 기회를 거의 놓치지 않았다. 이 모든 것들은 9 · 11 훨씬 이전에 일어난 것들이다.

부시 행정부는 국제관계를 미국을 우두머리로 하는 힘의 장으로 재정의함으로써 수십 년에 걸쳐 형성된 국제체계의 작동방식을 망가뜨렸다. 종래 미국 사람들은 국제협력의 필요성을 강조하고 이를 위한 기구를 창설하는 일에 앞장서 왔다. 탁월한 국제관계 전문가 존 아이켄베리는 2002년에 다음과 같이 말한 바 있다 : 부시의 독트린은 미국이 "기준을 설정하고 위협을 판단하고 또 무력을 사용하는 지구적 역할을 자기 마음대로 수행할 수 있다"는 식의 사고를 형성하였다. 이런 식의 과격한 사고는 오늘날의 세계질서를 과거 냉전종식이 변형시킨 것보다 더 크게 변형시킬 수 있다. 부시 행정부의 이런 식의 접근방법은 위험을 내포한 것이며, 실패할 가능성이 크다. 역사에서 무언가 교훈을 얻을 수 있다면 우리는 부시 행정부의 그러한 접근방법이 저항을 촉발할 것이고, 그래서 미국을 더 적대적이고 분열된 세계 속으로 몰아넣을 것이라고 말할 수 있다.[13] 종교서적들에 이런 얘기가 자주 나오듯이 그런 상황은 말 그대로 현실로 나타났다.

유럽이 이라크 문제를 놓고 분열되었을 때 영국이 미국과 유럽의 다리가 되는 일은 불가능했다. 그것은 기껏해야 미국과 전쟁을 지지한 유럽 국가들 간의 파이프 구실을 하는 정도에 그쳤다. 나는 영국의 이런 정책이 단 한번도 올바른 정책이었던 적이 없다고 생각하며, 심지어 미국에서 민주당이 집권하던 시기에도 마찬가지였다고 생각한다.[14] 이런 정책은 영국이 아직도 진정한 유럽의 일원이 아니라는 사실을 다시 한 번 일깨워 주는 것이다. 블레어는 지금도 비슷한 맥락의 얘기를 계속하고 있다. 2007년 1월 방위문제에 관한 연설에서 블레어는 영국 외교정책의 기초가 "두 개의 동맹"이라고 하면서 그 하나는 미국과의 동맹이고 다른 하나는 유럽과의 동맹이라 한다.[15] 이 말은 나한테는 "우리에게 유럽은 얼마나 먼 존재인가" 하는 것을 매우 특별한 방식으로 표현한 것으로 들린다. 우리는 유럽인인가 아닌가? 특별한 관계라는 것이 전적으로 허구인 것은 아니겠지만, 어느 한 국가가 EU-미국 간의 채널이 된다는 것은 가능하지도 않고 또 바람직하지도 않다.

미국이 새로운 세계제국을 세울 수 있다고 많은 사람들이 생각한 적이 있었는데, 그런 시대는 이미 끝났다. 2기에 걸친 부시 행정부의 임기가 끝나가는 현 시점에서 볼 때 미국의 영향력은 크게 줄어든 상태이다. 아직도 미국이 세계 최강의 군사력을 가진 나라임에는 틀림없지만, 아프가니스탄과 이라크에서 군사적 모험을 강행한 사례가 보여주듯이 그러한 군사력을 실제로 사용할 경우 얼마나 심각한 한계가 있는지를 아주 쉽게 알 수 있다. 전에 회교 성전주의자들이 아프가니스탄 주둔 소련군에 대한 승리를 선언한 바 있는데, 미국이 이라크에서 철수한다면 이 사람들은 또 미군에 대한 승리를 선언할 것이다. 세계 최강의 군대가 현지의 무장봉기에 대처함에 있어서는 아주 무능하다는 사실이 입증되고 있다. 이런 와중에서 아이켄베리가 예측한 대로 미국의 세계적 위신이 지난 수십 년 이래 최하 수준으로 떨어지고 말았다.

또한 이라크 전쟁은 미국에게 엄청난 비용부담을 안겨주고 있다. 2006년 봄 현재로 미국의 납세자들이 직접 부담한 비용이 4,000억 달러에 달하며, 무슨 일이 일어나든 간에 앞으로 부담해야 할 비용은 이보다 훨씬 더 커질 것이다.[16] 미국의 경제규모를 감안한다 하더라도 이것은 아주 큰 돈이다. 세금감면까지 함께 고려하면 바로 이런 비용이 미국의 재정적자 신기록 작성에 기여한 것이다. (클린턴이 퇴임하기 전까지 미국의 재정은 흑자였다. 클린턴은 이 돈을 복지 개선을 위해 쓰려고 했지만 의회 다수의석을 가진 공화당의 반대로 좌절되고 말았다.)

미국의 힘과 영향력의 쇠퇴는 외교정책 분야에 여러 가지 함축적 의미를 던져준다. 다극화된 세계를 소망했던 사람들은 이제 세계가 자신들의 소망대로, 혹은 소망에 가까운 것이 되었다고 생각할지 모른다. 그러나 미국 쇠퇴의 결과는 불편하고 위험한 것으로 나타날 수도 있다. 특히 미국의 쇠퇴가 UN의 권위 추락과 동시적으로 일어나고 있기 때문이다. 이러한 상황이 의미하는 것은 영국이 다자주의로의 복귀를 촉진하기 위해 더 열심히 노력해야 한다는 것이다. 희망사항에 불과한 것인지는 모르지만 영국이 가까운 장래에, 그리고 이와 똑같은 이상으로 다시 돌아가겠다는 자세를 가진 새로운 미국과 힘을 합쳐서 그 길로 나아간다면 더욱 좋을 것이다.

고든 브라운은 무슨 일을 해야 할까? 구체적으로 말해서 브라운은 비교적 가까운 장래에 이라크로부터 영국군을 철수시킨다는 방침을 분명히 해야 한다. 그러나 철군작업은 현지 영국군의 상황과 철군 이후의 현지 상황을 충분히 고려하는 바탕 위에서 매우 조심스럽게 이루어져야 한다. 이제 어느 누구도 점령군으로서 영국군이 미군에 비해 훨씬 더 훌륭하게 처신하였다고 자랑하는 사람은 없지만, 남부지역에 배치된 영국군이 어려운 상황에서도 임무를 잘 수행하였다는 것은 사실이다. 브라운은 이라크의 상황을 국제적으로 처리하는 방안을 찾아야 한다. 미국의 베이커 보고서가 제안한 바와 같이 인접 중동국가들도 참여시켜야 한다.[17] 또 브라운은 당분간은 협력해야겠지만 현재의 미국 정부와 거리를 유지해야 한다. 이 일은 대서양주의를 해치지 않고서도 가능하다. 특히 민주당이 의회를 통제하고 있지 않은가? 테러에 대한 정책에서도 사람들의 정서와 마음을 얻어야 할 필요성을 훨씬 더 강조하는 새로운 접근방법으로 전환해야 한다. 이러한 접근방법은 국제 테러의 위험성을 강조하는 것과 전혀 충돌하지 않는다.

"테러와의 전쟁" 자리에 무엇을 갖다놓아야 할까? 질문은 간단하지만 답변은 복잡하다.

1. 국제 테러리즘은 내가 앞에서 강조한 바와 같이 실질적인 위협이다. 이렇게 말하는 것이 공포의 정치를 퍼뜨리는 것은 아니다. 테러의 위험성이 지나치게 과장되었다고 주장하는 사람들이 있지만 그런 주장은 틀렸다. "그 위험은 너무 과장된 것"이라고 비판하는 사람은 늘 있게 마련이다. 대개 좌파의 경우 그런 위험은 지하드 테러리즘이다. 우파의 경우 그런 위험은 지구 온난화이다. 또 어떤 사람들의 경우 그런 위함은 조류독감이다. 진실은 이렇다 : 이 모든 것들이 다 실질적

인 위험이며, 각각의 경우에서 그 위험의 수준을 계산하는 것은 쉽지 않다. 이러한 상황은 보험회사들이 처리하는 상황과는 다른 것이다. 보험회사들은 장기적 통계를 가지고서 현재의 위험 수준을 평가한다. 보험사 직원은 당신이 집에서 사고로 죽을 위험이 어떠한지에 대해서 말해줄 수 있다. 그러나 당신이 테러로 죽을 위험이 어떠한지에 대해서는 말해줄 수 없다. 국제 테러리즘은 보험사들이 말하는 "낮은 확률 중대 결과" 위험의 한 예이다. 이런 위험은 관리하기가 매우 어렵다. 그리고 그런 위험이라면 결코 위험이 아니라고 말하는 사람들이 늘 있다. 그러나 그 결과는 대재난일 수 있으므로 그런 위험도 관리하고 또 방어해야 할 위험이다.

2. 국제 테러리즘은 광범한 활동가 연락망을 가지고 있다. 대개 이 사람들은 자신들을 조직하기 위해 현대적 하이테크 통신 기술을 활용한다. 그러나 이 사람들은 여전히 한 국가 안에 기지가 있어야 한다. 그렇기 때문에 이들에 대한 군사작전이 여전히 적절한 방법이 될 수 있다. 아프가니스탄에 군사적으로 개입하기로 한 결정은, 비록 이 나라를 안정화하는 데 필요한 자원을 제대로 활용하지 못한 실수가 있었지만 올바른 결정이었다. 그러나 파키스탄 사례에서 그랬던 것처럼 외교적 압력을 사용해야 하는 경우가 압도적으로 많다.

3. 실업률, 특히 청년층 실업률을 줄이기 위한 프로젝트, 빈국의

전반적 생활여건 개선을 위한 프로젝트 등과 같은 개발 프로젝트가 테러의 위협을 줄이는 데 크게 도움이 될 수 있다. 그러나 테러가 단지 빈곤의 결과인 것만은 아니라는 사실을 깨달아야 한다. 지하드 운동은 종교적 신념에 의한 것이며, 이와 함께 지정학적 목적을 가진 것일 수도 있다.

4. 영국에서 심각한 테러 사건이 일어날 위험은 이라크에 대한 정책이나 미국과 가깝다는 데서 나오는 것이 아니다. 이 두 가지가 다 바뀐다고 해도 테러가 사라지지는 않을 것이다. 종교적 근본주의가 테러 위협의 유일한 원천이라는 것도 사실이 아니다. 오클라호마 시에 폭탄을 설치하여 200명 가까운 사람들을 죽인 티머시 맥베이는 극우단체의 회원이었다. 부분적으로는 인터넷 때문에 살상무기를 제조하는 데 필요한 재료와 노하우는 이제 쉽게 구할 수 있게 되어 있다.

5. 테러리즘과 관련하여 가장 나쁜 경우는 테러 단체가 핵무기를 입수하는 경우이다. 최근 몇 년 동안, 특히 구소련 지역에서 대량의 핵물질이 실종되었다. 그게 어디에 가 있는지는 아무도 모른다. 핵능력을 가진 국가가 테러 단체에 도움을 주기로 결정할 수도 있다. 따라서 핵확산을 방지하고, 실종된 핵물질을 추적하고, 또 화학무기와 생물학무기를 제한하는 것은 위험을 봉쇄하는 것과 직결되어 있다.

6. 영국은 대재난을 가져올 수 있는 모든 비상사태에 대처하는 능력을 한 단계 격상시켜야 한다. 위험은 여러 방향에서 올 수 있지만 운이 나쁘면 각각의 위협이 합쳐질 수 있다. 이렇게 되면 대중의 패닉이 올 수 있고, 도심지역 사람들을 급하게 대피시켜야 할지 모르고, 구조대의 구조능력이 한계를 드러낼지 모르고, 병원에 환자 홍수가 날지도 모르고, 또 통신망이 단절될지도 모른다. 이런 재난상황 전부 혹은 대부분에 적절히 대처할 수 있는 준비를 갖추는 것은 가능하다.

7. 정보와 정찰결과 등을 공유하기 위한 국제협력은 필수이다. 앞에서도 언급하였지만, 국제 테러리즘에 대처하기 위해서는 자유와 안전 사이에 일종의 타협이 이루어져야 한다. 이 공식은 다른 위기상황에도 어느 정도 적용된다.

만병통치약 같은 것은 절대 금물이다. 가장 위험한 엉터리 약은 "악의 축"이다. 그러나 아직도 부시는 이 약을 믿고 있는 것 같다. 한때 부시 행정부는 이란의 핵시설에 대한 폭격을 결정한 적이 있는 것으로 보인다. 이스라엘 지도자들이 미국에 새 대통령이 등장하기 전에 그런 작전을 감행할지도 모른다. 이런 행동이 실행된다면 브라운으로서는 처음으로 중요한 외교정책 결정을 내려야 할 것이다. 브라운은 그런 행동을 규탄해야 할까? 나는 그렇게 해야 한다고 확신한다.

이보다 더 광범한 문제로서 핵확산 방지문제도 남아 있다. 물론 이미 핵무기를 가지고 있는 국가들의 뻔뻔스러운 위선이라는 어려운 문제도 그렇지만. 특히 브라운은 트라이던트 잠수함 도입에 찬성한다는 뜻을 밝힌 바 있다. 핵무기를 갖는 것이 우리의 안전에 보탬이 된다면 다른 나라들은 왜 그렇지 않을까? 현재 영국은 핵무기 "선제사용 거부"(no first use) 정책도 천명하지 않고 있다. 사실 트라이던트 도입 결정의 동기는 복합적인 것이다 : 노동당은 방위문제에 취약하다는 인상을 피하고자 하며, 보수당에게 역습당하기 싫어한다 ; 프랑스가 유럽 유일의 핵보유국이 되는 상황을 피하고자 한다 ; 핵보유국이라는 지위가 세계문제에서 추가적인 영향력을 제공해 준다고 믿고 있다.

이제 우리는 미국 학자 로버트 캐건이 2002년에 "힘과 취약성"에 대한 논의를 펴면서 주장한 것을 뛰어넘는 수준까지 왔다.[18] 캐건은 유럽인은 금성(Venus, 미의 여신이라는 뜻도 있다[역자주])에서 온 사람들이고 미국인은 화성(Mars, 군대의 신이라는 뜻도 있다[역자주])에서 온 사람들이라는 논제를 던져 유럽 사회에 일대 파문을 일으켰다. 미국은 무력사용권을 가지고 있고 또 그렇기 때문에 제 갈 길을 가고 있지만 유럽은 설득과 협상이라는 여성적인 방법을 사용할 수밖에 없다는 것이다. 이 얼마나 시대에 뒤처진 생각인가?

이라크 전쟁과 그 결과는 유럽과 미국 모두에게 참으로 자존심 상하는 경험이 되었다. 앞으로 몇 년간이 세계공동체에게는 매우 어려운 시기가 될 것이다. 군사적 개입을 통해서 세계의 위험지역을 손볼 수 있다고 주장한 사람들은 이라크와 아프가니스탄의 무질서 상황 때문에 할 말을 잃었다. 그러나 이란의 경우에서 보듯이, 이미 결정한 행동경로를 철저히 고수하려는 국가를 상대로 협상과 다자주의를 적용하는 것이 항상 효과적인 것은 아니다. 다시 생각해야 할 부분이 많다.

다자주의는 흔히 별로 조심하지 않고 사용하는 용어이지만 찬찬히 검토해 보아야 할 용어이다. 그리고 이 말의 형식상 반의어인 일방주의라는 용어 역시 그러하다. 엄격히 따지면 일방적으로 이루어진 일은 많지 않다. 예를 들어 이라크에서 미국은 혼자서만 행동하는 것이 아니라, 군대를 보냈건 보내지 않았건 많은 국가들의 적극적인 지원을 받아 행동하고 있다. 대다수 국가들 사이에 합의가 충분히 이루어지지 않는 상황도 많이 있을 것이기 때문에 앞으로도 "자발적 동맹"(The Coalitions of the Willing) 같은 것이 적지 않은 세계 문제에 대처하기 위한 방편으로서 그 필요성을 인정받을 것이다. 광범한 지지를 얻어서 실행한 코소보에 대한 군사적 개입도 그런 "동맹"에 의한 것이었다.

협상, 협력, 국제법 존중, 이런 것들은 캐건이 니체 말버릇을 흉내내서 표현한 취약성의 징표가 결코 아니다. 반대로 그런 것들은 장기적으로 무력 사용보다 더 큰 영향력을 갖는 형태의 힘이다. 그러나 군사적 뒷받침이 없는 다자주의적 접근은 대상 국가에 의해 무시당할 수 있다는 캐건의 평가는 맞다. 우리는 내가 이름붙인 공격적 다자주의 자세를 취해야 한다. 이것은 국제협력의 중요성을 충분히 인식하면서 이와 동시에 그것을 뒷받침하기 위한 무력의 사용도 필요하다고 인식하는 것을 가리킨다. 영국은 앞으로도 계속 EU의 군사력 강화를 밀고 나가야 한다. 여기에 어느 정도 진전이 있었다. 2003-2004년 무렵, NATO군에 참가한 부대를 제외한 7만의 EU군이 신속배치 전력으로서의 전개능력을 갖추게 되었다.

그리고 영국은 UN 안전보장이사회와 G8의 개편에 대한 지지를 계속 보내야 한다. 이 일은 각국이 노력해 왔음에도 불구하고 쉽지 않은 일이다. 안보리는 1945년 당시의 세계를 반영한 것인데, 지금은 그로부터 60년 이상의 세월이 흘렀다. 인도, 일본, 브라질이 상임이사국 지위를 주장하고 있지만 아직까지 합의에 이르지 못하고 있다. 중국과 인도는 G8 회원국이 아니다. G8은 G10으로 확대되어야 한다.

고든 브라운이 세계무대에서 존경받는 분야가 두 개 있다. 하나는 아프리카 빈곤문제 분야이고, 다른 하나는 국제경제회의 분야이다. 두 번째 분야의 경우는 오랜 세월 재무상을 지낸 덕분에 일정한 영향력을 갖게 된 것을 말한다. 세계 경제질서의 개혁에 관한 토론에서 이미 일정한 역할을 수행한 바 있기 때문에 이 분야에서 브라운은 수상으로서 즉각적인 영향을 행사할 수 있을 것이다.

세계 양대 경제기구인 세계은행과 국제통화기금은 UN과 마찬가지로 영향력의 약화를 겪고 있다. 이제는 금융시장에서 세계은행과 IMF가 부과하는 것 같은 조건이 붙지 않은 자본을 손쉽게 조달할 수 있는 상황이다. 라틴아메리카와 아프리카 국가들은 IMF체제의 대출에 문제가 많다고 판단하여 등을 돌렸다. 세계은행과 IMF가 지난 몇 년간 자신들의 역할을 변화시킨 것은 사실이지만, 지난 1세기 동안 가장 큰 변화는 WTO의 창설이라 할 수 있다. (WTO라는 것도 사실은 GATT의 변신에 불과한 것이기는 하지만.) 지금까지 많은 야심찬 제안이 나왔다. 예를 들어 경제안전보장회의 혹은 세계경쟁위원회 창설안 등이 나온 바 있다. 그러나 어느 것도 결실을 보지는 못했다. 이런 상황에서 가장 위험한 것은 경제적 민족주의로 복귀 하는 것, 그리고/혹은 지구를 지역단위로 쪼개는 것, 말하자면 경제적 다극체계로 가는 것이다.[19]

에너지 안보는 에너지가 풍부한 국가들 간에, 그리고 에너지 공급처를 찾기 위해 애쓰는 국가들 간에 민족주의를 불러일으킬 주된 요인 가운데 하나이다. 러시아가 첫 번째 경우의 대표적 예이다. 러시아는 높은 에너지 가격을 도약대로 삼아 세계문제에 대한 목소리를 다시 키우고 있다. 푸틴이 말하는 "주권적 민주주의"는 민주주의보다 주권을 훨씬 더 강조하는 것이다. 러시아는 이란에 핵물질을 팔고 있는데, 이것은 러시아가 국제사회의 눈치를 살피지 않는다는 사실을 강조하기 위한 것이다. 또 러시아는 석유회사 쉘에 압력을 가하여 사할린의 석유 및 가스 개발권을 포기하도록 만들었다. 두 번째 경우의 대표적 예는 급속한 경제성장에 필요한 연료 공급처를 찾고 있는 중국이다. 이것이 지니는 지정학적 의미는 무시하기 어렵다. 예를 들어 중국은 이란의 핵개발을 막기 위한 국제사회의 제재조치에 동의할 것 같지 않다. 왜냐하면 이란은 중국의 주요 석유 공급원이기 때문이다.

지역주의 역시 세계사회에서 중요한 힘으로 등장하고 있다. 무역 분야의 경우 지역단위의 협정이 체결된 건수가 1995년 이후 부쩍 늘었는데, 그 수는 그 이전 반세기 동안 체결된 것보다 많다. EU

의 경우가 가장 적극적이고 발전된 형태의 것이지만 라틴아메리카, 아프리카, 그리고 특히 아시아 지역에서도 이와 비슷한 것들이 있다. 1997-1998년의 아시아 금융위기가 동아시아 국가들 간의 지역적 금융협정 협상에 자극제가 되었다. 이와 동시에 아시아 4개국, 즉 인도, 파키스탄, 중국, 그리고 최근에 북한이 핵을 갖게 되었다. 이란이 핵무기를 갖게 된다면 일본도 핵무장을 할지 모른다. 아마 한국도 그럴지 모른다. 경제협력이 이러한 상황이 가져올 엄청난 위험을 줄이는 데 도움이 될지 모르지만 인도와 파키스탄 간에, 남북한 간에, 그리고 중국과 일본 간에 심각한 긴장이 조성될 가능성도 있다.

몇 세기 동안 세계무대의 뒤안길에 있었던 중앙아시아가 이제 전략적으로 중요한 지역으로 떠오르고 있다. 1994년에 러시아와 중국은 카자흐스탄, 키르기스스탄, 타지키스탄 등 중앙아시아 3개국과 함께 상하이 5를 결성하였다.[20] 이 5개국은 서로 접하고 있는 국경선 수천 마일을 비무장지대로 바꾸었고 무역협정을 체결하기도 했다. 2001년에는 우즈베키스탄이 가입하였고, 또 그 명칭이 상하이 협력기구로 바뀌었다. 현재 이 기구는 모스크바에 상설 사무소를 두고 있으며, 추가협정들을 개발하고 있다. 앞으로 이 기구는 NATO의 좋은 파트너가 될 수도 있고, 좀 불길한 얘기지만 경쟁자가 될 수도 있다. 인도, 이란, 몽고, 파키스탄은 여기에 참관국 자격으로 참가하고 있다. 이 4개국이 정회원으로 가입한다면 이 기구는 4개 핵보유국, 대량의 천연자원, 약 25억의 인구를 가진 거대 기구로 될 것이다. EU, 미국, 일본이 크게 우려하고 있다는 것은 결코 놀랄 일이 아니다.

지역주의가 지구적 협력을 해칠 수 있지만 반드시 그런 것은 아니다. 적절히 조절한다면 지역주의가 더 효과적인 세계적 기구들의 창설에 기여할 수 있다. EU는 다자적 통치의 규칙을 만드는 데 있어서 선두를 달리고 있다. 원칙상 이런 규칙은 개별 국가나 지역 모두에 이익이 된다.[21] 지구적 상호의존은 모든 국가와 지역에 공통적인 현상이므로, 만일 무역과 그밖의 분야에 어떤 분명한 규칙과 분쟁 해결 수단이 존재한다면 그것은 모든 국가들에게 일반적으로 이익이 된다. 세계기구는 크고 작은 모든 국가들에게 세계의 발전 양상을 결정하는 데 영향을 미칠 기회를 제공한다. 그런 기구 자체가 일종의 자본이라 할 수 있다. 왜냐하면 그런 세계기구는 각국이 문제가 발생할 때마다 협상을 벌여 해결책을 찾는 수고를 할 필요 없이 이미 정해진 규칙에 따라 문제를 해결할 수 있도록 해준다는 점에서 비용절감 효과를 내기 때문이다.

G8은 만일 세계 무역체계와 힘의 분포상태가 현재보다 더 단순했다면 세계의 경제적 관리자 역할을 제대로 수행할 수 있었을지 모른다. 그러나 그런 것들이 훨씬 더 복잡해진 오늘날의 경우에는 G8이 그런 역할을 할 수 없다는 점이 아주 명백해졌다. 브라운은 떠오르는 중국과 인도가 만들어내는 경제적 도전에 대하여 자주 강조해 왔지만 그것이 함축하고 있는 전략적 의미는 매우 크다. 이 모든 문제들과 관련하여 영국은 EU 없이 혼자서는 멀리 가지 못한다. 악화되고 있는 가자지구와 점령지의 상황에 무언가 돌파구를 만들어내는 것 같은 다른 시급한 국제문제의 경우에도 역시 마찬가지이다. 유럽 자체의 문제의 경우는 말할 것도 없다. 그런 문제 가운데 하나

가 발칸반도인데, 발칸의 상황은 EU의 지속적인 직접 개입이 없다면, 궁극적으로 EU 가입의 가능성이 없다면 사태가 안정될 희망이 전혀 없는 상황이다.

▶ 토니 블레어가 2005년 5월 4일 런던에서 열린 총선 마지막 기자회견에서 연설을 하고 있다. 앞줄에 선 사람들은 왼쪽에서부터 차례로 잭 스트로, 존 프리스콧, 고든 브라운 그리고 마가렛 베킷 등 각료들이다.

진보적 합의를 형성하는 방법

Chapter 9

영국군 1개 소대가 정글을 뚫고 행군하는데 갑자기 식인 악어가 우글거리는 큰 강이 나타났다. 소대장은 소대원들을 안전하게 도강시키기 위해 밧줄을 가지고 건너편 둑까지 헤엄쳐 갈 지원자가 없는지 물었다. 잠시 아무도 말이 없었다. 이윽고 비쩍 마른 스코틀랜드 출신 병사가 나서서 자기가 하겠다고 한다. 이 병사는 물에 들어가 하나도 다치지 않고 건너갔다. 소대장이 큰 소리로 물었다. "야, 대단한데, 너 어떻게 해냈지?" 대답 대신 그 병사는 셔츠를 벗었다. 가슴에 큰 문신이 새겨져 있었는데, 그 내용은 이렇다 : "글래스고우, 전 세계에서 가장 아름다운 도시." 그리고 그 병사는 "이걸 삼키려 하는 악어가 있을라구요!" 라고 말한다.

좋은 구호는 큰 설득력을 가질 수 있다. 그러나 중요한 것은 구호 뒤에 있는 현실이다. 정치인들이여 제발 귀를 기울여라!

오늘날 우리가 살고 있는 세계는 인터넷과 기타 통신매체가 우리 생활의 많은 부분을 혁명적으로 바꾸어 놓은 동시통신의 세계이다. 인터넷과 통신매체는 세계화의 확대에 크게 기여할 뿐만 아니라 세계화의 내용 가운데 핵심적 부분을 이루고 있다. 또한 인터넷이 선거에서 아주 큰 역할을 한다는 것은 의심의 여지가 없다. 인터넷, 블로그, YouTube.com(미국의 유명한 UCC 전문 사이트[역자 주]) 등이 최근 미국의 중간선거에 큰 영향을 미쳤다. 물론 이런 것들이 전통적 언론매체를 대체한 것은 아니다. TV, 라디오, 신문 등과 공생하고 있다.

인터넷은 사회적 삶과 정치의 성격 자체가 크게 바뀌었다는 점을 보여주는 것이고 또 그런 변화를 촉진하는 것이기도 하다. 우리 사회가 더욱 더 비민주적으로 바뀌고, 또 이런 과정이 정치적 무관심과 염증으로 나타나고 있다는 얘기는 수도 없이 자주 듣는다. 나는 이런 얘기를 뒤집어서 말하고 싶다. 즉 정보 통제권이 엘리트들의 손에서 벗어났기 때문에 민주주의가 처음으로 우리 일상적 삶의 한가운데로 들어왔다고. 나는 이런 과정을 "일상적 민주화"라고 부른다. 그리고 이것은 일상적인 선택의 자유, 다양한 매체들에 대한 자유로운 접근, 그리고 매체들 사이를 자유롭게 여행할 수 있는 능력으로 표현된다.

일상적 민주화는 유권자들의 고정적 투표성향을 파괴한다. 이제 정당들은 그 추종자들의 자동적인 지지표를 기대하기가 갈수록 어려워졌다. 더 중요한 것은 투표하는 행위 자체가 조건부적인 것이 되었다는 사실이다. 종래 투표는 시민권의 핵심적 부분이었지만 이제는 그렇지 않다. 그리고 나는 이런 상황이 역전될 가능성은 전혀 없다고 생각한다. 따라서 특히 최다득표자 당선제 선거의 경우 투표율이 낮다고 해서 그것이 곧 현 정부에 대한 불만의 표시라고 해석해서는 안 된다. 영국의 지난 번 총선에서 유권자들은 대체로 자신들이 희망했던 결과를 얻었다. 즉 유권자들은 보수당이 다시 집권하는 것을 원하지 않았으며, 자유민주당으로 눈길을 돌리려고 하지도 않았다. 아마 유권자들은 "달리 더 좋은 것이 없어서"(faute de mieux) 노동당의 재집권을 선택한 것 같다. 그러나 득표율은 떨어졌다. 유권자들은 바로 이런 결과를 원했고 또 얻어낸 것이다.

결정적인 증거는 전혀 없지만 아마 유권자들은 한 세대 이전보다 더 정치인들에게 염증을 느끼는 것 같다. 내가 보기에 현재의 유권자들은 과거에 비해 평균적으로 더 합리적이고 계산적인 것 같다. 이런 현상은 전통적인 정치적 소속감 쇠퇴의 원인인 동시에 결과인 것 같다. 영국의 투표율 격감이 하나의 추세인지 아닌지를 판단하는 것은 다음 번 총선 때 가서야 가능할 것이다. 투표율 감소추세가 계속될 수도 있지만 누구도 장담하지 못한다. 모든 정당들이 새로운 지도자와 새로운 정책 프로그램을 가지고 있기 때문에, 그리고 모든 사람들이 선거결과 아주 근소한 차이로 승패가 엇갈릴 것이라는 사실을 잘 알고 있기 때문에 다음 번 총선에서 투표율이 크게 올라갈 수도 있다.

최근의 연구를 보면 정치에 대한 대중의 관심 수준은 지난 30년 동안 바뀌지 않았다고 한다. 대중의 약 1/3이 정치에 대한 관심이 "아주 많다" 혹은 "많은 편이다"라고 답했으며, 약 2/3가 적어도 약간의 관심은 있다고 답한다. 이 수치는 선거가 있는 해에는 올라가는 경향이 있다. 2005년에 관심층이 71%였던 것은 1974년 이래 최고 기록이다.[1] 사람들이 정치에는 계속 관심을 가지지만 투표율은 떨어지고 있는데, 그 원인이 무엇인지는 알기 어렵다. 이런 현상은 영국에만 국한되는 것이 아니다, 따라서 영국에만 특유한 요인들을 가지고 이 현상을 설명하거나 해결책을 마련하는 것은 타당치 않다, 이렇게 주장할 수도 있다. 국가에 따라 상당한 차이가 있기는 하지만 다른 많은 선진국들에서도 그런 현상은 나타난다.

투표 불참이 항상 정치적 무관심의 표현인 것은 아니라는 사실은 2000년 미국 대통령 선거 이후 실시된 심층 연구에서 잘 나타나고 있다. 이 선거의 결과는 플로리다 주 몇 백 표에 의해 엇갈렸다. 당시 많은 유권자들이 투표하지 않은 것에 대하여 후회하였다. CNN이 실시한 여론조사에 의하면 투표하지 않은 유권자의 50% 이상이 후회했다고 한다.[2]

여기에 명백한 역설이 있다. 민주주의가 정착된 국가들에서 투표율이 떨어지고 있다. 그러나 지난 수십 년 동안 민주주의는 세계의 가장 성공적인 얘깃거리에 속한다. 군부독재는 거의 모두 사라졌다. 민주주의에 대한 엄격한 잣대를 들이댄다 하더라도 민주국가의 수는 40년 전에 비해 4배로 늘어났다.

이와 같은 역설을 무엇으로 설명할 수 있을까? 나는 민주주의 확산을 설명해 주는 바로 그 요인이 민주주의 원조(元祖) 국가들에서 민주주의가 곤란에 빠진 것을 설명해 주는 요인이라 생각한다. 그런 요인은 바로 미디어와 정보기술의 지구적 역할 바로 이것이다.

지금 우리는 하나의 세계적 정보사회에 살고 있다. 이 사회에서는 부자 빈자 가릴 것 없이 배제되는 사람이 거의 없다. 독재는 비밀주의와 정보통제 위에 번창하는데, 지금은 이런 것들이 과거보다 훨씬 더 어려워졌다. 권위주의 정권의 수가 줄어들거나 아니면 어쩔 수 없이 통치의 기반을 바꾸는 일이 벌어지는 것과 때를 같이 하여, 민주주의가 잘 정착되어 있는 국가들에서 민주적 기구들이 곤란을 겪게 되었다.

민주주의와 관련하여 통신매체는 2중의 역할을 갖는다. 한편으로, 정보를 쉽게 얻을 수 있다는 점이 공적인 문제에 대한 효과적인 토론의 가능성을 활짝 열어주고 있다. 다른 한편으로, 통신매체는 분별없이 사생활이나 부정적 보도에 초점을 맞추거나 어려운 문제는 희화화(戲畵化)하는 경향을 보임으로써 자신이 활짝 열어놓은 공간을 스스로 폐쇄하는 경향을 가지고 있다. 이것은 미디어 산업에 종사하는 개인들을 탓하고 말고 할 문제가 아니다. 이 문제는 구조적인 것이다. 우리는 사람들이 민주주의에 대한 믿음을 버린 것이 아니라는 사실을 잘 알고 있다. 모든 선진국들에서 실시되는 여론조사 결과를 보면 응답자의 90% 이상이 자기들이 살고 싶어하는 유일한 체제로서 민주주의를 꼽고 있다.

민주주의는 성행위 같은 것이라는 말이 있다. 그게 좋을 때는 아주 좋다. 그게 안 좋을 때에도 꽤 좋다. 그러나 민주주의의 성격과 그것에 대한 사람들의 기대는 분명히 바뀌었다. 미디어의 역할은 이제 단순한 심부름꾼 역할에 그치는 것이 아니다. 미디어는 대중적 논쟁의 전개나 정치의식의 형성과정에서 그 논조를 설정하는 역할을 수행한다. 가령 정치인이 방송국의 한 시사 프로그램(Today) 담당자로부터 어떤 질의를 받으면 그 정치인은 이에 답변하는 것이 의회 안에서 발언하는 것보다 더 시급한 일이라 생각할지도 모른다. 만일 어떤 정치지도자가 방송 출연을 거부한다면 방송 진행자는 마치 민주적 과정의 실패라도 되는 양 모욕감을 표현한다.

그러나 문자매체이건 전자매체이건 매체 자체가 일상적 민주화의 진행과정과 동일한 방향으로 변화하고 있다는 사실, 그것도 아주 근본적으로 변화하고 있다는 사실을 인식하는 것은 매우 중요하다. 시사 프로그램(Today) 진행자와 출연자들은 정규적으로 이메일을 통하여 시청자들과 상호작용하고 있으며, 방송 진행중에 접수되는 이메일을 토론의 재료로 삼는 일도 자주 있다. 이러한 관행은 세계 여러 나라의 방송에서도 쉽게 찾아볼 수 있다.

이런 일들이 얼마나 최근에 일어난 변화인지를 생각해 볼 필요가 있다. 나는 1998년 노동당 집권 직후에 BBC의 한 강연 프로그램(Reith Lectures)을 맡은 적이 있다. 이 프로그램의 포맷에 변화를 주기 위하여 나는 5회분 방송 촬영지로 5개 도시 가운데 3개 도시를 해외의 도시로 지정해 주었다. 즉 델리, 홍콩, 워싱턴을 지정하였고, 나머지 2회분은 런던에서 하기로 했다. 스튜디오 안에서 강연을 한 다음 초청을 받아 참석한 청중들과 토론을 하는 방식으로 진행하였는데, 이 모든 과정이 그대로 방송되었다. 이 프로그램이 시작된 이래 스튜디오에서 청중들과 토론을 한 경우는 이것이 두 번째였고, 외국 청중과의 토론이 이루어진 경우는 이것이 첫 번째였다.

당시 우리는 강연에 대한 전 세계적 인터넷 토론을 조직하기도 하였다. 주제는 세계화였는데, 나는 인터넷 청중들을 바로 그 세계화의 보기로 제시하고자 하였다. 인터넷 청중들의 질문과 논평들을 곧바로 스튜디오 토론에 반영시켰다. 그 이후 세상이 얼마나 많이 변했는가 하는 관점에서 주목할 만한 것은 그 당시 BBC 웹사이트가 막 처음 만들어진 때였고 방송국 사람들도 자기네 웹사이트를 그저 몰래 한번 해보는 실험 정도로 가볍게 여겼다는 사실이다. 그때 이후 놀랄 정도로 빠른 변화가 이루어졌다. 현재 영국 사람 70%가 적어도 한 달에 한 번 이상 인터넷을 이용하고 있다.

이제 우리는 과거 세대보다 훨씬 더 성찰적인 세계에 살고 있다. 이 세계는 우리가 어떤 방식으로든 우리 자신의 삶을 매일 매일, 말하자면 심문할 수밖에 없는 그런 세계이다. 언론매체들은 단지 인터넷을 활용함으로써 스스로 변화하는 데 그치지 않고 우리 삶의 전반적 변화와 더불어 변화하고 있다. 언론매체가 그 시청자들과 적극적으로 교류한다는 것을 보여주는 완벽한 예는 "리얼리티 쇼"(Reality Show) 같은 프로그램이다. 얼핏 보면 이 프로는 시청자들에 대한 매체의 힘을 은근히 과시하면서 명성을 추구하는 일에 치중하고 있는 것처럼 보인다. 그러나 나는 현재 진행중인 상황을 정반대로 해석한다. 즉 현재의 상황은 시청자들이 매체를 장악해 가고 있으며, 더욱더 상호작용을 하는 방향으로 매체를 재편성하는 것이다.

수동적 신뢰 대 능동적 신뢰

사람들이 과거에 비해 정치인들을 덜 믿는다는 얘기가 있는데, 나는 그렇게 생각하지 않는다. 좀더 강한 어조로 말하면, 성찰적인 사회에서 신뢰는 과거에 비해 수동적이지 않은 것으로, 당연히 주어진 것이 아닌 것으로 되었다. 여론조사 결과 가장 신뢰받는 집단이 누구인가를 한번 생각해 보라. 이 사람들은 선출된 사람들이 아니다. 의사, 군인, 경찰관(다 그런 것은 아니지만) 등 선거와는 거의 무관한 사람들이 대다수이다. 정말로 사람들이 다른 집단들보다 이 집단들을 더 신뢰할까? 아니면 성찰적 경향의 영향을 가장 적게 받는 직종에서 일하는 사람들이기 때문에 그러한 것일까?

나는 두 번째 경우가 맞다고 생각한다. 전통적인 신뢰를 수동적 신뢰라 부를 수 있을 것이다. 이것은 사람들이 그 권위를 인정하기 때문에 특정 부류의 사람이나 기구에 대하여 가지는 신뢰를 가리킨다. 이런 신뢰가 반드시 무조건적인 것은 아니지만, 이 사람들이 특정의 지식을 가지고 있고 또 그 지식에 관한 한 최종적인 판단권을 가지고 있다고 많은 사람들이 인정해 준다는, 그런 의미를 지닌 것이다.

오늘날 이와 같은 수동적 신뢰는 심지어 전문직 분야에서도 약화되고 있다. 의사와 환자들 사이에서 "의사가 가장 잘 안다"는 식의 태도는 아직도 남아 있지만, 이 역시 공격 받고 있으며 또 공격을 받는 것이 옳다. 전문직의 권위를 먹여 살렸던 정보의 독점은 이제 더 이상 독점이 아니다. 관련 연구들을 보면 환자가 의사보다, 특히 일반의(一般醫), 즉 그 정의에 의해서 일반적인 것만 아는 의사보다 자기 병에 대해서, 그리고 그 치료방법에 대해서 더 많이 아는 경우가 실제로 있다. 그래서 많은 사람들이 개별 의사에 대하여 덜 신뢰하게 된 것 같다. 그러나 의료 전문직 전체에 대하여, 그리고 의학 지식 전체에 대하여 신뢰를 잃은 것은 아니다. 반면에 사람들은 신뢰의 근거가 바뀜에 따라 자신들의 정보를 개별 의사들에 대한 판단을 내리는 데 활용하고 있다.

적극적 신뢰는 현재 늘어나고 있는 중이다. 이것은 우발적인 것으로서 일종의 거래 성격을 띠고 있다. 즉 그 근거가 명시적으로 드러나야만 생기는 신뢰이다. 나는 이런 상황이 사회적 결속의 약화를 뜻하는 것이라고 생각하지는 않는다. 사회적 결속이 다른 형태로 나타난다는 것을 뜻하는 것이다. 적극적 신뢰의 경우 양 방향의 의사소통이 소극적 신뢰의 경우보다 더 중요하게 되었다. 이런 일은 공식적인 삶뿐만 아니라 개인의 사적인 삶의 영역에서 이미 벌어지고 있는 일이다. 수십 년 전만 해도 결혼은 하나의 "상태"였다. 즉 누구랑 결혼한 상태인가 결혼하지 않은 상태인가 하는 그런 문제였다. 이것은 남녀 간의 노동 분화, 지나친 단순화의 위험을 무릅쓰고 말한다면 주부와 빵을 벌어오는 남자 같은 노동 분화였다. 물론 이상적으로 본다면 이런 부부 간에도 긴밀한 의사소통이 있었지만, 대개 두 사람이 각기 다른 영역을 차지하고 있었다고 말할 수 있다. 그러나 지금은 결혼이라는 것이 "친근감"에 의존하는 것이 되었다. 이것은 상호 간 감정과 욕구의 전달을 통하여 신뢰가 형성되는 그런 "관계"가 되었다는 뜻이다.

이러한 변화가 정치영역에 어떻게 반영되고 있을까? 이런 변화가 의미하는 것은 철학자들이 말하는 논변 혹은 심의민주주의가 과거 어느 때보다 더 중요해졌다는 것이다. 이 민주주의는 대의민주주의를 대체하는 것이 아니고 또 대체할 수도 없는 것이다. 오히려 대의민주주의를 강화하는 것이라 할 수 있다. 심의민주주의란 대중이 관심을 가질 만한 이슈들을 이성적인 방법으로 공개 토론할 수 있는 공간을 제공한다는 것을 뜻한다.

오늘날 시민들은 지도자들의 수준에 대하여 알고 있고, 알고 싶어하며, 또 알아낼 수 있다. 또한 성공적인 지도자가 되기 위해서는 시민들의 수준이 어느 정도인가를 반드시 알아야 한다. 핵심 집단에 의해 움직이는 정부는 널리 비판받아 왔고, 또 마땅히 그래야 한다. 핵심 집단이 원하는 것만을 집행하는 지도자는 결코 지도자라 할 수 없는 사람이다. 더욱이 핵심 집단에 속하는 사람들은 정부가 "귀를 기울이는" 견해만 제공한다. 이 사람들은 정치적 결정을 내리는 사람들과 의견이나 태도를 교환하지 않는다. 그래서 핵심 집단은 심의민주주의를 향한 길의 중간 지점에 불과한 존재이다. 그러나 이 집단은 적어도 자기들을 이용하는 정치인들로 하여금 시민들이 생각하는 바를 알아내기 위해 노력하게끔 하는 데는 기여하는 사람들이다. 이런 관계는 일종의 의사소통 관계이지만 일방적 관계이다.

양 방향의 의사소통이 이루어져야 한다. 그런 수요는 분명히 있다. 영국의 민주적 참여상태에 관한 연구결과를 보면 지난 번 선거에서 투표하지 않은 사람들 가운데 거의 모든 사람들이 "정말 자신들에게 중요한" 구체적 이슈가 걸려 있었다면 생각을 달리 했을 사람들이다. 즉 이들 중 70% 이상이 지방자치단체의 예산지출 같은 문제가 걸려 있었다면 투표에 참가했을 것이라고 답한다.[3]

최근 몇 년 동안 다양한 형태의 심의민주주의적 과정이 제안되었고 또 시도되었다. 그런 것들은 그 자체가 또 다른 문제를 낳는 것이기는 하지만 현대 민주주의가 어떻게 작동되어야 하는지에 대한 하나의 해결책이 되고 있는 것 같다. 현재 시도되고 있는 실험들은 대개 비슷한 형태의 것들이다. 이런 실험들은 이러저러한 조건들이 충족되고 있다는 전제 하에서 대중적 토론과 시민참여의 수준을 높이는 데 목표를 둔 것들이다. 실험 참가자들은 주어진 이슈에 대한 적절한 사실 정보와 시각을 가져야 하며, 또 그 이슈에 대하여 비판적으로 생각하고 토론할 수 있는 기회를 가져야 한다. 참가자들에게 제공된 정보는 명백하고 포괄적인 것이어야 한다. 이 정보는 문서화된 것이거나 전문가와의 인터뷰 형태의 것일 수도 있다.

참가자의 수는 수십 명이어도 좋고 이보다 더 큰 집단이어도 좋다. 여러 집단들을 포함하는 전 국민이어도 괜찮다. 각 참가자에게 주는 시간은 몇 시간에서부터 며칠 혹은 그 이상이어도 좋다. 각 참가자는 서로 다른 집단 혹은 이익을 대표하는 사람들이어야 한다. 각 참가자의 견해는 동등한 비중을 갖는 것으로 간주해야 한다. 마지막으로 처음 시작할 때부터 토론과정이 무슨 영향을 미칠 것인가에 대한 확실한 안내를 해주어야 한다. 특히 이러한 토론과정이 정책결정자들과의 정규적 양 방향 대화의 기초가 되는 미래, 그런 미래를 지향하기 위해 이런 토론을 하는 것이라면 더욱 그렇다.[4]

다른 나라들에서 시도된 심의민주주의 실험은 매우 많다. 쿡과 매티슨이 조사한 바에 의하면 그 사례는 약 30개 정도나 된다. 여기에는 시민 배심원, 시민 심의위원회, 전자대화, 학습 소모임, "결정의 날" 등이 포함된다.[5] 시민 배심원은 가장 오래 된 것이며, 그래서 가장 철저히 검토된 것이다. 이것은 이미 1970년대에 미국에서 최초로 도입되었다. 시민 배심원은 많아야 20명 내외의 소집단으로서, 흔히 통상의 법정이 그러하듯이 주어진 사건에 대한 증인들의 증언을 듣거나 증거를 검토한다. 이 사람들의 결론은 법원 당국에 제출되어 판단에 영향을 준다. 독일의 경우, 동일한 정보를 가지고서 동일한 사건을 심의하는 배심원들을 포함하는 "시민자문위원회" (planning cell)라는 제도를 시행한 바 있다.

연구에 의하면 시민 배심원은 어느 정도 상설기구화된다면 정부에 꽤 큰 영향을 미칠 수 있다. 이 사람들은 정보를 학습하고 흡수할 시간을 가질 수 있고, 또 가족이나 친구 같은 다른 주제에 관한 아이디어를 실험할 시간도 가질 수 있다. 좋은 예가 영국에서 체세포 기부를 위해 태아 세포를 사용해도 좋은지 하는 문제에 대한 대중의 여론을 파악하기 위해 구성한 워크숍이다. 이것은 대중들 중에서 토론 그룹을 만든 것인데, 모든 참가자들은 이 분야에 어떤 종류의 규제가 있는지에 대하여 전혀 모르거나 거의 모르는 상태에서 시작한다. 6회에 걸친 장시간의 토론 끝에 대부분의 참가자들은 토론의 핵심 내용과 선택 가능한 대안들에 대하여 잘 파악하게 되었다. 이 사람들이 규제 당국(Human Fertilization and Embryology Authority)에 제출한 결론에 따라 당국은 당초 자신들이 내놓았던 정책을 바꾸게 되었다.

심의민주주의적 워크숍은 몇백 명이나 심지어 몇천 명의 시민을 참가시킬 수 있다. 한 공동체의 중요한 집단들 모두를 참가시킬 수도 있다. 예를 들어 미국 정치학자 제임스 피시킨이라는 사람은 여론조사 심의단 같은 것을 만들었다. 영국, 미국, 덴마크, 중국 등을 포함한 많은 국가들에서 이 방법을 시험하였으며, 대개 몇백 명의 시민들을 참가시켰다. 먼저 이 사람들에게 주어진 주제에 대한 균형 잡힌 자료들을 주고 소집단 단위로 토론을 하게 한다. 그 다음에 대안들을 제시한 전문가와 정치지도자들을 만나게 한다. 이런 과정을 거친 다음 참가자들의 태도가 얼마나 바뀌었는지를 측정한다.

이상과 같은 여러 방법들을 실험함에 있어서 정부와의 어떤 직접적인 관련 같은 것은 거의 없다. 그러나 덴마크에서 개최되는 "합의대회"의 경우, 그 결론이 관례적으로 의회에서의 토론에 직접 반영된다. 지금까지 이런 종류의 토론 그룹들은 주로 과학기술 관련 문제, 예컨대 유전자 조작 농산물을 금지해야 할 것인지 말 것인지 하는 문제를 다루어 왔다. 그러나 토론 그룹들은 그런 분야에 대한 의회의 결정에 직접적인 영향을 준다.

확실히 인터넷은 이러한 심의과정에 완전히 새로운 차원을 제공해 주었다. 현재 많은 국가에서 인터넷을 이용하는 실험이 진행되고 있는데, 비교적 적은 비용으로 무선기술이 보급되어 있는 일부 빈국도 여기에 포함된다. 자칭 세계 최초의 전자민주주의 프로젝트라는 것이 2000년에 스웨덴의 칼릭스라는 도시에서 설립되었다.[6] 이 프로젝트는 이 도시 거주자들에게 도심 재개발 사업에 영향을 줄 수 있는 기회를 제공한다는 취지에서 만든 것이다. 그 활동기간은 2주일이며, 경쟁적인 대안들에 대한 상세한 정보를 제공해 주었다. 참가의 방법은 편지, 전화나 팩스, 온라인 중에서 각자 편리한 것을 선택하게 하였는데, 86%가 온라인을 선택하였다. 참가자의 자격은 투표권자로 제한하였으며, 이를 확인하기 위하여 암호 입력방식을 채택하였다. 이런 과정을 거쳐서 얻은 결과는 전체 공동체 구성원 절대 다수의 지지를 받는 재개발 계획의 완성으로 나타났다.

이런 프로젝트들에 대한 반대도 충분히 있을 수 있다. 일부 프로젝트의 경우 비용이 많이 든다. 참가하는 시민들과 기타 관계자들의 시간과 정력이 많이 소비된다. 대개 추구하는 목적이 합의에 도달하는 것인데, 분야에 따라서 의견 차이가 고착되어 있어서 처음부터 합의가 불가능한 경우도 있다. 지금까지의 사례들 대부분이 실질적인 영향력보다는 그저 시민들과의 협의 정도의 의미밖에 없는 것이었다. 사회학자들이 말하는 "후광효과"(halo effect) 같은 것도 있다. 참가자의 수가 적고 또 새로운 프로젝트라면 제대로 작동이 되지만 이미 흔해빠진 프로젝트라면 전혀 작동이 되지 않는다. 어떤 프로젝트는 지역 수준에서만 가능하다. 국민투표가 그렇듯이 포퓰리즘에 영합할 수도 있다. 적절한 규제가 없으면 권력자들이 이미 내린 결정을 정당화하는 데 악용할 수도 있다. 마지막으로, 사회의 가장 소외된 집단들에게 목소리를 낼 기회는 거의 주지 않는다.

바로 이와 같은 문제점들이 앞에서 내가 강조한 점, 즉 심의민주주의가 대의민주주의를 대체하는 것이 아니라는 점을 재확인 해주는 좋은 근거가 되고 있다. 이 양자는 함께 나아가는 것이 이상적이다. 우리가 정부라고 하는 고정된 장치를 갖는 이유 중에 하나는 정부가 지도자를 갖기 때문이다. 훌륭한 지도자는 시민들이 원하는 바에 항상 귀를 기울여야 하지만, 경우에 따라서 대다수 시민들의 생각이나 바람과 어긋나는 결정을 내릴 줄도 알아야 한다.

자, 이제 노동당은 이와 같은 것들에 대하여 어떠한 입장을 취해야 할까? 현재 성찰적 시민들이 자연스럽게 더 많은 협의(協議)가 이루어져야 한다는 열망을 가지고 있는데, 이것을 무시한다는 것은 불가능하다. 그리고 그런 과정이 이미 진행중이라는 사실을 무시한다는 것 역시 불가능하다. 노동당은 현재 논의중인 헌법개정안에 심의민주주의를 더 많이 도입해야 하며, 심의적 과정을 개정안의 기초 가운데 하나로 삼아야 한다. 무엇보다도 첫째로, 실질적인 탈중앙화가 이루어진다면 당연히 앞에서 묘사한 심의민주주의적 과정을 활용할 수 있는 가능성이 커질 것이다. 지방자치단체들에게 다양한 형태의 심의적 과정 가운데 몇 가지를 검토하여 지역 실정에 맞는 것을 채택하도록 권장해야 한다.

둘째, 사회의 변두리 집단들을 참여시키는 심의적 과정을 도입하기 위해 노력해야 한다. 처음에는 이렇게 하는 것이 사회의 실상에 맞지 않아서 아주 어려울지 모르지만 그래도 노력은 해야 한다. 만일 이 사람들이 통상 아무도 귀 기울여 들어주지 않는 사람들의 목소리를 대변한다면 사실상 이 사람들은 부유층 사람들보다 더 큰 영향력을 가질 수도 있다. 이와 똑같은 논리가 새로 등장하는 유권자 집단에게도 적용된다. 18-24세 젊은이들 가운데 지난 2005년 선거에서 투표를 한 사람은 37%에 불과한데, 조사결과를 보면 투표하지 않은 젊은이들의 정치에 대한 관심도는 나머지 인구의 관심도와 거의 비슷하다. 따라서 여기서도 문제는 역시 참여의 문제이다.

셋째, 정부는 심의적 방법들에 대한 실험을 계속해야 하며, 다른 나라들의 새로운 사례들을 관심 있게 지켜보아야 한다. 지금까지 노동당의 온라인 협의는 그다지 성공적이지 못하다. 노동당은 2005년 선거에서 사용할 노동당 선언에 반영시킬 의견과 아이디어를 얻을 목적으로 "큰 대화"(Big Conversation) 라는 것을 조직한 바 있는데, 그것이 얼마나 큰 효과를 발휘했는지는 알 수 없다. 특정의 구체적 결과를 노리는, 더 잘 규제된 실험이라면 진전이라 할 수 있을 것이다.

넷째, 만일 영국적 정체성이라는 것이 고든 브라운의 정책 테마 가운데 하나라면 현재 계획하고 있는 새로운 국민의례에 심의적 과정을 포함시키는 것이 좋을 것이다. 미국의 경우 대통령 선거가 있는 해에 "심의의 날"이라는 새로운 공휴일을 만들자는 제안이 있었다. 이날에 전국적으로 토론회를 조직하여 시민들에게 선거결과에 영향을 줄 주요 이슈에 대한 토론의 기회를 주자는 것이다. 영국에서도 이와 비슷한 것을 한번 시도할 가치가 있지 않나 싶다.

신뢰와 신노동당

신뢰와 관련하여 노동당이 안고 있는 문제들은 구조적인 문제들만 있는 것이 아니다. 현 정부와 그 지도자의 발자취를 살펴보면 많은 문제들이 있다. 첫째, 미국 민주당의 것을 아주 많이 빌려서 신노동당이 전개한 정치 캠페인에 문제가 있다. 둘째, 약속을 지키지 않는다거나 지키지 않는 것으로 간주된다는 문제가 있다. 셋째, 최고 지도자의 개인적 리더십 스타일에 문제가 있다. 넷째, "돈 주고 상원의원직 사기" 의혹과 기타 지저분한 일들이 있다. 다섯째, 아마도 이것이 가장 중요할지 모르는데, 이라크에서의 곤경도 문제이다. 나 자신이 노동당 지지자이지만 이런 꽤나 긴 목록이 있다는 사실을 인정하지 않을 수 없다.

미국의 정치평론가 조 클레인이라는 사람이 최근에 미국 정치에 관한 재미있는 책을 한 권 냈다. 책의 제목은 『잃어버린 정치 : 당신들을 멍청하다고 생각하는 사람들이 어떻게 미국 민주주의를 망쳤는가』이다.[7] 망친 사람들이 누구인가? 상표를 부착하고 이미지를 만드는 일에 능숙한 여론조사자들과 정치 상담역들이다. 미국 정치에서 이런 사람들의 역사는 매우 길지만 이 사람들이 크게 두각을 나타낸 것은 1980년대와 1990년대 초의 일이다. 1992년 대선 당시 빌 클린턴의 선거운동은 초라하게 시작되었다. 즉 제니퍼 플라워즈 사건(Gennifer Flowers, 나이트클럽 가수로 클린턴과 12년간 성관계를 가졌다고 주장[역자 주]), 징집기피, 옥스포드 대학 재학시절 마리화나 흡연 등이 불거졌다. 클린턴의 정치 상담역들은 이런 악재를 극복하기 위하여 농담 삼아 이름붙인 "맨해튼 프로젝트"라는 것을 가동하였다.

미국 대중들 앞에 클린턴은 옥스포드 대학 로즈 장학생이 아니라 (클린턴의 고향인 아칸사스 주) 호프 시에서 온 그저 수수한 사람으로 소개되었다. 클린턴은 TV 쇼에 나가 색소폰을 불었으며, 비정치적인 토크쇼에도 출연하였다. 소년단 대표 자격으로 백악관 로즈가

든에서 존 에프 케네디와 악수하는 장면을 담은 영화도 제작되었다.

앨러스테어 캠블의 선배격인 제임스 카빌이라는 사람이 있었는데, 이 사람은 클레인이 표현하였듯이 "걸어다니는 말발"(walking sound-bite)이라 할 만큼 재치 있는 언변을 가진 사람으로서 언론에서 손꼽히는 사람이었다. 클린턴이 가는 곳에는 항상 이 사람도 같이 갔다. 영화 제작자들이 시장에 영화를 내놓기 전에 그렇게 하듯이 구호를 만들 때 초점 집단들의 심의를 거쳐 신조어를 만들어냈다. 예를 들어 1980년대의 민주당원들은 "일하는 가족"의 중요성에 대하여 떠들고 다녔지만 클린턴은 이 대신 "잊혀진 중간계급"이라는 말을 하고 다녔다. 클린턴 자신은 이 말을 그렇게 좋아하지 않았다. 클레인의 말을 빌리면, 클린턴의 정치감각은 "어떠한 여론조사보다 더 뛰어난 것"이었다. 그래서 종종 클린턴은 상담역들이 권한 것을 무시하기도 하였다.

초점 집단이란 학계에서 아주 유명한 사회학자인 콜럼비아 대학의 머튼이 창안한 것이다.[8] 머튼은 "초점 집단 인터뷰"라 이름붙인 것을 사회조사 방법의 하나로 고안해냈다. 그 의도는 사람들이 여론조사에서 한 말 배후에 숨어 있는 생각을 알아내고 또 사람들의 태도를 더 깊이 탐구하고자 하는 것이었다. 이것이 홍보 전문가들의 손에 들어가니까 원래의 의도와 거의 정반대되는 것으로 둔갑하였다.

그러나 신노동당이 흉내낸 것은 그런 초점 집단이 아니라 홍보와 관련된 잡동사니 같은 것이다. 1997년 이전에 영국에서 "말 돌리기"(spin), "말 돌리기 박사"(spin doctor, 언론대책전문가라는 번역도 있다역자 주), "말발"(sound-bite), "지배광"(control freak) 같은 말을 쓴 사람은 거의 없다. 이런 말들은 1997년에 들어온 미국 용어들이다. 말 돌리기라는 말의 유래가 무엇인지는 확실치 않지만 아마 야구에서 나온 말이 아닌가 싶다. 돌리기 박사는 투수에게 타석의 타자를 속이기 위해 공에 어느 정도의 회전을 넣어야 하는지를 가르치는 투수 코치이다.

말 돌리기라는 것이 사물의 좋은 측면만 부각시키는 것이라면 결코 새로운 것이 아니다. 모든 조직체가 그런 일을 한다. 정부도 그렇고 심지어 일상생활 속에서 개인도 그렇다. 그러나 그것이 정보 통제에서부터 무대 꾸미기, 의도적인 이미지 만들기 등을 포함하는 전체적인 조작기술을 뜻하는 것이라면 얘기가 달라진다. 말을 우아하게 꾸밀 필요 없이 단도직입적으로 얘기하면 신노동당도 그런 기술에 깊이 빠져들었다. 이는 그 지도자가 "흰 것보다 더 희게" 되고 싶다고 말하는 정부, 그런 정부가 취할 태도로는 좋지 않은 것이었다. 이 문구 자체가 유명한 분말세제의 광고 노래에서 따온 것이기는 하지만.

이 모든 것들에 대하여 많은 사람들이 아주 쉽게 비판을 하지만 나는 지나치게 비판하고 싶지는 않다. 노동당에 관계하는 사람들이 언론에 등장하는 얘기들에 대하여 무언가 항의하고 싶어하는 이유, 그럴 만한 좋은 이유들이 많이 있기 때문이다. 일간지 선(*the Sun*)은 1992년 선거를 앞두고 그 당시 노동당 당수였던 닐 키노크에 대한 연속기사를 내보냈는데, 그 내용이 극단적으로 비판적이고 또 매우 주관적인 것이었다. 그 결과 맞는 얘기인지 아닌지는 모르겠지만,

이 신문사는 자기네가 1992년 선거에 결정적인 역할을 했다고 자평하였다. 노동당에 대한 잘못된 기사를 반박하기 위한 "신속한 항변"이 다른 언론들에 보도되었다. 신문들은 말 돌리기를 신랄하게 까발리는 경향이 있지만, 사건의 어떤 특정 부분을 강조하기 위하여 많은 자원을 사용한다는 점에서 신문에 실리는 기사 자체가 말 돌리기인 경우가 많다. 출판매체든 전자매체든 모든 매체는 특정인이나 특정 이슈에 대한 캠페인을 전개할 때 그런 식으로 자원을 사용한다.

언론매체에 관한 한 이미 오래 전부터 "나쁜 소식이 좋은 소식이다"라는 말이 맞는 말이다. 반대로, 긍정적인 업적을 언론에 보도되게 만드는 것은 매우 어렵다. 연구에 의하면 지난 20-30년 동안 부정적인 보도의 수가 크게 늘었으며, 개인 소유 언론기관의 수도 크게 늘었다. 개인 소유 언론의 경우 그 기자나 프로그램 진행자는 어떤 정치인의 연설에 대하여 보도할 때 그 정치인보다 훨씬 더 많은 발언시간을 갖는다. 의회에서의 토론을 상세하게 보도하는 경우는 거의 없으며, 그마저도 단지 풍자하기 위한 목적으로 활용하는 경우가 아주 많다. 노동당이 1997년에 엄청난 압승을 거둔 이후에는 또 다른 현상도 나타났다. 즉 일부 언론사는 보수당이 그렇게 하기에는 너무 약하므로 자기네가 야당 역할을 하겠다고 나선 것이다.

그러나 일부 신노동당 광신도가 너무 멀리 나갔다는 점, 그리고 뉴스 관리에 집착한 것이 오히려 역작용을 냈다는 점 역시 의심의 여지가 없다. 제니 클리먼이라는 여기자가 지역 및 현지 언론을 담당하는 노동당의 런던 언론과에서 일한 적이 있다. 이 기자는 지방지의 독자의 편지 난을 담당하였는데, 당원들에게 노동당의 정책을 지지하는 내용이 이미 적혀 있는 편지에 이름만 써서 보내라고 했다. 이렇게 해서 독자의 편지 난에 실린 편지들은 당연히 똑같은 문구를 담고 있는 것들이었다.[9]

또한 초창기 시절 신노동당은 자세히 따져보면 엉터리임이 드러나는 그런 통계수치를 제시하는 경향을 보였다. 예를 들어 신노동당은 이러저러한 프로젝트를 위하여 "새로" 얼마의 돈을 투자하겠다는 식의 발표를 하곤 했다. 그런데 과거에 이미 공표한 투자금액을 제외한 신규 투자금액만을 제시해야 하는데 마치 투자 총액이 신규 투자인 것처럼 발표하였다. 이런 일이 무슨 효과를 냈는지 안 냈는지는 모르지만, 설문조사들을 보면 공식 통계에 대한 불신은 널리 퍼져 있다. 국가통계청(Office of National Statistics)이 실시한 설문조사에 의하면, 전국을 대상으로 한 표본집단 응답자의 68%가 공식 통계수치는 정부의 정책을 지지하기 위한 것이라고 믿고 있다.[10]

노동당은 이와 같은 도덕적 비판 분위기에 반응을 보였다. 사실 노동당은 접근방법에서 오락가락함으로써 적어도 부분적으로는 그런 분위기를 만드는 데 기여하였다. 더 믿을 만한 기준을 마련하기 위한 목적으로 통계를 감시하는 독립적인 기구들이 설립되었고, 이 기구들이 통계 일람표 기준과 목표 기준을 설정한 바 있다. 그러나 이런 노력 역시 문제를 낳았다. 왜냐하면 목표 기준 자체가 공공기관들이 흔히 활용하는 숫자 장난질이나 심지어 노골적인 속임수를 낳았기 때문이다. 재무장관 시절 고든 브라운은 통계자문위원회의 2004년도 보고서의 결론을 실행하기 위한 법을 도입하였다. 이 위원회의 임무는 국가 공식 통계의 신뢰도와 질에 관한 조언을 하는 것이었다. 기존의 국가통계청을 대신하는 새로운 통계위원회가 설립될 예정인데, 이 기구는 정부로부터 독립적으로 활동하게 될 것이다.

"토니라고 불러달라." 이것이 정치지도자로서 지각 있는 말일까? 언론은 토니 블레어가 그렇게 주문했음에도 불구하고 이름이 아닌 성으로 부르기로 작심한 것 같다. 그런데 대처 전 수상은 수상으로서 가까이 하기 어려운 사람이었지만, 대처 수상의 정책을 맹렬히 비판하는 사람들도 포함한 많은 사람들이 매기라 불렀다. 그러나 블레어는 특유의 미소와 매력을 가지고서 대처 수상보다 훨씬 더 인간적인 스타일을 개발하기로 하였다. 처음에는 이것이 잘 먹혀들어서 노동당 지지자의 수가 종전보다 늘었다. 한 이태리 사람의 연구에서는 블레어를 "소년"으로 묘사하고 있는데, 사실 수상이 되었을 때 나이는 43세에 불과했다.[11] 블레어의 소년다움 뒤에는 강한 의지와 결단력이 숨어 있었다. 언론이 꼬리표로 달아주고자 했던 "아기사슴"(Bambi)은 결코 아니었다. 그러나 소년다움이 개인적 호소력에 보탬이 된 것은 분명하다. 그래서 소파처럼 편안하고 부드러운 정부가 가능했는지도 모른다.

모든 일이 잘 굴러갈 때는 개인적 호소력이 먹혀들지만 일이 꼬이기 시작할 때는 핸디캡으로 작용할 수 있다. 사랑이 변해서 미움이 된다는 정도까지는 아니더라도 개인적 호소력의 근거인 정서적 유대는 역작용을 낳을 수도 있는 것이다. 블레어가 이라크 침공을 지지한 일이 많은 사람들에게 그런 계기가 되었다. 특히 이 전쟁을 정당화하는 전제, 즉 사담 후세인이 대량살상무기를 가졌다는 것이 틀린 것으로 판명되었을 때 그러했다.

가장 중요한 문제는 말할 것도 없이 앞으로 어떻게 해야 할 것인가이다. 만일 브라운이 이끄는 정부가 현재 많은 사람들이 노동당에 대해서 느끼는 염증을 조금이나마 해소하지 못한다면 모든 것을 잃게 된다. 그러면 치유책은 무엇인가?

간단히 말하면 이런 것이다 : 더 솔직히 말해라, 속마음을 얘기해라, 그것이 대중이 좋아하는 것이다. 모 모울램, 클레어 쇼트, 토니 벤, 켄 리빙스톤 등과 같은 정치인들을 사람들이 좋아하는 까닭은 바로 그런 자질 때문이다. 글쎄, 맞는 얘기이기는 하지만 정치 일선에 있는 정치인은 자기 의지대로 쉽게 속마음을 얘기해서는 안 된다. 모 모울램이 북아일랜드 담당 내무장관이었을 때 이 원칙을 지켰어야 했지만 지키지 않았고, 그래서 모든 종류의 어려움이 다 터져 나왔다. 클레어 쇼트는 항상 정직한 사람이었지만 현직에 있을 때보다 물러난 지금이 정직하기가 훨씬 더 쉬울 것이다.

이런 문제는 결코 새로운 문제가 아니고 원래부터 정치에 고유한 문제이다. 새뮤얼 존슨이 1755년에 발간된 초판본 사전에서 정치인을 어떻게 정의하였는지를 기억해 보라 : "책략적인 사람, 계략에 뛰어난 사람." 켄 리빙스톤은 초대 민선 런던 시장이 된 이후 과거 자기가 한 말을 크게 수정할 수밖에 없었다. 리빙스톤은 한때 그렇게 좋아했던 실업계에 대하여 혹독한 비판을 가할 수가 없었던 것이다. 토니 벤은 어떤가? 벤은 "정치"에 전념하기 위하여 의회를 떠난다고 말했는데, 이것은 재미있는 관찰이다. 내가 젊은 시절에 실망했던 일 가운데 하나는 오래 전에 벤이 캠브리지 대학에서 연설

〈상자 4〉 **민주주의와 신뢰**

1. 일상적 민주화가 정치적 태도에 심대한 영향을 미친다. 유권자들은 과거에 비해 더 분별력 있고 계산적이다. 투표를 하지 않는 것은 정치에 대한 관심 부족의 표현이 아니라 복합적인 행동이다.
2. 적극적 신뢰가 정치를 포함한 삶의 거의 모든 분야에서 소극적 신뢰를 대체한다. 이 결과의 하나로서 대의민주주의와 함께 논변적인 혹은 심의민주주의가 더 중요한 역할을 맡게 된다.
3. 심의민주주의가 지방 수준에서라도 대의민주주의를 대체한다고 생각하는 것은 실수이다. 심의민주주의는 대의민주주의를 강화하는 수단이 될 수 있다.
4. (동유럽의 농담) : 민주주의란 아침 6시에 누군가가 당신 집 문을 두드릴 때 당신은 "아, 우유가 왔구나"라고 생각하는 그런 체제이다. 민주주의가 정당, 의회, 정치지도자, 이런 것들로만 구성되는 것이 아니라는 기초적인 사실을 잊어서는 안 된다. 법의 지배, 독립된 사법부, 언론의 자유, 이런 것들이 민주주의의 기초이다.
5. 신뢰는 조작되거나 제조될 수 없는 것이다. 적어도 장기적으로는 그렇다는 얘기이다. 이 공식은 비밀주의가 어느 정도 제거된 상황이라면 더욱 더 큰 힘을 발한다. 적극적 신뢰는 벌어들여야 하는 것이다.
6. 블레어 식의 소파 스타일 정부와 선을 분명히 긋고 또 헌법 개정에서 성과를 거둔다면 노동당은 과거의 실수를 어느 정도 청산할 수 있을 것이다.
7. 지금 이 나라에는 진보적 합의가 형성되어 있다. 그렇지 않다면 보수당의 정책이 그렇게 크게 바뀌지는 않았을 것이다. 그러나 여기서 "진보"라는 말의 의미는 변화, 혁신, 개혁 등을 추진할 수 있다는 것이다. 노동당이 아닌 신노동당, 신노동당이 아닌 신신노동당으로의 끊임없는 진보 말이다.

하는 것을 들은 것이다. 당시 벤은 각료였다. 나는 대담한 얘기를 기대하였지만 우리가 들은 모든 얘기는 전형적인 정치인의 공연 같은 것이었다. 물론 "정치"를 떠난 후에는 모든 주제에 대하여 거리낌 없이 얘기하고 다녔다.

왜 정치인들은 속마음을 털어놓을 수 없는 것일까? 이유는 아주 명백하다 : 토론이 항상 공개적으로 진행된다면 언론은 "정부가 완전히 분열되었다"라고 보도할 것이며; 어느 정부에서도 각료는 자기가 동의하지 않은 정책에 대해서도 지지해야만 하며; 언제나 새로운 정책 프로그램은 아직 공개하기에는 이르지만 개발중에 있다고 말해야 하며; 기타 등등.

우리는 이러한 현실을 외면해서는 안 된다. 그러나 그렇다고 해서 브라운 정부가 대중의 지지를 재건하기 위해서 할 수 있는 일이 아무 것도 없다고 단정해서는 안 된다. 아래 6개 분야는 신노동당에 대하여 사람들이 가지고 있는 견해나 감정에 영향을 주는 분야들인데, 이 6개 분야에서 적절한 조치를 취해야 한다.

1. 오늘날 모든 정부가 상담역으로서 광고나 매체 전문가들의 도움을 받고 있다. 그러나 이 사람들을 활용하는 것과 이 사람들의 지배를 받는 것은 전적으로 별개이다. 노동당은 이미지 만들기에 대한 의존을 줄이고 현실에 맞는 이미지를 사용해야 한다. 상표 붙이기 기술로 모든 것을 다 이룰 수 있다고 생각하던 시대는 이미 오래된 과거이다. 광고는 그 속에 알맹이가 있을 때만 효과가 있는 것이다.

2. 공약은 매우 조심스럽게 해야 한다. 특히 기대상승에 주의해야 한다. 노동당이 의료 및 교육 분야에 막대한 투자를 했지

만 그것에 걸맞는 인정은 받지 못하고 있는데, 그 부분적인 원인은 사람들의 기대 수준이 더 크게 상승했다는 데 있다. 앞에서 언급한 것이지만, 토니 블레어가 영국의 의료지출을 EU 평균 수준으로 끌어올리겠다고 약속한 적이 있는데, 이 것이 기대상승 효과를 낳았는지 모른다.

3. 고든 브라운은 이미 소파 스타일 정부로부터 벗어나겠다는 의도를 밝혔지만 이것은 옳은 판단이다. 개인적 스타일이라는 측면에서 볼 때, 브라운은 블레어가 지닌 개인적 호소력을 따라갈 수 없지만 엄숙한 태도를 가지고서 그것을 대신할 수 있다.

4. 상원 개혁건은 최소한도의 개혁에 그치는 것이라 하더라도 "돈 주고 상원의원직 사기" 의혹에 도움을 줄 수 있을 것이다. 예를 들면 현재 수상이 가지고 있는 상원의원 지명권을 완전히 삭제하는 것이다. 정규적으로 출석하여 발언하고 투표하는 의무를 지는 "일하는 귀족"과 명예만 갖는 귀족을 명백하게 구분하는 것도 가능하다. 현재는 이 양자가 뒤섞여 있다. 쉽지는 않겠지만 정당의 자금조달 문제도 해결해야 할 문제이다. 투명성을 위하여 노동당은 일정한 금액 이상을 정당에 기부하는 사람에게 그 사실을 신고하는 의무를 부과하였다. 현재 노동당이 곤경에 처하게 된 배경에는 바로 이런 조치도 있다. 신고하지 않은 돈을 대출받은 것은 어리석은

행동이었다. 경찰수사 결과 기소가 되지 않는다 하더라도 노동당은 이미 심각한 타격을 받았다. 돈을 빌려준 사람은 당연히 돌려받기를 원한다. 다른 한편으로 노동당은 현재 심각한 자금난에 시달리고 있다.

5. 브라운은 이제 당 자체가 어떤 상태에 처해 있는가를 고민해야 한다. 당원들은 전체 인구의 극히 일부분이지만 당의 장래를 위해서는 사활적 의미를 갖는다. 현재 당원의 수는 20만에 못 미쳐 1930년대 이래 최저 수준을 보이고 있다. 이런 현상을 지엽적인 것으로 간주해서는 안 된다. 이런 현상은 모든 선진국들에서 나타나는 것이므로 구조적인 현상이라 할 수 있다. 모든 종류의 제안들이 나오고 있다. 그 중에는 상근자로 구성되어 있는 당 사무국을 보강하기 위해 필요에 따라 혹은 이슈에 따라 당 밖의 지지자들을 조직하여 활용하자는 안도 있다.

6. 앞에서 언급한 바 있지만, 이라크와 관련하여 결정적인 조치를 취할 필요가 있다.

진보적 합의

이상과 같은 고려사항들은 브라운이 취임 첫해에 어떤 실적을 보일지가 매우 중요하다는 사실을 말해준다. 신임 수상이라는 점에 너무 오랫동안 구애받을 필요는 없다. 내 느낌은 이렇다. 수상으로 취임하자마자 곧바로 본격적인 업무에 나서야 하며, 개인 수준에서 대중과 접촉하는 훈련을 시작해야 한다. 가능한 한 다양한 사람들을 만나야 하며, 또 그렇게 하기 위해서 모든 매체를 활용해야 한다. 지금까지 기습적인 정책 발표 얘기가 많이 나왔지만, 그런 전술은 피해야 한다. 프로그램에 대한 뚜렷한 윤곽을 가지고 있어야 하며, 또 그것을 뒷받침하는 정책을 손에 들고 있어야 한다. 그러나 처음에는 잠정적인 것으로 제시해야 한다.

양대 정당은 지금 "가운데 마당"을 놓고 경쟁하고 있는데, 보수당은 이런 의지를 약간 포기하였다. 브라운은 어떻게 노동당과 신보수당의 차별성을 부각시킬 수 있을까? 브라운의 그리 비밀스럽다고 할 수 없는 무기는 역시 경제이다. 설문조사 결과들을 보면 지난 10년 동안의 경제적 성공이 노동당 정부 덕분이라고 생각하는 유권자들은 절반도 안 된다. 그러나 실제로는 정부의 적절한 관리와 과감한 결정(이자율 결정권을 영국은행에 넘긴 결정)의 결과 경제적 성공이 가능했던 것이다. 선거가 다가왔을 때 과연 유권자들이 근래에 집권 경험이 없는 정당을 선택함으로써 현재의 번영을 위태롭게 하는 모험을 할까?

보수당의 사정을 보자 : 실질적인 알맹이가 없다(캠런 자신이나 당 모두에) ; 건전한 경제이론도 없다; 새로운 이념적 자세를 떠받치는 분석도 없다 ; 사회적 책임성에 대한 아이디어는 취약하다 ; 당내에 완전한 합의도 없다 ; 다양한 정책 분야에 대한 접근방법 면에서도 일관성이 크게 결여되어 있다. 노동당은 이 모든 것들을 비판의 초점으로 삼아야 한다.

데이비드 캠런은 정책공약을 회피하는 태도를 보이고 있는데, 이것은 브라운 정부에게 영국정치의 운전석을 다시 차지할 수 있는 커다란 기회를 제공해 주는 것이다. 브라운이 의회 해산을 통한 총선(snap election)을 요구할 가능성은 거의 없는 것 같은데, 그렇다면 브라운은 차기 총선까지 2년 혹은 3년 정도 자리를 유지할 수 있다. 캠런과 달리 브라운은 정책변화를 집행할 수 있는 능력을 가지고 있으며, 따라서 앞선 위치에서 정국을 주도해 나갈 수 있다.

줄어들고 있는 보수당 지지자들을 제외하면 현재 대다수의 유권자들에게 대처리즘은 희미한 기억밖에 없는 것이 되었다. 노동당은 좋은 쪽으로든 나쁜 쪽으로든 자기 고유의 새로운 영역을 갖게 되었다(이미 주장한 바와 같이 그 대부분이 좋은 방향의 것이다). 이 나라를 위해서는 무언가 새로운 얘깃거리가 필요하다. 고든 브라운이 지금까지 고안해낸 것만으로 충분할까? 적당히 구체화한다면 나는 그것으로 충분하다고 생각한다. 세계화에 직면하여 해체되는 것이 아니라 세계화에 효과적으로 대처하는 데 필수적인 것으로서 영국의 국민적 정체성과 시민정신을 강조하는 것도 그 중 하나이다. 변화에 적응한다는 것이 핵심 주제이다. 그러나 그 방식은 가능한 한 사회의 결속을 강화하는 것이어야 한다. 더 많은 사람들에게 일자리를 주고, 공공 서비스 투자를 늘리고, 교육 분야에 초점을 맞추고, 아동 빈곤을 대폭 줄이고, 기술 격차를 줄이고, 등등의 것들은 모두 이 나라의 통합을 강화하는 데 도움이 된다. 이미 언급하였듯이 다양한 종족 및 문화집단들이 공존할 수 있는 사해동포주의적 국가로서 영국의 정체성을 강조하는 것 역시 옳다.

신노동당이라는 이름을 버려야 할까? 나는 그럴 수 없다고 생각한다. 한 가지 전술적 고려가 있다. 브라운이 이 이름을 사용하지 않는다면 보수당은 이를 아주 좋은 공격감으로 삼을 것이다. 즉각 브라운은 시계를 거꾸로 돌린다, 1980년대와 1990년대 여러 해 동안 집권하지 못하게 만든 과거의 자세로 되돌아가려 한다, 등등의 비판이 나올 것이다. 그러나 중요한 것은 실질적인 내용이다. 노동당은 계속 개혁을 지향해야 하며, 변화에 직면하여 적응의 준비태세를 갖추고 낡은 정책을 버려야 하며, 개혁의 속도를 한 단계 높여야 한다.

고든 브라운의 개성은 어떤가? 스코틀랜드 출신이라는 부분은 어떤가? 이것이 핸디캡이 될까? "보수당의 입장에서는 브라운이 수상이 되는 날이 빠르면 빠를수록 좋다. 그날 중앙당 사무실에 샴페인 마개가 날아오를 것이다"라고 말한 사람이 있다.[12] 이 배경에는 이런 생각이 깔려 있다. 즉 일부 보수당 사람들은 브라운을 노동당 전통주의자로 몰아가기가 쉽다고 생각한다(사실은 쉽지 않을 것이다). 또 어떤 사람들은 브라운이 "블레어의 날카로움"(Blair Flair)을 갖지 못하고 있다고 생각한다. 브라운은 이 나라 전체에는 별로 애정을 느끼지 않는 고집 센 스코틀랜드인으로 간주될 것이다. 블레어가 캡틴 커크 노릇 할 때 브라운은 기관장 스코티 역을 잘 수행했다. 그러나 스코티가 스타십 엔터프라즈 호를 사실상 지휘했다고 누가 상상이라도 할 수 있을까?

지금까지 스코틀랜드 출신이라거나 관련이 있는 인물이라고 해서 영국의 수상이 되는 데 문제가 있은 적은 한 번도 없었다. 20세기의 몇몇 수상들은 스코틀랜드 지역구 출신이다. 처칠은 스코틀랜드의 던디 지역구 의원을 지낸 적이 있으며, 블레어는 스코틀랜드의 수도 에딘버러에서 태어나 그곳에 있는 사립학교 페테스 대학에서 교육받았다.[13] 물론 상황이 과거와는 다르다. 즉 지금은 스코틀랜드 의회가 따로 있으며, 잉글랜드 사람이 스코틀랜드 수상이 된다는 것은 상상하기 어렵게 되었다. 현재 브라운이 걱정해야 할 것은 브라운이 자기 뿌리를 저버렸다고 생각하는 스코틀랜드 사람들이다. 다른 지역 사람들이 어떻게 생각하는지는 걱정할 필요가 없다.

브라운은 몇 가지 방법으로 자신이 스코틀랜드 출신이라는 점에 대하여 잉글랜드 사람들이 가진 유보적인 태도를 누그러뜨릴 수 있다. 그렇게 하는 것은 그 자체만으로는 그리 어려운 일이 아닐 것이다. 브라운은 내각이 새로울 뿐만 아니라 전 교회적(ecumenical)인 것이라는 점을 확신시켜 줄 수 있을 것이다. 또 브라운은 추가적인 권한이양에 찬성하고 있으므로 이를 통하여 스코틀랜드와 잉글랜드 간의 불균형을 바로잡을 수도 있을 것이다. 그리고 현재 스코틀랜드의 집권 연립정부가 예산 뒷받침이 안 될 정도로 과도하게 공공 지출을 늘리겠다는 공약을 내놓고 있는데, 브라운은 이 사람들에게 이 나라 전체의 경제적 성공을 가져다 준 경제적 교훈을 들려줄 수 있을 것이다.

전문가정신과 당의 규율, 확실히 이것은 신노동당이 계속 유지해야 할 자질이다. 수정주의도 계속 유지해야 할 것인데, 이로 인하여 블레어가 경험한 바와 같이 브라운도 당내 반대자들과 마주쳐야 할 것이다. 브라운이 얼마나 이 문제를 잘 처리할지는 아직 두고 봐야 할 일이지만 유권자들은 분열된 당, 분열된 정부를 끔찍이 싫어하기 때문에 이 문제는 매우 중요하다. 노동당의 공식적 목표를 더욱 확고하게 강조하고, 또 내가 앞에서 제안한 대로 평등주의를 더욱 강조하는 것이 전반적인 당의 단합을 위한 확실한 기초가 될 수 있을 것이다.

반면에 보수당은 훨씬 더 심각한 분열문제에 직면하게 될 것 같다. 이런 상황을 잘 이용하는 것은 노동당 전술가들의 몫이다. 현재 보수당 안에서 데이비드 캠런이 처해 있는 상황은 신노동당 초창기 블레어의 처지와 같지 않다. 캠런은 당의 전통, 특히 대처리즘 전통과의 결별을 훨씬 더 급진적으로 추구해 왔다. 우파로부터 압박이 들어올 때 이 문제를 처리하는 캠런의 능력은 과연 어느 정도일까? 보수당이 영국독립당에게 빼앗길 표는 얼마나 될까?

고든 브라운은 앞으로 있을 선거에서 노동당이 승리하기 위하여 진보적 합의를 형성해야 한다고 말하고 있지만 그게 실제로 무엇을 뜻하는 것인지에 대해서는 구체적으로 밝힌 바 없다. 그게 생명력 있는 아이디어인가? 내 대답은 "그렇다"이다. 오늘날 모든 중도좌파 정당들과 마찬가지로 노동당도 전통적인 산업현장 지지기반에 문제를 안고 있다. 계급구조가 크게 바뀌었기 때문이다. "노동계급 보수당원"은 항상 존재하지만, 전통적 산업현장 거점들이 축소되고 있고 또 염증을 느낀 노동자들이 아예 투표하지 않을 가능성이 커졌다. 일부 노동자들은 민중주의적 우파 쪽으로 돌아서고 있다. 전반적인 투표율로 보면 부유층과 노인층의 투표율이 빈곤층과 청년층에 비해 높다.

진보적 합의는 계급을 가로지르는 것이어야 한다. 그러나 노동당이 "중간 잉글랜드" 혹은 "중간계급"에 호소해야 한다는 얘기는 실수이다. 탈산업사회의 등장으로 중간계급은 노동계급만큼이나 변화했다. 실제에 있어서 중간계급은 이제 존재하지 않는다. 그 대신 서로 겹치는 3개 집단이 등장하였다.

노동인구의 약 10%가 전문직 및 관리직에 종사한다. 그러나 이 직종들의 성격이 크게 바뀌었다. 즉 이 직종들에 정보기술(IT)이 침투해 있으며, 전문지식도 과거에 비해 훨씬 더 많은 대중의 감시를 받을 수밖에 없게 되었다.[14] 그리고 다른 20% 정도가 첨단기술 혹은 지식기반 직종에 종사하고 있다. 이 직종들은 높은 수준의 자격과 전문지식을 요한다. 이런 직종의 하나인 "애플맥"(Apple Mac, Apple Macintosh 컴퓨터의 준말역자 주) 직종은 통신업체, 미디어업체, 출판업체 등을 포함하는 직종이다. 그리고 다른 18%는 1장에서 정의한 "유선노동자"이다. 은행, 보험회사, 여행사 등에 종사하는 사람들로서 하루 종일 컴퓨터 앞에서 일하지만 상당히 관례화된 작업환경에서 일한다. 이 밑으로 내려가면 산업체 노동계급과 만나지만 이 노동자들의 수는 저수준 서비스 직종, 소위 "빅맥"(Big Mac, Macdonald 메뉴 중 하나역자 주) 노동자들보다 적다. 빅맥 노동자들의 수는 전체 노동인구의 22%를 차지한다.

여성 노동자의 수가 남성 노동자만큼 많다는 사실은 매우 큰 변화라 할 수 있다. 여성들은 주로 유선 노동과 빅맥 직종에 많이 근무하지만 봉급 차이를 포함한 남녀 간이 차이는 과거에 비해, 불과

10년 전에 비해서도 크게 줄었다. 가계 소득에서 여성 소득이 차지하는 비중이 커지고 있는데, 현재는 37%이다(덴마크의 경우 42%로서 남자와 대등한 수준으로 접근하고 있다).

진보적 합의를 위해서는 산업 노동자들과 빅맥 노동자들의 실질적인 지지가 필요하지만, 노동당의 잠재적 지지기반을 다른 계급들로 확대해야 하며 성 차이도 뛰어넘어야 한다. 계급이라는 견지에서 볼 때 본질적인 어려움은 탈산업사회적 의제와 전통적 직종에 종사하는 사람들의 지지 확보를 서로 조화시키는 일이다. 애플맥 노동자들은 여성의 권리, 동성애자의 권리, 전반적인 인권 등과 같은 자유주의적 가치 측면에서 진보적인 경향을 보이며, 환경운동에도 공감한다. 이 사람들은 공공 서비스의 중요성을 인정한다. 그러나 국가의 역할 증대에는 유보적 태도를 보인다.

일반적으로 산업 노동자와 빅맥 노동자는 사회적 · 경제적 삶에 국가가 더 많이 개입하는 것을 좋아한다. 그러나 자유주의적 가치에 대한 무관심 혹은 적대감, 그리고 가족에 대한 전통적 시각과 같은 소위 "노동계급 권위주의"라는 것이 이 사람들의 세계관에서 흔히 나타나는 특징이다. 이와 같은 다양한 계급들 간의 차이를 초월하는 프로그램을 찾아내는 것이 중도좌파 정당의 가장 어려운 과제라 할 수 있다. 다음 번 선거에서 노동당은 확고한 노동계급의 지지를 얻어야 한다. 그러나 (권위주의와 보호주의에 아무 것도 양보하지 않으면서) 어떻게 이 사람들의 지지를 얻을 것인가 하는 문제는 심각하고도 어려운 문제이다.

여론조사 기관 포퓰루스(Populus)가 2006년 11월에 실시한 여론조사 결과를 보면, 보수당이 여성 유권자 지지도 면에서 노동당보다 7% 앞서며, 브라운이 수상이라 가정한다면 12% 앞서는 것으로 나타났다. 이 수치의 신뢰도는 표본이 작았다는 점에서 논란의 여지가 있다. 그러나 이 수치는 다른 기관인 유가브(YouGov)의 조사에 의해 확인되고 있다. 유가브의 조사결과에 의하면, 2005년 9월 이후 여성 유권자 지지도 면에서 보수당이 단 한번을 제외한 모든 조사에서 앞섰다.[15] 캠런이 환경문제에 대하여 확고한 입장을 취하고 있다는 점이 이런 현상을 낳은 데 크게 기여한 것 같다. 왜냐하면 평균적으로 여성이 남성보다 환경정책에 더 공감하기 때문이다. 여성 지지도 차이는 2007년 초에 이르러 약간 줄어든 것 같지만 아직도 이 문제는 브라운이 세심한 주의를 기울여야 할 문제이다.

다음 번 선거에서 노동당이 하나의 핵심 메시지, 유권자들이 공감할 수 있는 그런 메시지를 반드시 가져야 한다는 사실은 광고 전문가가 아니라도 쉽게 알 수 있는 사실이다. 이 메시지는 그냥 메시지가 아니라, 내가 이 책 여기저기서 강조한 바와 같이 발전된 아이디어와 구체적 정책을 가진 메시지여야 한다. 이와 같은 핵심 테마가 없다면 선거에서 승리할 수 없다. 어떤 것이 있을까? 나는 "노동당과 함께 더 안전하게"(Safer With Labour, 내용도 중요하지만 운율이 잘 맞는다는 점에 주목할 것[역자 주])라는 것에 내기를 걸고 싶다. 이것은 내가 말하는 "미래와의 계약"을 압축적으로 표현하는 메시지이다. 왜 "노동당과 함께 더 안전하게"(그리고 고든 브라운과 함께 더 안전하게)인가? 지금 우리는 격랑의 바다 같은 세계에 살고 있고, 이 세계에서는 키를 잡은 손이 안전한 사람의 손이어야 하기 때문이다. 왜 더 안전한가? 노동당은 이제 활용할 수 있는 경험을 풍부하게 가진 집권정당이기 때문이다. 노동당은 국민건강보험 같이 정말로 중요한 제도들을 지키고 또 발전시켜 나갈 것이기 때문이다. 그리고 노동당은 우리가 지금 당장 행동을 취하지 않으면 반드시 마주쳐야 하는 골치 아픈 문제들에 대하여 사전에 미리 대비하고 있기 때문이다.

브라운은 당 지도자와 수상으로서 캠런보다 "더 새로운" 인물이다. 따라서 기존의 여론조사 결과들은 그다지 큰 의미를 갖지 않는다고 할 수 있다. 취임 이후 브라운이 어떻게 자기 이미지를 구축하느냐가 더 중요하다. 진보적 합의를 형성할 수 있느냐 여부는 노동당이 새로운 계급집단들, 유선노동자들, 그리고 첨단기술 분야 노동자들 사이에서 이미 구축한 지지기반을 계속 유지하는 한편으로 전통적 노동당 지지자들을 투표장으로 끌어내 투표하도록 설득할 수 있는 그런 정책들을 찾아내느냐 여부에 달려 있다.

언제 실시될지 모르지만 다음 번 총선이 "매달린 의회"(hung parliament, 과반수 의석을 차지하는 정당이 없는 의회[역자 주])를 만들어낼까? 이것은 확실히 가능성이 있다. 영국 정치사에서 매달린 의회는 드문 사례이다. 가장 나중의 사례가 1974년 2월 총선이 만들어낸 것인데 그해 10월 선거까지 유지되었다. 매달린 의회는 비례대표제 하에서 벌어지는 단순한 연립의 상황일 뿐이라고 말하는 사람도 있다. 그러나 영국의 현행 제도 하에서 매달린 의회는 불확실성과 지도력 부재 상황을 낳게 된다. 나는 대중의 지혜를 믿는 사람이다. 나는 유권자들이 매달린 의회를 원하지 않으며, 따라서 그런 일이 일어나는 것을 방지할 것이라고 믿는다.

미래와의 계약

Chapter 10

그루초 맑스 : 이제 미래는 우리가 으레 그런 것이려니 생각했던 것과는 다른 것이다.

조지 번스 : 진짜로 국가를 운영할 줄 아는 사람들이 택시를 몰거나 머리를 깎는 일에 너무 바쁘다는 것은 정말 안타깝다.

토니 블레어, 글렌 호들, 마돈나가 이렇게 말했다고들 한다 : 나는 한 번도 예측을 한 적이 없고 앞으로도 하지 않을 것이다.

세계화에 직면하여 풀어야 할 과제가 엄청나게 많다는 사실을 감안한다면, 정말 미래는 우리가 으레 그런 것이려니 생각했던 것과는 다른 것이다. 그루초가 활동하던 시절에 기후변화는 문제가 아니었다. 이 나라를 운영하는 것은 잉글랜드 축구팀 감독이 되는 것과 같다. 모든 사람들이 자기가 현직 수상이나 감독보다 더 잘할 수 있다고 생각한다. 두 직장 모두 방식은 다르지만 고맙다는 말 듣기 어려운 직장이다. 성공은 당연한 것으로 받아들이고 실패는 신랄한 비판의 대상이 된다(때로는 성공도 그렇게 된다). 글렌 호들은 잉글랜드 팀 감독을 지낸 사람이다. 나는 이 사람이 정말로 위에 소개한 미래에 대한 명언(?)을 했는지 아닌지는 모르지만 그 말은 확실히 일리가 있는 말이다. 예측은 어려운 일이다. 그러나 우리는 예측을 해야 한다. 예측을 하지 않고서 무언가 계획을 세울 수는 없기 때문이다.

이하의 내용은 이 책의 요약이지만, 모든 것들을 간략하게 다시 언급하는 것이 필요할지 모른다. 나는 노동당의 목표가 현재 세대와 미래 세대를 위하여 번영하는 사회, 공정하고 개방된 사회를 건설하는 것, 이런 특징들을 확실히 유지하는 것이어야 한다고 주장하였다. 노동당은 이런 목표를 달성하기 위하여 시민들의 기여를 요구하고 있다.

나는 이 결론적 요약을 쓸 때 처음에는 바꿀 필요가 없는 정책들을 먼저 적고 바꿀 필요가 있는 정책들을 나중에 적는 순서를 고려했다. 그러나 정도의 차이는 있지만 정책 혁신이 불필요한 분야는 거의 없다는 결론에 이르렀다.

"미래와의 계약"을 일관하는 테마는 바로 세계화이다. 세계화에 대처하고 또 그것으로부터 이득을 취할 수 있는 우리 사회의 능력, 이것이 가장 중요하다. 우리가 직면하고 있는 도전의 대부분은 우리 혼자서 처리할 수 없는 것들이다. 현재 우리가 취할 수 있는 최악의 행동은 국제무대에 등을 돌림으로써 안전을 모색하는 것이다.

우리는 우리 주위에 있는 모든 변화의 힘에 적극 개입함으로써, 오로지 그렇게 함으로써 더 안전해질 수 있다.

국내적으로 볼 때, 나의 주장은 현 시점에서 초기 신노동당의 의제를 넘어서야 한다는 것이다. 신노동당은 1997년에 많은 성공적인 정책들을 개발하였지만 지금은 한 단계 더 나아가기 위한 새로운 접근방법이 필요하다.

신노동당은 구좌파와 대처리즘의 통찰력은 희생시키지 않으면서 이 양자로부터 벗어나고자 노력하였다. 달리 말하면 제3의 길을 확립하고자 노력하였다. 그러나 신노동당은 새로운 합명제(synthesis)를 완전하게 만들어낼 수는 없었다. 여전히 신노동당은 오래된 분열에서 벗어나지 못하고 있다. 어떤 서비스를 국가가 제공해야 하는가, 시장 혹은 제3지대가 제공해야 하는가, 아니면 이 3자의 결합체가 제공해야 하는가? 국가는 여전히 거의 개혁되지 않은 채로 남아 있고 서비스의 전달자로 간주되고 있다. 더 큰 구조물인 자본주의는 말할 것도 없고 시장의 성격에 대한 적절한 심문도 이루어지지 않았다.

이제 우리는 국가와 시장을 인민의 종복으로 만들기 위해 노력해야 한다. "인민의 종복"이라는 말은 지나치게 낡은 말이라 흥미를 불러일으키지 않는 말이지만 이 말이 담고 있는 신호는 매우 중요하다. 두 개의 p, 즉 people and participation이 우리를 안내하는 실마리가 될 것이다. 공공 서비스는 시민들이 가능한 한 선택권을 행사하고 또 언제라도 목소리를 낼 수 있을 정도로 개방되어야 한다. 공공 서비스를 국가가 제공하느냐 아니면 상업적 기관을 포함한 다른 기관이 제공하느냐 하는 문제보다 더 중요한 것은 탈중앙화와 독립적인 관리이다.

자본주의는 소비자들에게 이익이 되는 방향으로, 사회의 장기적 이익이 되는 방향으로 작동해야 한다. 기업의 책임성은 노동당의 관심사항 목록에서 공공 서비스 개혁만큼 윗자리를 차지해야 한다. 우리는 말로만이 아니라 실제로 기업의 책임성을 높이는 방법에 대하여 광범한 토론을 시작해야 한다. 공공기관과 민간기업들 간의 협력이 필요한 투자 분야가 많이 있다. 특히 절박한 분야인 환경 분야가 그런 분야이다. 예를 들어 일반적으로 에너지 프로젝트의 경우 민간부문에 의해 제공되어야 하는 장기투자와 기술이 필요하다. 그런데 정부가 조건을 제대로 갖추어 주지 않는다면 민간기업이 그러한 장기투자에 나설 이유가 없어진다.

고든 브라운은 영국에 새로운 헌법질서가 필요하다고 말한다. 좀더 낫게 표현한다면, 우리의 민주주의를 더욱 민주화하는 방안을 찾아야 한다는 것이다. 여기에는 두 가지 임무가 있다. 하나는 1997년에 시작된 헌법개정 작업을 완수하는 것이다. 여기에는 다음과 같은 것들이 포함된다 : 효과적인 권한이양을 통한 "잉글랜드 문제"의 해결 ; 의회, 특히 상원의 개혁 ; 형사재판 제도의 추가적 개혁. 두 번째 임무는 내가 이름붙인 일상적 민주화의 복잡성을 제대로 파악하는 것이다. 이 분야에서 우리는 실험적인 자세를 가져야 한다. 이 분야에는 지금 어느 누구도 완전히 이해하지 못하는 큰 변형이 진행되고 있다.

앞으로 몇 년간 정체성을 둘러싼 정치가 큰 역할을 할 것 같다.

여기에는 두 개의 서로 겹치는 정치적 임무가 있다. 하나는 영국의 정체성 자체를 위협하는 민족주의의 응집력을 봉쇄하는 것이다. 여기에는 외고집 같은 것들이 분명히 있다. 영국독립당을 생각해 보라. 만일 영국이 EU에서 탈퇴한다면 아마 스코틀랜드와 웨일즈가 독립국 자격으로 EU에 재가입하려 들 것인데, 이렇게 되면 영국독립당은 당명을 바꾸어야 할 것이다. 이런 상황이 벌어지면 "연합왕국"은 사라지고 "쪼개진 왕국"이 그 자리를 대신할 것이다. 다른 하나는 우리의 문화적 · 인종적 다양성이 영국의 힘을 갉아먹는 것이 아니라 그것에 보탬이 되도록 해야 한다는 것이다. 여기에는 한 가지 방법밖에 없다. 다문화주의의 성공을 일구어내는 것 말이다.

아래에 열거하는 것들은 미래와의 계약서의 조항들로서 간단하고 압축적인 것으로 만들어 보았다. 그러나 이 책 전체를 읽는 대신으로 이 부분만 읽지는 마시기를!

1. 경제적 성공은 다른 많은 것들의 기초이므로 여기에 주인 자리를 내주는 것은 충분히 말이 된다. 노동당의 목표는 지금까지 이룩한 성공을 유지하고 또 더욱 확대하는 것이다. 거시경제 정책은 안정적 성장과 지속적인 저물가에 목표를 두어야 한다. 보호주의로의 복귀는 안 된다. 최저임금의 꾸준한 상승과 적극적 노동시장 정책(뉴딜)의 강화라는 전제 하에서 유연성이 경제의 모든 분야에서 목표가 되어야 한다. 생산성을 높이고 또 바닥 계층의 생존기회를 향상시키기 위하여 노동숙련에 대한 더 효과적인 투자가 필요하다. 노동당은 기업

친화적인 환경을 만들기 위해 계속 노력해야 하지만 필요한 경우에 규제를 회피해서는 안 된다. "규제"는 가능한 한 제한이 아니라 유인에 기초한 것이어야 한다. 경제적 성공이라는 목표가 사회정의 수준을 높이는 것과 충돌하지 않는다는 사실은 두 분야 모두에서 성과를 거둔 스칸디나비아 제국의 성공사례에서 입증되고 있다.

2. 국가가 독점적이고 지배적인 통제권을 행사해야 하는 분야는 거의 없지만 우리 삶의 많은 영역에서 국가는 필요한 존재이다. 국가는 시장 부문과 시민사회의 여러 기구들과 그리고 직접 개인들과 협력관계를 유지하는 가운데 일해야 한다. 시민들은 국가기반 서비스 분야에서, 그리고 가능한 한 모든 분야에서 목소리와 선택권을 가져야 한다. 국가는 확신을 주는 국가가 되어야 한다. 이 국가는 시민들에게 권한을 주는 자원의 제공, 그리고 바람직한 결과가 나온다는 것을 확실하게 하기 위한 시민들과의 협력, 이런 것들을 목표로 삼아야 한다. 하향식 국가로 복귀하는 것은 안 된다. 국가를 공적 영역과 동일시하는 것은 전통 좌파의 실수인데, 이런 실수를 되풀이하지 않는 것이 중요하다. 마찬가지 논리로 상업적 서비스 공급자들에 의존하는 것을 공적 목표에 대한 배신으로 생각하는 것도 잘못이다.

3. 정부 자체와 교육 의료 분야에서의 권한이양은 개혁 패키지

의 중요한 부분이 되어야 한다. 이것은 권한의 실질적인 이양이 되어야 하며, 중앙정부의 상징적 양보 수준에 그치는 것이 되어서는 안 된다. 정부는 정치적 삶이 얼마나 근본적으로 변화하고 있는지를 깨달아야 하며, 심의민주주의를 실험할 준비를 갖추어야 한다.

4. 기후변화를 통제하고 여기에 적응하는 것을 시민의 권리와 의무의 필수항목으로 삼아야 한다. 실질적인 진전을 얻어내기 위한 국제적인 노력을 배가해야 하며, 특히 EU 회원국들과의 협력을 강화해야 한다. 이것이야말로 우리가 기후변화에 의미 있는 영향을 줄 수 있는 최상의 기회이다. 기술혁신이 대단히 중요한데, 세금감면이나 기타 방법을 동원하여 기술혁신을 자극해야 한다. 국가기관 자체와 회사, 개인들의 책임성 있는 행동을 이끌어내기 위한 다양한 수단들을 개발해야 한다. 전국적 수준에서 재난에 대한 취약성을 평가하는 기구를 즉시 설립해야 한다.

5. 환경세와 세금 인센티브를 더욱 강화하는 방향으로 조세제도를 바꾸어야 한다. 목적세가 매우 중요한 역할을 할 수 있다. 건강한 생활습관을 유도하는 것과 같은, 사회적으로 바람직한 결과를 낳는 세금과 세금 인센티브를 더욱 확대해야 한다. 환경세 인상을 세수 증대의 수단으로 이용해서는 안 된다. 반드시 상응하는 액수만큼 다른 분야의 세금을 감면해야 한

다. 환경세에 누진세율을 적용하기 위한 주의도 필요하다. 가장 가난한 사람들이 항상 가장 큰 위험에 노출되기 때문에 기후변화가 사회보장에 미치는 영향도 철저히 검토해야 한다.

6. 노동당은 평등주의적 정당이라는 것을 더욱 명시적으로 보여주어야 한다. 노동당은 높은 수준의 불평등과 빈곤이 계속 유지되는 것이 모든 사람들에게 해로운 결과를 낳는다는 사실을 확실히 인식시켜 주어야 한다. 노동당의 평등주의적 사고는 전통 좌파의 것과 다른 것이어야 한다. 왜냐하면 사회정책의 경제적 의미를 항상 분명히 밝혀주어야 하기 때문이다. 경제적 역동성 혹은 일자리 창출과 빈곤 완화, 이 두 가지 목표를 동시에 추구하는 정책이 계속 맨 앞자리를 차지해야 한다.

7. 한 가지 지도적 원칙은 "어린이 먼저!"이다. 이 나라의 장래는 이 말의 정의에 의해 어린이들에게 달려 있다. 우리는 모든 어린이들에게 인생의 훌륭한 출발점을 제공해 주어야 할 뿐만 아니라, 이 어린이들과 그후 세대들에게 속하는 자원을 우리가 미리 빼앗아 쓰지 않는다는 보장을 해주어야 한다. 어린이 먼저라는 원칙은 빈곤과의 전쟁에서도 적용되는 원칙이다. 얼마 남지 않은 2010년까지 아동 빈곤을 절반 수준으로 줄이겠다는 공약은 노동당 정부의 급진적 공약 가운데 하나이다. 정부는 이 공약을 현실화할 수 있는 정책을 제대

로 추진해야 한다. 2020년까지 아동 빈곤을 완전히 없애겠다는 목표는 확고하게 유지해야 한다. 유토피아적일지는 모르지만 이 목표는 장래의 정책개발을 위한 동기화에 큰 힘을 발휘할 수 있는 것이다. 스칸디나비아 제국은 이미 극히 낮은 수준의 아동 빈곤에 도달해 있다.

8. 직장과 가정에서 여성의 지위를 향상시키기 위한 정책에 높은 우선순위를 부여하지 않는다면 어린이들의 삶에 체계적인 변화를 일으키는 것은 전적으로 불가능하다. 일과 삶의 균형이라는 말은 표면적으로 볼 때 좀 이상한 말이다. 일은 삶의 일부이기 때문이며, 또 많은 사람들에게 있어서 아주 중요한 일부이기 때문이다. 이 말의 의미는 일, 가족, 기타 관심사항과 의무들을 서로 조화시킨다는 것이다. 아직도 많은 여성들은 돈 받고 하는 노동보다 가사노동을 더 중시한다. 저수준 서비스 직종에 종사하는 여성들에게 관리직으로의 승진기회를 제공해 주는 정책 같은, 여성을 돕기 위한 많은 전략을 채택할 수 있다.

9. 교육과 의료 분야는 계속 높은 순위를 유지해야 한다. 교육은 우리의 지속적 번영을 위한 핵심 요체(要諦)이지만, 이와 동시에 관용과 사해동포주의적 세계관을 키우는 데서도 매우 중요하다. 평생교육은 더 이상 공염불 같은 것이어서는 안 된다. 실질적인 것이 되어야 한다. 국민건강보험 개혁은 어떠

한 장애물이 있더라도 계속해야 한다. 정부의 직접적 통제로부터 풀어주는 문제를 진지하게 검토해야 한다. 이 문제는 이미 진행중에 있지만 더욱 진도를 높여야 한다. 그러나 의료보험 관련 의제는 국민건강보험의 범위를 훨씬 넘어서는 것이다.

10. 노동당은 사해동포주의적 국가로서 영국의 통합성을 유지하는 데 힘써야 한다. 이 나라의 정체성은 외향적 시각에 기초를 둔 것이어야 한다. 과거 이 나라가 가졌던 지구적 역할로부터 좋은 점은 계승하되 오늘날에는 그와 다른 모습을 취해야 한다. 이제 주권은 국제적 협력에 달려 있으며 또 EU 회원국들의 자원을 한데 모으는 일에 달려 있다. 우리는 우파가 조장한 좁고 명백히 섬나라적인 정체성 개념에서 벗어나야 한다. 우리는 국민적 업적들을 찬양해야 하며, 또 그런 업적들을 세계무대에서 이 나라의 이미지를 업데이트하는 노력과 결합시켜야 한다.

11. 이민은 엄격하게 규제해야 한다. 앞으로도 영국은 진정한 난민들의 피난처가 되어야 하지만, 이 일을 처리하는 과정은 대중들이 만족하는 방향으로 근본적으로 개선해야 한다. 핵심적인 과제는 불법 이민을 줄이는 것이다. 유럽 수준에서, 그리고 더 넓은 수준에서 협력하는 것이 가장 좋은 방법이다. 영국 경제는 대규모 비숙련 이민을 흡수할 여력이 없다. 그러

나 숙련 이민을 끌어들이기 위한 적극적인 노력은 해야 한다.

12. 정체성과 사회의 가치관을 지킨다는 것은 다문화주의를 계속 허용하는 전제조건이다. 다문화주의는, 적어도 세련된 다문화주의는 소수집단들이 자유주의 국가의 원칙들을 인정해야 하며 또 국가의 법을 준수해야 한다는 것을 뜻한다. 국가는 다양한 소수집단들 간의 유대, 소수집단과 전체 사회 간의 유대를 강화하는 정책을 추구해야 한다. 다문화주의는 다른 문화의 가치관에 대하여 비판적 태도를 취하는 것을 의미한다. 자신의 문화적 관행을 다른 모든 고려사항보다 우선하는 것은 다문화주의가 아니다. 비판으로부터 자유로운 문화공동체란 있을 수 없다. 새로운 활력을 가지고서 언론과 행동의 자유를 지켜 나가야 한다.

13. "범죄에 강경하게, 범죄의 원인에 강경하게"라는 공식은 그대로 유지해야 한다. 그러나 이 공식은 지금까지 노동당의 정책보다 더 조심스럽게 적용해야 한다. 정책의 대폭 수정이 필요하다. 노동당은 형사재판제도에 너무 지나치게 의존해 왔다. 형사재판제도와 범죄의 원인 사이의 거리는 꽤나 멀다. 왜냐하면 실제로 처벌을 가한 범죄의 수가 극히 적기 때문이다. 더욱이 감옥에 가둘 수 있는 사람의 수에는 한계가 있다. 결국 "범죄의 원인에 강경하게"와 "범죄에 강경하게"는 전적으로 별개의 과제가 아니라 동일한 것이 되고 말았다.

14. 국제 테러리즘은 우리가 익숙해져 있는 국내 테러리즘과 성격상 다른, 그리고 이보다 훨씬 더 위험한 문제이다. 국내적으로나 국제적으로 이에 대처하기 위한 적절한 조치를 계속 취해 나가야 한다. 경찰이 법원의 허가를 받아 기소되지 않은 용의자를 일정기간 구금할 수 있게 한 법은 계속 유지되어야 한다. 그러나 "테러와의 전쟁"이라는 수사와 여기에서 파생된 것들은 버려야 한다.

15. 우리가 EU 회원국이라는 사실은 우리의 장래에 결정적으로 중요하다. 우리는 핵심 회원국으로서 우리가 가진 영향력을 기후변화, 에너지 안보, 국제 범죄와 밀입국, 그리고 이민 등에 대한 효과적인 정책을 마련하는 데에 활용해야 한다. EU는 현재의 의사결정 절차를 가지고서는 그 효과적 운영을 기대하기가 어렵다. 이런 부분은 날카롭게 수정해야 한다. 영국은 단일시장의 완성을 위한 압력, 그리고 실적이 저조한 회원국들의 사회경제적 개혁을 위한 압력을 계속 가해야 한다.

주

머리말

1) Anthony Giddens, *The Third Way*(Cambridge : Polity, 1998).

개설

1) Akbar Ahmed, *Journey Into Islam. The Crisis of Globalization* (Washington, DC : Brookings, 2007) 참조.

2) Olivier Roy, *Globalised Islam* (New York : Hurst/Columbia, 2005). 그리고 Francis Fukuyama의 근간 "Identity and Migration," *Prospect*, February 2007 참조.

3) 브라운 자신은 인플레에 대하여 다음과 같이 변호하였다. 즉 1997년 이래 미국, 독일, 오스트레일리아, 스웨덴 등의 인플레가 공표된 목표치를 영국의 경우보다 더 크게 벗어났다는 것이다. 따라서 영국의 인플레는 다른 선진국들에 비해 낮을 뿐만 아니라 더 안정되어 있다는 것이다. "Economic Brief From the Office of Gordon Brown," 18 January 2007, p. 2.

1장

1) David Osborne and Ted Gaebler, *Reinventing Government*(Reading : Addison-Wesley, 1992).

2) *Ibid.*, p. 263.

3) 예를 들어 Ed Kilgore, "Safer streets and neighbourhoods," in Will Marshall and Martin Schram, eds, *Mandate for Change* (New York : Berkeley, 1992) 참조. 전체적으로 이 책은 신민주당의 철학을 가장 잘 보여주는 책이다.

4) Will Marshal, "US global leadership for democracy," in Marshall and Schram, *Ibid.*

5) 예를 들어 Richard Layard, *Welfare To Work and the New Deal*, Center for

Economic Performance, LSE, January 2001 참조.

6) *1997 Labour Party Manifesto : New Labour : Because Britain Deserves Better.* London, Labour Party, 1997, p. 10.

7) Tony Blair, "Environment : next steps." 2001년 3월 6일자 연설 3쪽.

8) Peter Dunn, "Blair, plausible psychopath, 'set to implode,'" *New Statesman*, 1 July 2003.

2장

1) Ipsos MORI, "Political monitor : satisfaction ratings 1979–present."

2) Populus Poll, 9 January 2007.

3) Iposo MORI, "Political monitor."

4) Gordon Brown, *Moving Britain Forward* (London : Bloomsbury, 2006), p. 158.

5) *Ibid.*, p. 161.

6) HM Treasury, *Investing in Britain's Potential* (London : HMSO, 2006) ; *Prosperity for All in the Global Economy* (The Leitch Report, 2006).

7) Brown, *op cit.*, pp. 13, 43.

8) Tom Nairn, *The Break–Up of Britain* (New York : NLB, 1977). 그리고 Nairn, *After Britain* (London : Granta, 2000) 참조.

9) Brown, "We need a United Kingdom," *Daily Telegraph*, 13 January 2007.

10) Brown, *op cit.*, p. 262.

11) *Ibid.*, p. 264.

12) Cameron, speech to the King's Fund, 9 November 2006.

13) Cameron, speech to the Foreign Policy Center, 24 August 2006.

14) Cameron, speech at the Conservative Conference, 4 October 2006, p. 14.

15) Cameron, speech on general well–being, 20 July 2006.

16) Cameron, speech to the Center for Social Justice, 10 July 2006.

17) Cameron, "Bringing down the barriers to cohesion." 2007년 1월 29일 버밍엄에서 행한 연설.

18) "Menzies Campbell, "The Liberal Democrats–a party on the up." 2006년 2월 24일 East Fife에서 행한 연설.

19) *The Liberal Democrats : Fairer, Simpler, Greener.* Policy Paper no. 75, 2006.

20) Campbell, Speech to launch his campaign to be leader of the Liberal Party, 19 January 2006, pp. 1–2.

21) *The Orange Book : Reclaiming Liberalism* (London : Profile, 2004).

22) 원래의 발상에 대해서는 Marvin Olasky, *Compassionate Conservatism* (New York and London : Free Press, 2000); Introduction by George Bush 참조.

3장

1) Martin Wolf, *Why Globalization Works* (New Haven : Yale University Press, 2004), p. 14.

2) Gene Grossman and Elhanan Helpman, "Out-sourcing in a global economy," *Review of Economic Studies*, 72 (January 2005); Alan Blinder, "Off-shoring : the next industrial revolution?," *Foreign Affairs* (March/April 2006).

3) Robert Winder, *Bloody Foreigners. The Story of Immigration to Britain* (London : Little, Brown, 2004), p. 8, 9.

4) The Young Foundation, *Britain's Unmet Needs* (London, 2006).

5) Richard Layard, "Mental health : Britain's biggest social problem?" Paper prepared for the 10 Downing Street Strategy Unit, December 2004.

6) David Held, *Global Covenant?* (Cambridge : Polity, 2005) 참조.

7) Montserrat Guibernau, *Nations Without States* (Cambridge : Polity, 1999) 참조.

8) Nicholas Vernon, "Farewell national champions," *Breugel Policy Brief* (Brussels : June 2006) 참조.

9) Gordon Brown, *Pre-Budget Report statement*, 6 December 2006 (London : Treasury).

10) 이 문제에 대한 아주 탁월한 논의는 Lutz Leisering and Stephan Leibfried, *Time and Poverty in Western Welfare States* (Cambridge : Cambridge University Press, 2001) 참조.

11) Robert Cheshire, "A soaring number of inmates," *Observer*, 28 January 1997에서 재인용.

12) David Downes and Kirstine Hansen, "Welfare and punishment in comparative perspective," S. Armstrong and L. McAra, eds., *Perspectives on Punishment* (Oxford : Oxford University Press, 2006) 참조.

4장

1) Folke Schuppert, "The enabling state," in Anthony Giddens, ed., *The Progressive Manifesto* (Cambridge : Polity 2003) 참조.

2) *Ibid.*, pp. 55–57.

3) OECD, *Integrating Transport in the City* (Paris : OECD, 2000), p. 43.

4) Reform (a think–tank), *Investment in the NHS–Facing up to the Reform Agenda* (London : 2006), p. 20.

5) Martin Summers, "Only connect : toward a new democratic settlement," Mark Perryman, ed., *The Blair Agenda* (London : Lawrence and Wishart, 1996), p. 87.

6) Dawn Primarolo, reported in Ashley Seager and Ian Cobain, "Ten held after VAT fraud raids in Britain and Europe," *Guardian*, 7 February 2007.

7) Group chaired by Peter Gershon, *Releasing Resources to the Front Line* (London : Treasury, 2004).

8) Martyn Hart, "The Gershon Report and the value of outsourcing," *eGov Monitor* (22 March 2005), p. 1.

9) Julian Le Grand, "The Blair legacy? Choice and competition in public services," Public Lecture, London School of Economics, 21 February 2006 ; Le Grand, *Motivation, Agency and Public Policy* (Oxford : Oxford University Press, 2004).

10) Robert Hill, "Bag of clubs," Geoffrey Filkin and Patrick Diamond, eds., *Public Matters* (London : Methuen/Politico's, 2007).

11) *Ibid.*

12) Peter Robinson, *How Do We Pay?* (London : IPPR, 2006).

13) *Ibid.*, pp. 21–22.

14) Julie Foley and Malcolm Ferguson, *Putting the Brakes on Climate Change* (London : IPP, 2006).

15) Nick Bosanquet et al., *NHS Reform : The Empire Strikes Back* (London : Reform, 2007) 참조.

16) Michael Porter and Elizabeth Teisberg, *Redefining Health Care* (Boston, MA : Havard Business School Press, 2006).

17) *Ibid.*, p. 8.

18) Bosanquet et al., *op cit.*, pp. 43–44.

5장

1) Alena Ledeneva, *Russia's Economy of Favours* (Cambridge : Cambridge University Press, 1998) 참조.

2) Stewart Lewis, *Corporate Brand and Corporate Responsibility* (MORI : MORI House,

2003).

3) Julia Finch and John Vidal, "You've checked the price and calorie count, now here's the carbon cost," *Guardian*, 19 January 2007.

4) Sebastian Mallaby, "Hands off hedge funds," *Foreign Affairs*, January/February 2007.

5) CISDM Research Department, "The benefits of hedge funds : 2006 update," Isenberg School of Management, May 2006.

6) Fabian Society, *Paying for Progress* (London, 2004).

7) Institute of Fiscal Studies, *The UK Tax System and Environment* (London, 2006).

8) Wolfgang Merkel, "How the welfare state can tackle new inequalities," in Patrick Diamond and Matt Browne, eds., *Rethinking Social Democracy* (London : Policy Net-work, 2004) 참조.

9) Institute for Fiscal Studies, *Poverty and Inequality in Britain, 2006* (London : 2006).

10) Mike Brewer et al., *Micro-Simulating Child Poverty in 2010 and 2020* (York : Rowntree Foundation, 2006).

11) Donald Hirsch, *What Will It Take to End Child Poverty?*(York : Rowntree Foundation, 2006).

12) Lisa Harker, *Delivering on Child Poverty* (London : Department of Work and Pensions, 2006).

13) Brewer et al., *op cit.*, pp. 27-35.

14) Günther Schmid, "Toward a new employment contract," in Günther Schmid and Bernard Gazier, eds., *The Dynamics of Full Employment* (Cheltenham : Edward Elgar, 2002) 참조.

15) Gene Sperling, *The Pro-Growth Progressive* (New York : Simon and Schuster, 2005) 참조.

16) Lori Kletzer and Robert Litan, "A prescription to relieve worker anxiety," *Institute for International Economics Policy Brief*, http://iie.com.

17) Julian Le Grand, "Asset for the people," *Prospect* (December 2001) 참조.

18) HM Treasury, *Investing in Britain's Potential* (London : HMSO, 2006), pp. 93-94.

19) Schmid and Gazier, *op cit.* 참조.

20) *Ibid.*

21) *Women and Work Commission : Shaping a Fairer Future* (Report, London, 2006).

22) Food for Brain, "Diet and exercise 'transformed our children,'" *Daily Telegraph*, 10 January 2007.

23) Alan Smithers and Pamela Robinson, *Five Years On. Open Access to Independent Education* (Sutton Trust, 2006) 참조.

24) Edward Wolff and Ajit Zacharias, *Wealth and Economic Inequality* (Bard College : Levy Economics Institute, 2006).

25) Dominic Maxwell, *Fair Dues* (London : IPPR, 2004).

26) *The Economist*, "Rich man, poor man," 18 January 2007.

6장

1) Richard Layard, *Happiness : Lessons from a New Science* (London : Allen Lane, 2005) 참조.

2) 사실 이 말은 Alan Bennett이 쓴 희곡 *The History Boys*에 등장하는 인물의 말이다. 이 희곡은 런던과 뉴욕에서 무대에 올려졌으며, 영화로 제작되기도 하였다.

3) 이 용어는 내가 여러 해 전에 도입한 것이지만 제대로 정의하지는 않았다. 이제 그 정의를 시도할 것이다. Anthony Giddens, *Beyond Left and Right* (Cambridge : Polity, 1994).

4) Bertrand Russell, *In Praise of Idleness and Other Essays* (London : Macmillan, 1932).

5) 나는 이 아이디어를 *The Third Way* (Cambridge : Polity, 1998)에서 처음 도입하였다.

6) HMG Strategy Unit, *Improving the Life Chances of Disabled People* (London : HMG Stationery Office, 2005).

7) Dennis Selkoe, "The ageing mind : deciphering Alzheimer's disease and its antecedents," *Daedelus*, Winter 2006.

8) Howard Stoate and Bryan Jones, *Challenging the Citadel* (London : Fabian Society, 2006).

9) David Boyle et al., *Life Begins at 60 : What Kind of NHS After 2008?* (London : Young Foundation, 2006). 나는 이 사람의 목록을 약간 바꾸었다.

10) *Ibid.*, p. 9.

11) Nicholas Stern, *The Economics of Climate Change* (London : Treasury, 2006).

12) David Adam, "UN's vast report will end the scientific argument," *Guardian*, 27 January 2007에서 재인용.

13) Stern, *op cit.*, p. xi.

14) George Monbiot, "How sport is killing the planet," *Observer Sport Magazine*, 29 October 2006.

15) Tyndall Centre, *Constructing Energy Futures*, 2006.

16) Stephen Tindale, "The EU must do more on climate change," *Centre For European Reform Bulletin*, 46 (2006).

7장

1) Philippe Legrain, *Immigrants : Your Country Needs Them* (London : Little, Brown, 2006), p. 4에서 재인용.

2) Nicola Rossi, "Managed diversity," in Anthony Giddens, ed., *The Progressive Manifesto* (Cambridge : Polity, 2003), p. 123.

3) Oswald Spengler, *The Decline of the West* (Oxford : Oxford University Press, 1926). 이 책의 초판본은 1918년에 나왔다.

4) Tony Blankley, *The West's Last Chance* (Washing, DC : Regnery, 2005). 머리말.

5) *Ibid.*, p. 185.

6) Bruce Bawer, *While Europe Slept* (New York : Doubleday, 2006).

7) Patrick Buchanan, *The Death of the West* (New York : St Martin's, 2002), p. 5. 이보다 훨씬 더 정교한 주장은 Samuel Huntington, *Who Are We?* (Free Press, 2005) 참조. 이 책은 앵글로-청교도 문화와 라틴 문화로 미국이 쪼개질 가능성을 강조하고 있다.

8) www.migrationwatchuk.org 참조.

9) Legrain, *op cit.*, p. 1.

10) *Ibid.*, pp. 298-305.

11) Michael Young and Peter Wilmott, *Family and Kinship in East London* (London : Routledge, 1959).

12) Geoff Dench and Kate Gavron, *The New East End* (London : Profile, 2006).

13) Ingela Bjorck, "Sweden's brain gain," *Science Careers* (Stockholm : January 2004).

14) Legrain, *op cit.*, p. 328.

15) Amartya Sen, *Identity and Violence* (New York : Norton, 2006), pp. 156-169.

16) Charles Taylor, *Multiculturalism : Examining the Politics of Recognition* (Princeton : Princeton University Press, 1994) 참조.

17) Charles Taylor, "Why democracy needs patriotism," *Boston Review*, 19 (1994), p. 72.

18) Tom Baldwin and Gabriel Rozenberg, "Britain 'Must Strap Multiculturalism'," *The Times*, 4 February 2007에서 재인용.

19) Tariq Modood, "Multiculturalism or Britishness : a false debate," *Connections* (Winter 2004/5), p. 2.

20) David Goodhart, "Too diverse?," *Prospect* (February 2004).

21) Trevor Phillips, "Genteel xenophobia is as bad as other kind," *Guardian, 16* February 2004.

22) Philippe Van Parijs, *Cultural Diversity and Economic Solidarity* (Brussels : De Boeck, 2004.

23) Keith Banting and Will Kymlicka, eds., *Multiculturalim and the Welfare State* (Oxford : Oxford University Press, 2006).

24) Ludi Simpson, "Statistics of racial segregation," *Urban Studies*, 41 (2004).

25) Douglas Massey and Nancy Denton, *American Apartheid* (Boston : Harvard University Press, 1993).

26) Oliver Roy, "Britain : home-grown terror," *Le Monde Diplomatique*, 5 August 2005, p. 1.

27) Charles Clarke, speech at Royal Commonwealth Society, 15 November 2006.

8장

1) Bhikhu Parekh, "Defining British national identity," *Political Quarterly*, 71 (2000).

2) Enoch Powell, speech given in Birmingham, 22 April 1968.

3) Parekh, *op cit.*, p. 10에서 재인용.

4) William Hague, "The Tory way is the British way," Speech given at Conservative Party Conference, 9 October 1998.

5) Alan Macfarlane, *The Origins of British Individualism* (Oxford : Blackwell, 1978).

6) " 'Most' support English Parliament," BBC News, 16 January 2007. http://news.bbc.co.uk.

7) Helene Mulholland, "Blair rejects calls for English Parliament," *Guardian*, 16 January 2007.

8) 이 프로젝트의 결과물로서 다음 두 개의 출판물이 나왔다 : Anthony Giddens, *Europe in the Global Age* ; Anthony Giddens, Roger Liddle and Patrick Diamond eds., *Global Europe, Social Europe* (both Cambridge : Polity, 2006).

9) Gordon Brown, *Global Europe : Full-Employment Europe* (London : Treasury,

2005).

10) Zaki Laidi, "According to Gordon Brown, there is no point in the existence of the EU," *Telos*, 2005.

11) 이 문제에 대한 탁월한 분석은 Roger Liddle, *The New Case for Europe* (London : Fabian Society, 2005) 참조.

12) Christopher Meyer, *DC Confidential* (London : Weidenfeld and Nicolson, 2005).

13) John Ikenberry, "America's imperial ambition," *Foreign Affairs* (September/October 2002), p. 1. 그리고 David Held, *American Power in the Twenty-first Century* (Cambridge : Polity, 2004) 참조.

14) 이 문제에 대한 재미있고 포괄적인 견해는 Peter Riddell, *Hug Them Close* (London : Politico's, 2004) 참조.

15) Tony Blair, speech on defense, Plymouth, January 2007.

16) Anatol Lieven and John Hulsman, *Ethical Realism* (New York : Pantheon Books, 2006), p. 97.

17) James Baker and Lee Hamilton, *Iraq Study Group Report* (Washington, 2006).

18) Robert Kagan, "Power and Weakness," *Policy Review*, 113 (2002); *Of Paradise and Power* (New York : Knopf, 2003).

19) Alan Aherne et al., "The EU and the governance of globalization," Paper produced for the Finnish Presidency, September 2006.

20) Mark Leonard, *Divided World* (London : Center for European Reform, 2007).

21) Aberne et al., *op cit.*, pp. 18–31.

9장

1) David Sanders et al., *The 2005 General Election in Great Britain* (Report for Electoral Commission, August 2005).

2) Thomas E. Patterson, *The Vanishing Voter* (New York : Knopf, 2003), p. 3.

3) *The Power Report : Power to the People* (York : Rowntree Foundation, 2006).

4) Opinion Leader Research, *Britain Speaks : Effective Public Engagement and Better Decision-Making* (London : 2006) 참조.

5) *Ibid.*, p. 26–29.

6) *Ibid.*, p. 18.

7) Joe Klein, *Politics Lost : How American Democracy Was Trivialized by People Who Think You're Stupid* (New York : Doubleday, 2006).

8) Robert K. Merton, *Social Theory and Social Structure* (New York : Free Press, 1949). 이 책은 초점 집단 인터뷰를 제외하더라도 20세기 사회학 저서 가운데 손꼽히는 것이며, 우리 후배 사회학자들이 초년시절에 배운 교과서이다.

9) William Dinan, "Undercover in New Labour," *Spinwatch*, 24 May 2005.

10) Polly Toynbee, "It is New Labour, as much as the public, that lacks trust," *Guardian*, 22 November 2005에서 재인용.

11) Andrea Romano, *The Boy* (Milano : Mondadori, 2005 ; in Italian).

12) Andrew Roberts, "The Tory dream … Brown as PM," *Observer*, 8 June 2003.

13) *Ibid.*, p. 3.

14) Anthony Giddens, *Europe in the Global Age* (Cambridge : Polity, 2006), pp. 60–64 참조.

15) "The voting intention gap," http://www.ukpollingreport.co.uk

지은이 **안소니 기든스** Anthony Giddens

- 1938년 런던에서 출생한 사회학자.
- 헐 대학교와 런던경제대학을 거쳐 케임브리지 대학교에서 박사학위 취득.
- 1970년 케임브리지 대학을 시작으로 미국, 프랑스, 독일 등에서 사회학 교수로 활약, 토니 블레어 전 수상의 비공식 정치고문 역임.
- 주요 저서로 『자본주의와 현대사회 이론』(1971), 『좌파와 우파를 넘어』(1994), 『사회학의 변론』(1996), 『제3의 길』(1998) 등이 있음.

옮긴이 **김연각** 金淵珏

- 1957년 경북 영양에서 출생한 정치학자.
- 서울대학교 정치학과에서 학사 석사를 거쳐 박사학위 취득.
- 1994년 이래 서원대학교 법정학부 재직.
- 저서로 『김정일시대의 북한』(공저, 1997) 등이 있고,
  역서로 『국제관계의 이해』(공역, 2002) 등이 있으며,
  최근 논문으로 "북한의 통치 이데올로기 : 1955-2007" (2007) 등이 있음.

이제 당신 차례요, 미스터 브라운
– 영국 노동당이 다시 이기는 길

초판1쇄 / 2007년 9월 20일
2010년 3월 30일

지은이 **안소니 기든스**
옮긴이 **김연각**
펴낸이 **여국동**
펴낸곳 **도서출판 인간사랑**
인 쇄 **백왕인쇄**

출판등록 1983. 1. 26. / 제일-3호

(411- 815) 경기도 고양시 일산구 백석동 1178-1
TEL (031)901-8144, 907-2003
FAX (031)905-5815
e-mail / igsr@yahoo.co.kr
igsr@naver.com

정가 15,000원

ISBN 978-89-7418-228-1 93330